高等院校国家技能型紧缺人才培养工程规划教材

物流管理专业

采购管理实务

CAIGOU GUANLI SHIWU

（第3版）

王炬香　主编

温　艳　王　磊　副主编

電子工業出版社

Publishing House of Electronics Industry

北京 · BEIJING

图书在版编目（CIP）数据

采购管理实务 / 王炬香主编. —3 版. —北京：电子工业出版社，2016.1
高等院校国家技能型紧缺人才培养工程规划教材. 物流管理专业
ISBN 978-7-121-28029-0

Ⅰ. ①采… Ⅱ. ①王… Ⅲ. ①采购管理－高等学校－教材 Ⅳ. ①F253.2

中国版本图书馆 CIP 数据核字(2016)第 003093 号

策划编辑：刘露明
责任编辑：刘淑敏
印　　刷：北京虎彩文化传播有限公司
装　　订：北京虎彩文化传播有限公司
出版发行：电子工业出版社
　　　　　北京市海淀区万寿路 173 信箱　　邮编 100036
开　　本：787×1092　1/16　印张：13　字数：325 千字
版　　次：2007 年 4 月第 1 版
　　　　　2016 年 1 月第 3 版
印　　次：2022 年 2 月第 3 次印刷
定　　价：38.00 元

凡所购买电子工业出版社图书有缺损问题，请向购买书店调换。若书店售缺，请与本社发行部联系，联系及邮购电话：（010）88254888。
质量投诉请发邮件至 zlts@phei.com.cn，盗版侵权举报请发邮件至 dbqq@phei.com.cn。
服务热线：（010）88258888。

高等院校国家技能型紧缺人才
培养工程规划教材・物流管理专业

编委会名单

出版说明

21世纪既是一个竞争日益激烈的世纪，也是一个充满机遇的时代。随着我国经济的发展，物流管理与技术飞速发展的时代已经到来。物流人才被列为全国12种紧缺人才之一。为了满足经济建设与人才培养的需要，2005年9月教育部推出了“高等职业教育物流管理专业紧缺型人才培养指导方案”（以下简称“指导方案”），它的颁布对全国高职院校起到了规范与引导的作用。

为了密切配合教育部此次推出的“指导方案”，满足培养物流技能型人才的需要，我们启动了“高等职业院校国家技能型紧缺人才培养工程规划教材·物流管理专业”的策划、组织与编写工作。图书出版后受到广泛好评，现已全面更新升级到第3版。

本套教材约由20本组成，由来自高等院校物流专业教学第一线的“双师型”教师参与编写，基本满足高职高专院校物流管理专业物流运输管理方向、仓储与配送方向、企业物流方向与国际物流方向的培养需求，并将突出以下几个特色：

- 以教育部新推出的“高等职业教育物流管理专业紧缺型人才培养指导方案”为依据，构建丛书框架结构与每本书的基本内容，从而符合物流管理专业教学指导委员会对本专业建设的规划与精神。
- 针对高职高专学生的特点、培养目标及学时压缩的趋势，控制内容深浅度、覆盖面及写作风格。
- 突出基础理论知识够用、应用和实践技能加强的特色；保持相对统一的活泼的编写体例与丰富的栏目。增加任务引领等综合实训的内容。
- 在内容构建上，将学位教育与职业资格证书考试相结合，满足学生获得双证的需求。
- 写作上强调文图表有机结合，使内容与知识形象化，学生好学易记。
- 配套可免费下载的用于教学的PPT及习题参考答案（下载网址：www.hxedu.com.cn），使老师好用，学生好学。

本套教材主要作为高职高专院校物流管理专业的教材，也可供全国高等教育自学考试物流管理专业、初中级物流专业人才培训或物流行业从业人员的充电参考使用。希望本套教材对我国物流管理人才培养及物流行业的发展有所贡献。

全国高职高专教学研究与教材出版编委会

E-mail:lmliu@phei.com.cn

前　言

物流科学是一门新兴的学科，采购是物流科学中的一个重要环节，在物流系统的优化中起着重要的作用，无论是生产企业、流通企业，还是其他社会团体都不能忽视这一重要领域。如果采购的物品不能及时满足需求，生产、经营就没有必要的物质保证，就会成为无源之水、无本之木。正如有的管理者所言“卖得好不如买（采购）得好”，这充分说明了采购的作用。一些企业也逐渐认识到采购的重要性，但对其重视程度还不够，制度不够健全，管理不够规范，加上部分企业对采购行为没有科学的规划等种种原因，造成企业的采购人员采购质次价高的产品，或采购行为不能满足企业生产的需要。所以，企业必须对采购管理加以足够的重视与研究，以科学的采购管理为企业的战略发展提供足够的动力。

令人可喜的是，一些商学院、科研院所和学术机构已经决定将采购管理纳入课程或研究之中。但是，如果没有有效和最新的教材支持，这一动机就没有成功的可能。本书的目标就是弥补这一不足。

本书共 11 章，主要包括采购基础、采购组织架构、采购方式、采购计划和预算编制、采购流程、供应商的开发与管理、采购过程控制、采购谈判与合同管理、采购成本控制、采购绩效评价、采购管理的发展趋势。本书由王炬香教授主编，由温艳、王磊担任副主编，丁宝录、杜鹏、吕培培、罗晓红、马健健参与了各个章节的编写。

本次修订对第 2 版采购理论的介绍进行了相应新知识的补充，并且在每一章的开始都加入引导案例，便于大家在学习相关理论之前先通过现实中的一些案例了解相应的采购现象，在对案例进行分析的同时，也试图为企业解决采购运作中具体而实际的问题。本书在每一章开始都列了本章的学习目标，包括重点掌握和一般掌握，便于大家了解重点，方便学习。本次修订还将每章后面的案例分析进行了更新，以使大家结合实际进行思考与讨论。每一章中还穿插了一些思考、注意、小词典、知识链接等，以引导读者深入思考，拓宽视野。

本书可作为高等院校物流专业、电子商务专业、市场营销专业及工商管理专业的教学用书或培训教材；同时对工业企业、零售企业的采购人员及物流从业人员也有重要的指导作用和参考价值。

本书在编写过程中，吸收了许多专家的研究成果或实践经验，在此向这些参考文献的作者表示谢意！

由于作者水平有限，书中难免有疏漏和不妥之处，敬请读者批评指正，以臻完善。

目　录

第 1 章

采购基础

引导案例

John Deere 是一家总部设在伊利诺伊州 Moline 的专门生产农业和建筑设备的公司。公司的标志是鹿，但从未有过像鹿一般快速、矫捷的发展。最近有位客户订购了一套设备，要求 6 个月后交货。来自竞争者的压力使公司意识到缩短前置期迫在眉睫。而且，公司存在这样一个状况，就是购买货物和服务的成本占制成品总成本的 70%，由此不难理解渐进的采购方法将为公司带来的潜在收益。公司实施了战略采购流程，对采购过程进行控制并制定了相应约束。公司的采购领导团队也很重视教育、培训、电子采购体系的开发等活动。以上所做的努力帮助公司维持了其在世界市场的领导地位。

点评：现实生活中，经理们也把“日益重要”和“采购”两个词用在同一个句子里。作为生产经营活动的首要环节，采购对企业的生存和发展起着至关重要的作用。目前，越来越多的企业已将采购管理视为企业的一项重要战略任务。

学习目标

重点掌握

- 采购和采购管理的概念
- 采购的基本程序
- 采购的地位与作用

一般掌握

- 采购的产生与发展
- 采购的基本原则
- 采购管理的发展趋势

1.1 采购的基本概念

采购是人类社会最常见且大量存在的行为，其历史可以追溯到人类诞生的时候，不过那时的采购是以交换（物物交换为主）的形式进行的。随着人类社会的进步，采购不论是形式还是职能都发生了变化，未变的是采购仍然是各个企业所共有的职能，也是企业经营的起始环节，同样也为企业创造价值。因为采购不仅是保证生产正常运转的必要条件，而且为企业降低成本、增加利润创造了条件。

1.1.1 采购的含义

对于采购（Purchase）的含义，不同的人有不同的理解。美国亨瑞芝在其《采购原理与应用》一书中认为，采购概念的范围远远大于交易行为本身，它包含了采购交易前的计划、供应货源的研究和采购交易后的合同管理（如交货的追查、货物的检验等）。通常来说，采购是指采购人或采购实体，根据生产、转销、消费等目的，购买商品和劳务的行为。它和销售一样常见。一般而言，狭义的采购有购买的意思，是指通过商品交换和物流手段从资源市场取得资源的过程，具体是指企业根据需求提出采购计划、审核计划、选好供应商、经过商务谈判确定价格、交货及相关条件，最终签订合同并按要求收货付款的过程。广义的采购是指除了以购买的方式占有物品之外，还可以用下列各种途径取得物品的使用权，以达到满足需求的目的。

1）租赁。租赁是一方以支付租金的方式取得物品的使用权，使用完毕或租期满后将物品归还给物主的一种非永久性行为。企业在生产经营中经常租赁的物品有厂房、车辆、生产设备、仪器、办公用品等。

2）交换。交换就是通过以物易物的方式取得商品的所有权和使用权，但是并没有直接支付商品的全部价款的一种行为。交换有很多好处，企业不仅可以取得自己想要的东西，还可以盘活自己闲置或多余的东西。

3）外包。外包是指企业将一些与企业核心业务关联性不强的业务外包给别的专业公司，以取得专业优势，从而降低成本的一种新型采购方式。这种方式的优势很明显，它能有效地减少资金的占用率，化解投入大量资金建设生产线所引起的高额投资风险，可以大大缩短产品获利周期，有利于提高企业的核心竞争力。

综上所述，采购就是企业为了满足某种特定的需求，以购买、租赁、交换、外包等途径，取得商品及服务使用权的活动过程。日常经营活动中，我们所讲的采购主要是指狭义的采购。

1.1.2 采购管理

企业采购服务于生产经营活动，并且以营利为目的，这决定了企业采购要面临采购风险和投入产出问题。所以，为了实现企业的经营目标，企业必须对采购活动和过程进行必要的计划、组织与控制，这就是采购管理。采购管理是企业管理的重要职能，也是企业专业管理的重要领域之一。它包括管理供应商关系所必需的所有活动，着眼于企业内部、企业及其供应商之间的采购过程，是从整体考虑的一项职能。

思考：

有人认为采购就是采购管理，你认为呢？

采购与采购管理是两个不同的概念。如果企业采购处于一种自发状态，没有实施有效的计划、组织与控制职能，那么可以说企业有采购活动，却没有采购管理。在考虑风险、资金占用、适度规模、及时性和成本等因素的条件下，通过实施科学的采购管理，可以合理选择采购方式、采购品种、采购批量、采购频率和采购地点，可以以有限的资金保证生产经营的需要，为企业降低成本、加速资金周转和提高产品质量做出积极的贡献。

前面讲过，采购管理是对整个企业采购活动的计划、组织、指挥、协调和控制活动，是管理活动，是面向整个企业的管理活动，不仅面向企业全体采购人员，而且面向企业组织的其他人员（进行有关采购的协调配合工作的人员）。采购管理一般由企业的采购科（部、处）长、供应科（部、处）长或企业副总负责。其使命就是保证整个企业的物资供应，其权力可以调动整个企业的资源。

相对来讲，采购只是指具体的采购业务活动，是作业活动。采购一般是由采购人员承担的工作，只涉及采购人员个人，其使命就是完成采购科长布置的具体采购任务，其权力只能调动采购科长分配的有限资源。可见，采购管理和采购不完全是一回事。但是，采购本身也有具体管理工作，它属于采购管理；采购管理本身又可能直接涉及具体的采购业务的每个步骤、每个环节及每个采购人员。可见，采购管理与采购又是有联系的。

虽然个人采购、一般家庭采购当中也有管理工作，但那是非常简单的采购管理工作，人们习惯上不把它看成一种管理工作，因此在日常生活中也没有采购管理的概念。而一般的集团采购（如企业采购、政府采购、事业单位采购、军队采购等）由于采购面大、品种多、牵涉面广、事情复杂，管理工作必不可少，所以都毫无例外地设有采购管理组织机构。而且，企业越大，采购管理工作就越重要。

1.1.3　采购的产生和发展

1．采购的起源

最早提出采购重要性的是查尔斯·巴比奇（Charles Babbage）。巴比奇在 1832 年出版的关于机械和制造经济的书中指出"物料人"（Material Man）将负责几个不同的功能，并认为负责资源的关键职员是"负责选择、采购、接收和配送一切所需物品的物料人"。19 世纪中期，美国的铁路发展使采购受到了重视；1866 年，宾夕法尼亚铁路在供应部门（处）成立了采购部门。1887 年，芝加哥和西北铁路的审计官出版了第一本包括采购部门在内的书：《铁路供应的管理——铁路采购和存储》，书中所讨论的采购问题在今天仍有重大的意义。例如，书中提出了采购代理商中技术专业化的需要，个人控制下的采购部门的中心化需要，以及在为采购代理商选择采购人员这一问题上缺乏足够重视等问题。

2．传统的采购发展时期

采购发展的第二个比较重要的时期开始于 20 世纪初。这个时期连续出现了具体讨论工业采购功能的文章。其中，《机械杂志》对合格的采购人员需求和物料专业的发展给予了很大的关注，采购流程和理念得到发展。1905 年，第一本针对非铁路行业采购的书《关于采购》出版。书中介绍了采购的一般原则，以及在不同公司采购系统中所使用的形式和流程。第一次世界大战期间，人们对采购越来越重视，这主要是因为采购的核心作用在于原材料的订购及能获得重要的战争物料。

第二次世界大战时，采购史进入了一个新时期。战争期间，对获得所需（或稀缺）物料的重视促使人们对采购的兴趣有了增长，而且公司的其他部门已经认识到了采购部门的重要性，很多大学都开始讲授采购专业的课程，这对采购理论的发展起到了一定的推动作用。第二次世界大战后，企业的经营重点是满足客户需求和不断扩大的市场需要，而且公司面对的是稳定的竞争和充足的原材料，这使得人们对采购的重视并没有延续到战后，采购也没有被列入主要的职能部门。采购在这一时期处于平静的发展阶段。

20 世纪 60 年代后期，采购在美国工业发展中受到新的重视。在经历了 20 世纪 60 年代的越南战争和 70 年代的石油短缺之后，美国原材料市场变得相对紧张。为了寻求新的成本控制和市场发展途径，企业开始重视物料的采购和控制，采购活动的重点在于降低系统的总成本，而不仅以控制所购部件的单位成本为目标。

从 20 世纪 80 年代开始，美国和欧洲各国开始卷入全球化市场竞争，市场对交货期、质量和价格提出了更高的要求。此时，采购部门已被最高领导层视为最重要的业务部门之一。这种情况下，采购部门要通过向公司其他部门及时提供对公司战略目标可能产生影响的原材料潜在价格和供货情况信息，以支持并加强公司的竞争优势。

3. 采购的高速发展时期

如今，采购已逐步脱胎换骨，走到了令人瞩目的前台，地位也有了较大的提高。经济全球化使采购的理论和实践都发生了巨大的改变，各种新颖的理论如雨后春笋般不断出现，如战略采购、采购竞价、电子采购等。地位的不断提高离不开经济大环境和市场竞争的发展趋势。这有两个方面的原因。一方面，随着竞争的加剧，销售部门的压力越来越大。企业把开源节流、提高效率作为提高利润的重要途径。如何节省采购成本和提高采购效率对降低生产总成本起着关键的作用。另一方面，技术的快速发展对新品上市的周期要求越来越短，相应的研发费用越来越高，采购部门不仅要保证产品供应及时，还要在产品成本控制上提出最佳的供应方案。采购部门已不再是单一的执行部门，越来越多地参与企业的决策。

21 世纪以来，随着市场竞争的白热化，大到企业的董事长、总经理，小到中层的采购部门经理或主管，乃至普通的采购人员，大家都认识到，采购成本及费用的降低对提高企业的竞争力有着极其重要的作用。采购越来越受到人们的重视。

1.2 采购的地位与作用

随着企业间的竞争逐渐转变为供应链之间的竞争，采购管理也逐渐受到人们的重视。这是因为企业可以从采购管理中获得显而易见的好处。一个典型的例子可以说明为何对采购的重视会带来巨大的回报。联合信号公司（现在的霍尼韦尔公司）确定供应商时，会要求供应商在第一时间降价，同时根据每年的通货膨胀率进行价格调整，以降低成本的 6%。一般来说，供应商应通过降价和改进服务相结合来完成这一目标。例如，企业可以要求供应商增加交货频率，以减少构筑供应链的库存数量。供应商也希望消除其弱点，然而这些安排并不只是一边倒的，联合信号公司也常常与供应商签署长期或伙伴关系的合约，其结果是合约中的双方都成了赢家。

1.2.1 采购的地位

目前，采购已经成为企业经营的一个核心环节，是企业增加利润的重要途径，在企业经营过程中起着越来越大的作用。因此，采购在企业中也就占有越来越重要的地位。

1. 采购的供应地位

采购的供应地位，即源头地位。无论是工业企业还是商业企业，采购的源头作用都是不能忽视的。有了采购，生产才会有原材料、零部件、燃料等生产资料；有了采购，经营才会有源源不断的商品。因此，我们说采购是企业生产经营的开端，是整体供应链中“上游控制”的主导力量。

2. 采购的质量地位

质量是产品的生命。一般企业都依质量控制的顺序将其划分为来货质量控制（Incoming Quality Control，IQC）、过程质量控制及出货质量控制。由于产品价值的 60%是经采购由供应商提供的，毫无疑问，产品“生命”的 60%由来货质量控制得到确保，即企业产品质量不仅要在企业内部限制，更多的应控制在供应商的质量过程中，这也是“上游质量控制”的体现。供应商上游质量控制得好，不仅可以为下游质量控制打好基础，同时可以降低质量成本、减少来货检验费等。经验表明，一个企业如果能将 1/4～1/3 的质量管理精力花在供应商的质量管理上（这里的供应商质量管理是指系统的供应商质量控制和改进，而不单指 IQC），那么企业自身的质量水平（过程质量控制和出货质量控制）至少可提高 50%。可见，通过采购将质量管理延伸到供应商，是提高企业自身质量水平的基本保证。

3. 采购的价值地位

全球范围内，企业的产品成本构成中，采购的原材料及零部件成本占企业总成本的比例因行业不同而异，在 30%~90%，平均水平在 60%以上。从世界范围看，对于一个典型的企业，一般采购成本（包括原材料和零部件）要占 60%，工资和福利占 20%，管理费用占 5%，利润占 5%。而在我国的企业中，各种物质的采购成本要占到企业销售成本的 70%以上。显然，采购成本是企业成本管理中的主体和核心部分，采购是企业管理中“最有价值”的部分。

1.2.2　采购的作用

采购在企业生产经营中的地位非常重要，主要表现在以下几个方面。

1. 采购对产品及销售的质量有着显著的影响

供应商提供的产品和服务既可以成就一个企业，也可以拖垮一个企业。作为向生产或销售提供对象的先导环节，商品采购必须使购进商品的品种、数量符合市场需要，才能实现商品生产销售和经营业务的高质量、高效率、高效益，从而达到采购与销售的和谐统一；相反，则会导致购销之间的矛盾，造成经营呆滞，影响企业功能的发挥。可见，商品生产销售工作质量的高低在很大程度上取决于商品采购的规模和构成。因此，很多公司正在尝试对它们所缺少的元件和服务部分进行改进，以便加强自身的专业化水平和竞争力，更好地满足其客户的需求，这就进一步增加了采购的重要性。

2. 采购决定着最终产品周转的速度

采购人员必须把握好采购活动的时间和采购的数量。如果采购工作运行的时点与把握的量度同企业其他环节的活动达到了适度结合，就可以加快商品周转速度，进而加速资金周转，为企业带来切实的利益；反之，则会造成商品积压，商品周转速度减缓，商品库存费用增加，以致不得不运用大量人力、物力去处理积压商品。

企业生产的全过程同样存在“木桶效应”，无论设计多么精良，生产多么先进，任何一种物料的缺乏都会导致生产不能正常进行。企业在生产中经常会出现这种情况：即使有 99%的物料已经到位，而只要有 1%的物料因各种原因不能按照计划到货，也将迫使生产中断；另一种情况是，1 000 元线路板已经焊接完毕，但因为一个电阻的质量问题导致整个线路板功能失效，必须重新定位问题所在并进行替换。严重的物料采购质量问题大大降低了生产劳动效率，有时可能会使整个生产前功尽弃。所以，批量采购的稳定性是影响正常生产的最重要的因素之一。

3. 采购关系到经济效益的实现程度

企业的采购活动对企业的经济效益影响很大。由于企业的经济效益是直接通过最后产出的效益（利润额）来表示的，而商品采购过程中及进货后待售阶段所支付费用的多少同利润额成反比，因而购进商品的适销率如何对企业经营有很大影响。经济效益的实现是同市场经营机会联系在一起的，确定商品采购的时间、地点、方式、数量、品种等都要充分考虑企业对有关市场机会的利用问题。为了提高经济效益，管理者在组织商品货源之前，必须注重分析市场趋势，寻求可行的经营机会，了解消费者的有关情况，以防止采购工作的盲目性。重视企业采购，控制采购成本，是企业现代化管理的必然要求。

4. 做好采购可以合理利用物质资源

采购要根据企业的生产经营特点而开展，具有合理配置、合理利用资源的作用。一方面，在资源配置上，既要防止优材劣用、长材短用现象，又要避免优劣混用现象；另一方面，生产企业在采购工作中要应用价值分析，使得物品的功能与消耗相匹配，达到合理配置。此外，采购时还要把住政策关，适应国家要求，如做到采购绿色化、适应国家物资调配等。

5. 做好采购可以沟通经济关系

不同部门之间良好的经济关系，主要是通过商品流通的购销渠道实现的，采购工作在这一过程中则起着重要作用。第一，通过采购工作，巩固现有的经济联系；第二，通过采购工作，开拓新的渠道、新的领域；第三，通过采购工作，发展、丰富经济联系的内容，如开展除采购以外的技术、资金、科研等方面的合作。现代经济有一个显著特点，就是生产社会化、流通市场化、企业间的协作关系向深度发展。

6. 做好采购可以洞察市场的变化趋势

在市场经济的大环境下，市场对企业的影响作用是通过采购渠道观察市场供求变化及其发展趋势的，并借以引导企业投资方向、调整产品结构，以及确定经营目标、经营方向和经营策略。企业是以市场为导向而进行采购活动、生产活动的。采购工作是企业运营过程中的关键环节，并构成生产经营活动的物质基础和主要内容。规范的采购要兼顾经济性和有效性，可以有效地降低企业成本，促进生产经营活动的顺利实施和按期完成。如果所采购的产品不符合设计的预定要求，将直接影响产品质量，甚至导致生产经营活动失败。

1.3　采购的基本程序与基本原则

1.3.1　采购的基本程序

根据采购品的来源（国内还是国外）、采购方式（议价还是招标）及采购对象的不同，采购程序可能在细节上略有差异，但采购的基本程序却大致相同。

1）确定需求，确认采购任务。任何采购都来源于企业某个部门的需求，因此采购部门就会收到其他部门的物料需求单。采购部门根据所收到的各个部门的不同需求单，制订统一的需求计划，经部门负责人审批后确认采购任务。

2）制订采购计划和采购单。确认采购任务后，采购的下一个程序就是根据采购任务制订采购计划。采购计划要尽可能准确，否则容易发生需求与实际采购的物品不相匹配的情况。采购计划的准确与否还关系到采购单的制定，因为采购单的制定完全以采购计划为依据。

3）根据既定的计划联系供应商。确认了采购计划后，采购部门就要根据对供应商的评价确定供应商的数量和名单；对不同的采购方式，企业应该确定不同的采购数量。确定了供应商之后，采购部门就要与供应商取得初步联系，确定其有没有合作意向。

4）洽谈、签订订货合同。采购人员在这一步负主要责任，他们要就数量、价格、质量及折扣方面与供应商进行谈判，并在双方互利的基础上签订合同。合同中应明确产品质量标准和产品的检验体系。

5）订单跟踪和催货。订单跟踪与催货，主要是为了确保供应商能够及时履行关于货物质量与发送的承诺。采购人员需要经常询问供应商的进度，并尽可能地走访供应商。这一措施一般用于关键的、大额的和提前期较早的采购事项。当然，如果对供应商的能力及信誉已经做过全面分析，并且确认它是遵守合约的可靠供应商，就没有必要这么严格，应视情况而定。

6）到货验收、入库。采购部门根据产品的检验体系，对产品进行严格检验。产品合格则进库；如果产品不合格，则应按照合同的规定进行处理。

7）支付货款。这是指根据合同规定对合格产品进行付款的程序。

8）结案。不管是合格付款还是不合格退货，均须办理结案手续。谈判资料、交易文件、绩效评估及对供应商的评价都应该给予很好的整理，以便下次再用。

采购的基本程序如图 1-1 所示。

1.3.2　采购的基本原则

采购的基本原则，除了遵守国家的各项相关法律法规、各项方针、市场原则（主要是指公平、公正、公开、效益和诚信原则）及企业的各项规章制度之外，还要遵守“五不”“五权分离”“六优选”及“5R”等原则。下面具体讲述最后 4 项原则。

（1）“五不”原则

所谓“五不”原则，是指无计划不采购、“三无”产品不采购、名称规格不符不采购、无资金来源不采购、库存已超储积压的物资不采购。实际上，“五不”采购原则是“5R”原则的一个延伸。所谓“三无”产品，是指无厂址、无生产日期、无批准文号的产品。

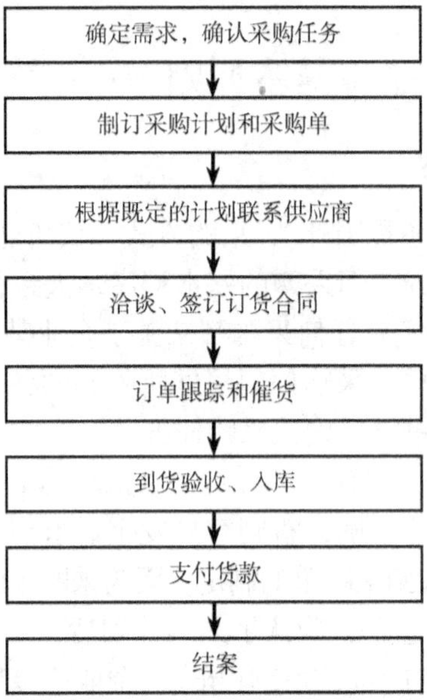

图 1-1　采购的基本程序

（2）“五权分离”原则

所谓“五权分离”原则，是指计划审批权、采购权、合同审查权、质量检验权、货款支付权五权分离原则。五种权力之所以要分开，主要是因为分工明确可以使各项工作有序地进行，同时可以有效地防止采购人员徇私舞弊的行为，更好地维护企业利益。

（3）“六优选”原则

所谓“六优选”原则，是指在同等条件下，质优价低优选、本单位优选、近处单位优选、老供货商优选、直接生产单位优选、信誉好的单位优选。“六优选”采购原则可以在保证采购质量的前提下较好地平衡各方的利益。

（4）“5R”原则

所谓“5R”原则，是指适时（Right Time）、适质（Right Quality）、适量（Right Quantity）、适价（Right Price）、适地（Right Place）地从供应商手里购买所需要的商品。

1）适时，即适当的时候。在现代供应链的环境下，采购理论一般建立在零库存理论和及时供给理论的基础上。也就是说，在不影响企业商业活动及客户利益的基础上大量减少库存持有量。因此，企业要在最需要的时候，购回企业开展商业活动所需要的商品。采购时机选择的一般依据是，仓库管理的订货时点控制、连锁企业的销售时点控制、生产企业的 MRP 管理等。

2）适质，即适当的品质。企业采购的物品质量关系到所生产产品的质量，关系到企业的名誉，是企业质量生命线的开始与源头。采购的物品质量不过关，会对企业造成严重的后果。它可能导致生产计划延误、返工率增加、检验成本增加及管理费用剧增等。因此，具有适当品质的产品应具有适当性、可用性和经济性。这是指根据生产需要，在合理的时间内，使采购费用维持在最低水平，可随时以合理的价格获得充分的数量。

3）适量，即适当的数量。采购可以一次性采购，也可以分批量采购。究竟采取哪一种采购方式，要根据生产需要、物料损耗、搬运和仓储费用确定。当然，不管采用哪种方式，都要以适量库存为基本要求。因为任何形式的超量采购都会导致库存的产生，最终浪费的是企业宝贵的流动资金。

4）适价，即适当的价格。所谓适当的价格，是指在满足数量、质量、时机的前提下支付最合理的价格。适当的价格能够确保企业的有利竞争地位，并在维持买卖双方共赢的前提下，使供应链朝着健康的方向发展。

5）适地，即适当的地点。地点的选择是采购中很重要的一环。因为在产品的数量、品种、价格选定后，供应商的选择关系到最终的交货地点和交货时间，也就关系到最终的采购费用。在实际采购过程中，企业一般会利用“群集效应”和“JIT 理论”，在考虑沟通方便、处理事务快捷便利、降低采购成本等方面的基础上进行综合考虑，选择最佳供应商和最佳供货地点。

注意：

5R 之间存在“效益悖反”关系，采购中不可能同时满足 5R。采购过程中，企业必须综合考虑，才能实现最佳采购。一般可根据采购的特点，只侧重其中最为关心的一两个方面，而不必面面俱到。

1.4　采购管理的基本职能

所谓采购管理，是指为保障企业物资供应而对企业采购进货活动所进行的管理活动。采购管理就是对整个企业采购活动的计划、组织、指挥、协调和控制活动。它包括以下 3 项基本职能。

1）供应商管理，包括供应商评估、谈判、引进、评审等。供应商的选择是确保商品品质和服务最重要的措施之一。正确选择供应商，才能在最适当的价格下，得到适当品质和数量的产品及良好的服务。一般来说，这一职责的具体工作由采购人员完成。采购部门执行这一职责时，必须具备一定的经验和专业技能。

2）品种结构的调整，包括新品引进和滞销品淘汰。采购管理的工作之一就是进行市场调查，然后对品种结构做出合理调整。

3）制订采购计划和日常订货管理，包括畅销品的采购和缺货补配等。

按照实际业务操作，我们可以将这 3 项基本职能归纳为以下 4 个业务环节。

1. 供应商管理

供应商管理主要包括对供应商的评估、谈判、引进、评审和淘汰等环节。供应商的引进主要来自新供应商的申请和为引进新品而选择的供应商。

供应商引进的谈判条件，包括折扣、购销形式、结算方式等，以及引进后对供应商的评审监控和对不合格供应商的淘汰等，均可以应用供应商分级体系进行统一管理。

统计供应商在经营过程中的产品质量、产品销量、供货率、供货速度及交易额等，通过与对应的分级标准相比较，可以对供应商级别进行设定和调整。

目前，通常按照交易额标准将供应商划分为 A、B、C 3 类（见表 1-1）：A 类供应商属于重点供应商，数量占全部供应商的 5%~10%，但是交易额占全部交易额的 70%~75%；B 类供应商属于正常供应商，数量占全部供应商的 20%，交易额占全部交易额的 20%；C 类供应商属于一般供应商，数量占全部供应商的 70%~75%，交易额只占全部交易额的 5%~10%。对不同类别的供应商，采购时应区别对待。例如，在折扣和付款方式上，可以对 A 类供应商给予一定的优惠。

表 1-1　供应商的 ABC 分类

供应商类别	供应商提供商品数量	供应商交易金额
A 类	5%~10%	70%~75%
B 类	20%	20%
C 类	70%~75%	5%~10%

评审供应商时，可按照产品供货率、供货速度、产品销量（产品库存占供货比率）和到货质量 4 个因素对供应商的服务质量进行评审；也可按 A、B、C 3 类供应商进行评审，在采购时同样进行区别对待，对长期服务质量不达标的供应商进行淘汰。

2. 制订采购计划和日常订货管理

采购计划按照时间可分为长期计划、中期计划和短期计划。这里仅讨论短期采购计划，即年度采购计划或季度采购计划。日常订货管理以采购计划为基准，根据实际经营情况不断进行调整。

采购计划的调整采取信息系统自动识别计划与实际差异（包括安全库存预警、库存过高预警、滞销品自动筛选）及人工跟踪识别差异相结合的方式进行。

制订采购计划的目标是以最小的成本实现既定的客户服务水平。这里需要决定 3 个变量：一是品种的选择，二是各品种的采购数量，三是各品种的采购时间。

选择品种时，可依据前面的品种类别划分，对重点品进行优先处理，同时注意商品组合的广度和深度，构造商品群。

对各品种的订货，则要做出经济订货批量（Economic Order Quantity，EOQ）和经济订货周期的决策。

3. 新品引进

新品引进主要考虑的是新品对原有品种的广度和深度的影响，目的是通过新品引进不断更新品种结构。新品需要通过试销期来决定其品种属性；试销期结束后，通过属性转变将新品纳入采购计划或者淘汰新品。

4. 滞销品的淘汰与控制

按照产品品种的划分，滞销品指的是毛利低且周转率低的商品。通过信息系统自动识别与人工筛选相结合的方式，依据日常的销售和库存情况，对滞销品进行识别和控制。

1.5　采购管理的发展趋势

作为企业生产经营管理过程中的基本环节，采购管理已经越来越受到企业的广泛重视。那么，采购管理未来的发展趋势是什么呢？简单地说，采购管理将从简单的购买向“合理采购”转变，即选择合适的产品，以合适的价格、在合适的时间、按合适的质量并通过合适的供应商获得。总的来说，今后的采购管理将呈现以下趋势。

1．采购管理集中化

采购管理集中化可以增强企业的核心竞争力，从而推动企业的发展。

2．采购管理职能化

以往，很多公司的采购部门隶属于生产部门。近年来，越来越多的公司的采购部门从生产部门或其他部门独立出来，开始直接向总经理、副总经理汇报。相应地，采购部门发挥着越来越大的作用，采购职能也从原来的被动花钱开始变得有了节省资金、满足供应、降低库存等一系列目标。

3．采购管理专业化

传统采购组织中，采购人员发挥不了很大作用。一方面，领导对采购认识具有局限性、采购环境恶劣及对采购舞弊具有恐惧感；另一方面，由于采购人员和采购组织的软弱无力和技能缺乏，造成采购只有低技术性。因此，企业需要专业化的人员来实施采购的专业化管理。

4．采购管理电子商务化

电子商务是随着互联网技术和新经济管理理论的发展而出现的一种新兴的商务方式。采购是企业直接面对市场的第一个窗口，因此电子商务的发展将在未来彻底改变现在的采购管理模式。传统采购管理面临的诸如信息狭窄、不及时、不准确及采购数据流失等问题都将在实施电子商务的过程中逐步消失。

现在，通过电子商务，管理人员可以立即获取并分析过去的或现在的交易信息，并为未来的采购提供决策支持数据。目前，很多企业已经认识到电子商务对采购管理的重要性，并试图运用互联网进行信息共享、访问电子目录等业务，但这些还只是电子商务的一些表层应用。可以预见，在不远的将来，其他潜在的诸如订单跟踪、资金转账、产品计划、进度安排、收据确认等电子商务应用也将得到广泛应用，并直接改变未来的采购管理模式。总之，电子商务对采购管理的影响将在企业的战略规划中得到体现，而不仅仅是对采购管理战术性的改变。

5．采购管理将实行战略性成本管理

采购管理中的关键内容是降低企业总的采购成本。企业为获取更多的利润或保持较高的竞争力，实施成本降低战略往往是首选。但随着技术、设备等领域成本降低空间的大幅度减小，以往被忽视的采购部门对成本降低带来的作用越来越明显。

为了成功地实行战略性成本管理，供应链成员除了必须同其他贸易伙伴协作并对他们敞开大门外，还必须正确认识战略将涵盖的内容：一是对企业的业务流程加以改进，识别并消除不能带来增值的成本和行为；二是在供应链中制定技术性、特殊性产品和服务的价

格策略；三是在不同的市场中分享成本模型和节约的成本。可以说，随着成本压力的增加和企业间竞争的加剧，战略性成本管理将成为未来企业所必须面对且认真对待的课题。而这些又将直接影响未来的采购管理，并决定未来采购管理的方向。

6. 采购管理将采取战略采购管理方式

战略采购来源于对物资分类管理的细化。战略采购的关键是与供应商保持密切的合作关系，特别是那些重要的供应商和转换成本高的供应商。事实上，战略采购将直接导致供应链管理。

战略采购的管理重点仍将以供应商评价、选择和发展为主，因此战略采购未来的发展将以战略联盟和伙伴关系的形式出现，特别是战略物资供应商的管理将率先采取这种管理方式。伴随着战略采购的实施，以及供应商转换成本的进一步细化和明确，采购管理还将出现许多策略性采购行为，如订货、报价、发货等将实现自动化。同时那些低价值和不重要的标准化产品的采购还会以外包的形式交给第三方或采购承包商，这样可以降低采购部门和供应部门的业务费用。

案例分析

宝钢的现代企业采购

近几年来，宝钢股份公司（以下简称宝钢）确定了“成为全球最具竞争力的钢铁企业和最具投资价值的上市公司”的战略目标。在采购方面，宝钢将科学的现代采购理念与国内的经营环境和企业的实际情况相结合，不断地探索和创新，取得了很好的经济效益，推进了企业的现代化管理进程。

与此同时，宝钢的采购供应工作也逐步实现了从经验管理到科学管理、从业务不公开或半公开到公开、从成本的被动性控制到有效控制3个转变。各项主要经济指标也都呈现较好的水平：物资采购的价格逐年大幅下降，资金使用效率处于同行领先水平，采购劳动生产率大幅度提高。

1. 竞争采购策略

随着市场经济的建立，宝钢在采购工作中碰到的新问题也相应增多。这就需要从原有的采购模式中找到一条新的发展之路，这条路就是“竞争采购”。1997年年初，宝钢在全国工业企业中率先实施了招标采购。现在，宝钢所有具备招标条件的大宗物资都实行了招标采购，那些相对不太具备条件的物资也逐步采取以“比价核价”为内容的竞争性采购策略。对于通用性较强的物资，宝钢则进一步在网上直接招标采购，逐步实现了“公平、公开、公正”的采购。

2. 采购目标体系

几年来，宝钢在实践中不断加深对采购目标体系的理解和探索，逐步形成了以目标成本为主的价值化管理体系和以系统成本最优化为管理目标的评估体系，把采购的“物料成本、人力成本、资金成本最小化”作为企业采购供应工作的目标定位。这样，宝钢抓住了采购工作的“牛鼻子”，使传统概念上以“确保供应，优质服务”为主要内容的企业供应部门的工作目标定位得以更新，赋予了市场经济的时代特征，跳出了原来的圈子。通过确立价值目标管理体系，以及不断与世界先进水平实施“对标”管理，宝钢的采购供应管理水平得到了大幅度的提升。

在制定价值化管理目标体系的过程中，宝钢逐步理顺了“价值化管理”目标和企业传统的“确保供应，优质服务”目标体系之间的关系。“确保供应，优质服务”是基础，“价值化管理”目标体系则是现代企业管理细化升级和顺应市场经济发展的必然产物，二者不存在替代关系，后者推动前者向管理的纵深发展。价值化管理目标的确立，理顺了企业采购供应工作中诸多问题之间的关系，使宝钢在采购成本、采购人力资源的配置、库存和资金占用等方面的控制能力大幅度提升，处于同行业的先进水平。

3．采购成本评估机制

宝钢对采购成本如何控制，是最小化还是合理化，即采购一件物品时如何界定价格因素的权重等进行了研究和探索。宝钢对采购成本的评估机制以被采购对象的市场均价为基础，并充分运用采购方面的优势确定采购成本水平。

4．库存管理策略

作为一个生产企业，宝钢的库存概念具有两重性：一方面，库存是保证生产正常进行的物质条件；另一方面，库存是需要代价的，即除了财务成本之外，还需要维护保养成本。企业追求的是在保证供应条件下的最小库存。库存的高低反映了企业全面的基础管理水平的高低。

宝钢的库存管理策略是逐步社会化、零星物品逐步超市化。其具体方法如下：

1）对于批量大、品种单一、相对稳定使用的物资，实行供应商按生产所需直接送到用料点的策略。

2）制定最高、最低库存储备定额。

3）运用经济采购批量管理方法，降低库存量。

4）加强事先控制，对各种使用信息强化确认，避免“信息放大”而产生库存的积压和浪费。

思考题

1．联系实际分析宝钢是如何实行现代企业采购的。

2．结合你所知道的一些案例，你认为我们应该怎样促进我国企业在采购方面与世界接轨？

思考与练习

1．什么是采购和采购管理？

2．采购对于企业的经营和运作有什么作用？

3．你是如何理解采购工作的？采购工作应该怎样进行？

4．采购管理的基本职能有哪些？你认为如何才能更好地实现这些职能？

5．根据采购管理发展的趋势，结合你所了解的实际情况，谈谈我国企业在采购方面所面临的问题。

实训题

实训主题：了解采购

1．实训目的

通过实训加深学生对所学采购基础知识的理解，巩固学生对基本实训技能的掌握，培养学生实事求是的科学态度和良好的科学素养，为进一步的学习打下良好的基础。通过加强对采购常识的认识，帮助学生了解采购的地位与作用、采购的原则与程序，熟悉采购管理的基本职能，进一步加深对采购的认识。

2．实训组织

在老师的指导下，全班同学 4~6 人为一组。每组选定一位组长，负责整理并统计各成员的发言及数据。老师根据情况做出合理安排，让同学们在规定的时间内进行小组讨论并得出结论，然后进行班级讨论。老师需要尽可能地调动同学们的参与积极性。

3．实训题目

（1）说出你认为的采购是什么样子的，然后在小组内讨论这个定义是否合理。每个小组对采购下一个定义，然后在所有的小组内进行讨论，最后评出最好的采购概念。

（2）对采购的 5R 原则的不同指标进行权重的排序。小组内人员讨论确定各指标的权重数据，对各组数据求平均值，并进行讨论。

权　重	适　时	适　质	适　量	适　价	适　地	总　和
权重 1						100%
权重 2						100%
⋮						100%
平均值						100%

通过对该原则进行权重排序，加强学生对采购原则的感性认识。对不同的企业可能有不同的适应类型，老师可根据实际情况安排学生对不同企业进行权重排序。

第2章

采购组织架构

引导案例

H 公司成立于 1997 年 7 月，属于国家 909 重点工程，也是我国内地第一家 8in 晶圆制造厂。公司由国有大型投资集团、日本某著名集团公司、美国一家著名的半导体设计与指导公司共同投资成立。H 公司致力于集成电路产品的制造和研发，在先进工艺研发、短交期、高良品率、低制造成本等方面成绩斐然。

1. H 公司采购部的组织架构

H 公司采购部的组织架构如图 2-1 所示。

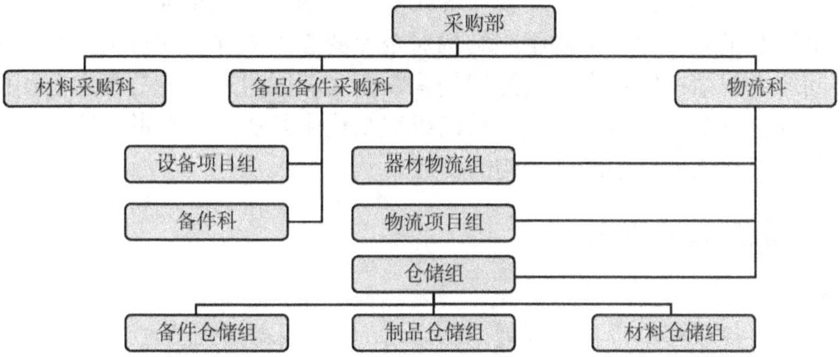

图 2-1　H 公司采购部的组织架构

2. H 公司采购部的职能设置

在 H 公司，采购部的职能目标是制定并实施公司的采购和物流策略，为生产运营提供所需要的物资采购和物流保障。具体而言，采购部的职能包括战略性职能及日常策略性职能。战略性职能包括创建并不断改善供应链体系，持续降低公司采购成本；日常策略性职能包括制订各种原材料库存计划、采购计划和到货计划并控制库存情况，执行各种消耗品、备品备件的采购，执行公司各种扩产计划所需动力、生产设备、信息系统的采购计划并确保各种设备顺利到货，协调并控制公司运营的各种费用，确保各项成本不超过预算。

点评：现代企业已经逐步认识到了采购组织的重要性，纷纷投入各种资源建立采购组织，将其纳入企业战略，并将其直接与财务目标相联系，希望能为企业绩效做出卓越的贡献。合理地建设一个好的采购组织，不仅能满足公司运营的基本要求，还能对整个企业的运作发挥整合协调作用，并且帮助企业建立竞争优势。

学 习 目 标

重点掌握

- 集中型采购组织与分散型采购组织的比较
- 采购部门的职责
- 对采购人员的要求

一般掌握

- 采购组织的设计方法
- 采购组织的几种常见类型

2.1 采购组织的类型

现实生活中，组织结构是千差万别的，普遍适用的、唯一的、最好的组织结构是不存在的。“依条件而变”“因地制宜”“量体裁衣”，选用一种最适合本组织的结构设计方案，是组织结构设计的一条基本原则。现代管理学者提出“权变理论”，就是强调不同的企业及同一企业在不同的发展阶段，都应当根据特定的具体条件选择和设计与之相适应的组织结构。环境、战略、规模、技术、人员素质等权变因素影响着组织模式的选择。作为企业组织结构的一个重要组成部分，采购组织结构对企业的表现同样意义重大。企业的采购组织必须考虑不同的组织结构的特点及其适用的采购模式，同时还要充分考虑公司的战略和竞争环境。伴随着企业组织结构的演变，采购组织结构也经历了“分散采购—集中采购—集中或分散采购—跨职能采购小组”结构的变迁。

2.1.1 分散型采购组织

1. 基本概念

分散采购指由各预算单位自行开展采购活动的一种采购实施形式。分散型采购组织结构是伴随着总部对企业运作管理权限的放开，分支机构掌管了日常事务而出现的。分散型采购组织结构如图 2-2 所示。

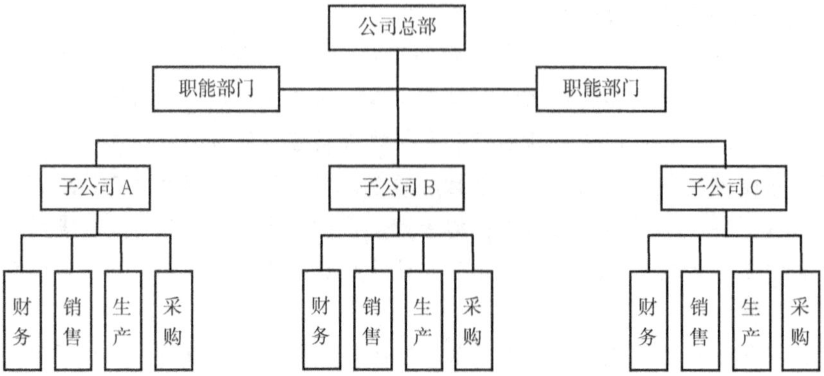

图 2-2 分散型采购组织结构

分散型采购组织的一个重要特点是，每个经营单位的负责人不仅要对采购的原材料的质量负责，而且要对自己的财务后果负责，使分支机构采购服务的客户满意度不断提高。总部通常以“参谋”（而不是直线职能）的角色或以内部咨询机构的名义进行监督，制定合作政策，消除部门间的障碍，最终成为各分支机构间的沟通桥梁。因此，每个经营单位的管理者都要对所有的采购活动负完全责任。这种组织的缺点之一是，不同的经营单位可能与同一个供应商就同一种产品进行谈判，结果达成了不同的采购条件。当供应商的能力不足时，经营单位相互之间会成为真正的竞争对手。

2. 适用及优缺点

分散型采购组织对拥有多样化经营单位结构的跨行业公司特别具有吸引力，因为每一个经营单位采购的产品都是唯一的，并且与其他经营单位所采购的产品有显著的不同。

分散型采购组织的优缺点如表 2-1 所示。

表 2-1　分散型采购组织的优缺点

优　　点	缺　　点
自主性、灵活性、多样性	容易造成供应商分散和混乱局面
可在本地采购，受当地欢迎	技术人员短缺，成本上升
交叉交易	重复采购，分支机构间缺乏沟通
有利于部门间的竞争	缺乏财务控制
有利于员工互换	过量的地方采购

2.1.2　集中型采购组织

1. 基本概念

集中采购指由一个部门统一组织本部门、本系统的采购活动（简称部门集中采购）的采购实施模式。集中采购的实施主体可以是集中采购代理机构，也可以是一个部门所委托的采购代理机构。集中型采购组织结构是建立在职能一体化基础上的，通常处于董事会的领导之下。这种模式下的采购部门是一个整体。企业内的分支机构的采购活动，都要接受总部的管理。总部就是专业技能、档案和权力的聚集地。集中型采购组织结构如图 2-3 所示。福特（Ford）、施乐（Xerox）、卡特彼勒（Caterpillar）建立的采购组织就是集中型采购组织。

2. 适用及优缺点

集中型采购组织结构中，公司一级层面上设有一个中心采购部门，需要完成的工作主要有公司的采购专家在战略和战术层面上的运作、产品规格的集中制定、供应商选择的决策，以及与供应商之间的合同准备和洽谈。

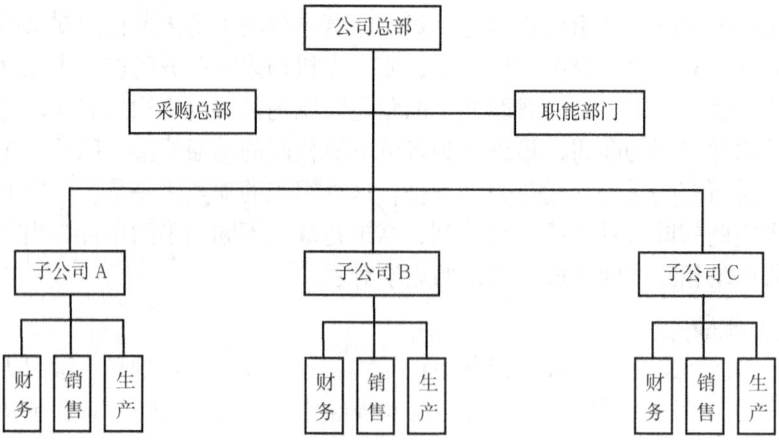

图 2-3　集中型采购组织结构

集中型采购组织的优缺点如表 2-2 所示。

表 2-2　集中型采购组织的优缺点

优　　点	缺　　点
规模效应	上下级之间相互抱怨
标准化，有利于采购战略的实施	对系统产生反抗
有利于财务管理	容易丧失机会
有利于评估，有利于监督	管理费用过高
有利于采用信息技术与系统	对市场的反应较慢

通用汽车公司（欧洲）和大众汽车公司可以被当作将其战略和战术采购业务集中到一个相当高程度的例子。这种组织的主要优点是，通过采购协作可以从供应商处得到更好的条件（在价格和成本方面，以及服务和质量方面），并将促进采购朝产品和供应商标准化的方向发展。但是集中型采购组织也有明显的缺点，而单独经营单位的管理层只对采购的决策负有限的责任。通常的问题是，经营单位的管理人员相信他们能够靠自己达到更好的目标并将单独行动，这样他们将逐渐削弱公司采购部门的地位。另外，权力集中的管理方式有可能造成企业决策与实际需求脱节、市场反应滞后等问题。

这种结构适用于几个经营单位购买相同产品且产品对它们具有战略重要性的情况。

知识链接

集中采购与分散采购：需要考虑的标准

集中采购或分散采购应到什么程度的问题难以简单地回答。大多数公司在两个极端之间寻找平衡：在某个时候，它们会采用集中的采购组织结构；而在几年以后，它们会选择更加分散的采购组织结构。最近几年，许多汽车公司都将其采购业务集中化。很多其他的公司（如办公设备制造商）也采取类似的措施，将采购业务从职能结构转向部门结构。

下面的因素或标准在决定采购的集中或分散时经常被使用。

采购需求的通用性。经营单位对所购买产品所要求的通用性越高，从集中的或协作的方法中得到的好处就越多。这就是大型公司的原材料和包装材料的购买通常集中在一个（公司）地点的原因。

地理位置。当经营单位位于不同的国家或地区时，这可能会极大地阻碍协作的努力。实际上，在欧洲国家和美国之间的贸易和管理实践中存在较大的差异，甚至在欧洲的范围内也存在重大的文化差异。一些大型公司已经将其协作战略从全球的转为地区的了。

供应市场结构。公司有时会在它的一些供应市场上选择一个或数量有限的几个大型供应商组织。这种情况下，力量的均衡肯定对供应商有利，所以采用一种协同的采购方法以在面对这些强有力的贸易伙伴时获得一个更好的谈判地位是有意义的。

潜在的节约。一些类型的原材料价格对采购数量非常敏感。这种情况下，购买更多的数量会立刻导致成本的节约。对于标准商品和高技术部件也是如此。

所需的专门技术。有时，有效的采购需要非常高的专业技术，如在高技术半导体和微芯片的采购中。因此，大多数电子产品制造商已经对这些产品的采购实行了集中化。购买软件和硬件也是如此。

价格波动。如果物资（如果汁、小麦、咖啡）价格对政治、经济、气候的敏感程度很高，集中的采购方法就会受到偏爱。

客户需求。有时，客户会向制造商指定必须购买哪些产品，这种现象在飞机工业中非常普遍。这些条件是与负责产品制造的经营单位商定的。这种做法将明显阻碍任何以采购协作为目标的努力。实践中，这些需要考虑的事项在决定以集中或其他方式购买产品时似乎是决定性的。

2.1.3 混合型采购组织

鉴于分散型和集中型采购组织各自的优缺点，现在许多企业采用了混合型采购组织形式。这种组织结构下，公司一级的管理层次上设有公司采购部门，同时各个经营单位也有自己的采购部门。混合型采购组织结构如图 2-4 所示。

公司采购部门和经营单位采购部门的分工如下：

1）公司采购部门通常处理与采购程序和方针相关的问题。

2）公司采购部门定期对下层经营单位的采购工作进行审计。

3）公司采购部门对战略采购品进行详细的供应市场研究，经营单位的采购部门可以参考使用。

4）公司采购部门协调、解决部门或经营单位之间的采购工作。

5）公司采购部门不进行战术采购活动，这一活动完全由部门或经营单位的采购组织实施。

6）公司采购部门可能对各经营单位采购部门的人力资源进行管理；而经营单位自己的采购部门实施具体的采购工作，即制订采购计划、与供应商联系、谈判、签订合同、支付货款等。

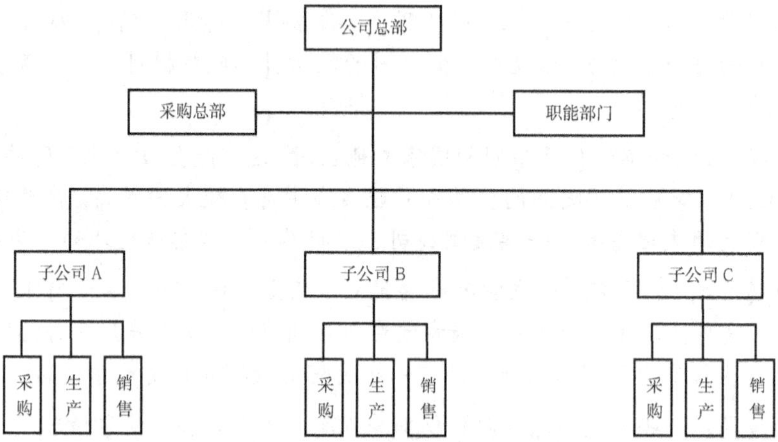

图 2-4　混合型采购组织结构

2.1.4　跨职能采购小组

跨职能采购小组是采购中一种比较新颖的组织形式。这里以 IBM 公司的采购小组为例进行介绍。1992 年，IBM 公司因为财务出现巨大的亏损，采购职能被加以重组。IBM 公司的新采购组织采用了一个与供应商的单一联系点（商品小组），由这个小组为整个组织提供对全部部件需求的整合，合同的订立是在公司层次上集中进行的。然而，所有情况下的采购业务活动都是分散的。

采购部件和其他与生产相关的货物是通过分布在全球的采购经理组织的，这些经理对某些部件组合的采购、物料供应和供应商政策负责。他们向首席采购官（CPO）和他们自己的经营单位经理汇报。经营单位经理在讨论采购和供应商问题及制定决策的各种公司业务委员会上与 CPO 会晤。CPO 单独与每一位经营单位经理进行沟通，使得公司的采购战略与单独的部门和经营单位的需要相匹配。这保证了组织中的采购和供应商政策得到彻底的整合。IBM 通过这种方法将其巨大的采购力量和最大的灵活性结合在了一起。

对与生产相关的物料的采购，IBM 公司追求的是全球范围内的统一采购程序，供应商的选择和挑选遵循统一的模式。IBM 公司越来越重视对主要供应商的选择和与他们签订合同，这些供应商以世界级的水平提供产品和服务并且在全球存在。这实现了更低的价格和成本水平，以及更好的质量和更短的交货周期，并因此实现了更低的库存。这种方法还实现了更少供应商和逐渐增加相互联系的目标，因为采购总额被分配给更少的供应商，因此可以更多地关注价值链中与单个供应商的关系，并可以发展以持续的绩效改善为基础的关系。

2.2　采购组织的设计

采购组织的设立主要是为了配合企业的生产或其他经营目标，以及配合其他部门共同谋求企业发展。采购组织的合理设计，是指将采购组织内部的部门专业化、具体化，也就是将采购部门应负责的各项功能组织起来，并以分工方式建立不同的部门来加以执行。采购组织的设计是组织机构建立与运行的基础，对组织的有效性影响很大，正所谓“设计不良，属先天缺陷，后患无穷”。采购组织的设计涉及很多活动，但首要工作是明确战略、组织和职责之间的关系。战略一旦制定，就必然借助一定的组织框架才能得以正常实施。而且，无论采用哪种组织形式，其内部各组成部分必然要各司其职。一个组织的建立到底是基于职能模块、信息流还是以人为本其实并不重要，真正重要的是组织中的各项工作必须在分配和执行中与战略计划及组织目标保持一致。采购部门要想有效地完成其采购业务，组织规划和职责必须受到重视。从不同的角度来看，采购组织的设计有不同的方法。

1．按采购地区设计

按物料采购地区的不同，可将采购组织划分为不同的单位，如国内采购部、国外采购部。这种采购组织的划分主要在国内外采购的手续及交易对象方面存在显著的差异，因而对采购人员的工作要求也不尽相同，所以应分别设立部门加以管理；采购管理人员须就相同物料比较国内外采购的优劣，判定物料应该划归哪一部门办理。按采购地区设计的采购组织如图 2-5 所示。

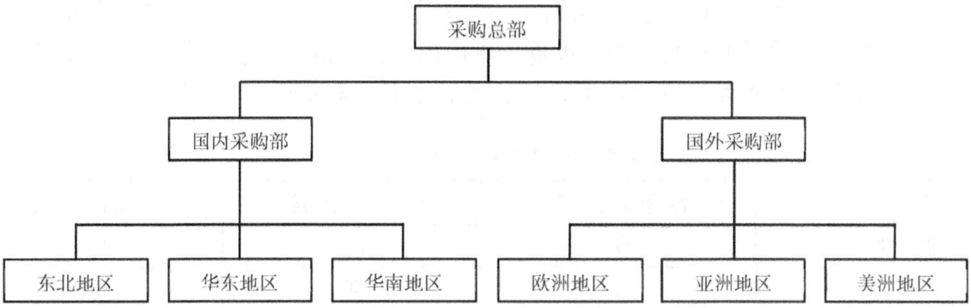

图 2-5　按采购地区设计的采购组织

2．按物品类别设计

不同的物品有不同的特点。按采购物品的种类可将采购组织划分为不同的部门，分别负责主原料、一般物料、机器设备、零部件、工程发包、维护和保养等类别的采购，采购工作分由不同单位的人员办理。此种组织方式可使采购人员对经办的物料项目相当熟悉，通常能使采购人员达到熟能生巧的效果。这也是最常见的采购组织设计方式，对于物料种类繁多的企业尤为适用。按物品类别设计的采购组织如图 2-6 所示。

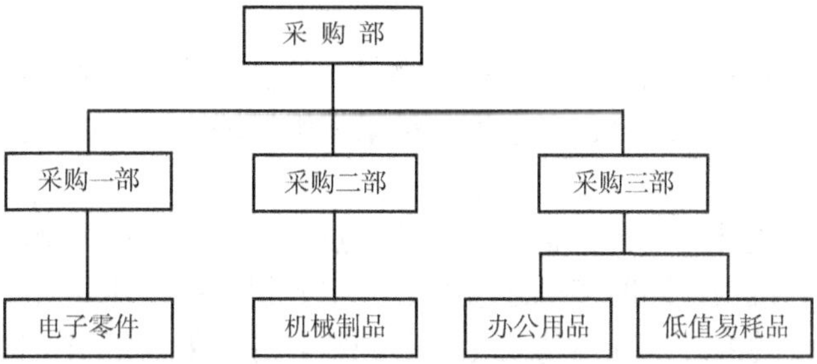

图 2-6　按物品类别设计的采购组织

3. 按采购物料价值或重要性设计

采购次数少但价值高的物料，由采购管理人员负责采购；反之，则授予基层采购人员负责采购。这种设计采购组织的方式，可以让采购管理人员能够对重大的采购项目做出倾力处理，达到降低成本的目的；而且可以让采购管理人员有多余的时间，对采购部门的人员与工作绩效加以管理。按采购物料价值安排负责人员的情形如表2-3所示。

表2-3 物品的价值不同，负责人员也不同

物　品	价　值	次　数	承办人员
A	70%	10%	采购经理
B	20%	30%	采购主管
C	10%	60%	采购职员

另外，可将策略性项目（利润影响程度高，供应风险高）的决定权交予高级管理层（如采购总监），将瓶颈项目（利润影响程度低，供应风险高）的决定权交给中高级管理层（如采购经理），将杠杆项目（利润影响程度高，供应风险低）的决定权交予中级管理层（如采购主管），将非紧要项目（利润影响程度低，供应风险低）的决定权交予低级管理层（如采购职员）。按采购物料重要性安排负责人员的情形如表2-4所示。

表2-4 项目不同，负责人也不同

类　别	利润影响程度	供应风险程度	采购承办人
策略性项目	高	高	采购总监
瓶颈项目	低	高	采购经理
杠杆项目	高	低	采购主管
非紧要项目	低	低	采购职员

4. 按采购功能设计

根据采购功能不同，可将采购组织分为采购开发、议价招标、比价招标、决标签约、稽催履约等不同部门。这种组织方式最适合采购量大、采购物品品种少、交货期长的企业。企业可将采购工作分工专业化，以避免由一位采购人员担任全部有关作业可能造成的不利情况。按采购功能设计的采购组织如图2-7所示。

5. 混合式设计

不同的企业有不同的特点。一般企业以物品、地区、价值、业务等为基础，可以形成不同的混合式组织形式，即综合运用上面各种采购组织的设计方法设计出来的结构。这种采购结构如图2-8所示。

总之，不同的企业要充分分析企业自身的特点，考虑企业内外部的影响因素，建立适合本企业的采购组织机构。同时值得注意的是，采购组织机构建立后不是一成不变的，而是要随着企业所面临的内外部环境的变化不断调整自身的采购组织机构，以便更好地适应环境，完成采购任务，最终实现企业的目标。但就短期而言，采购机构应该是相对稳定的。

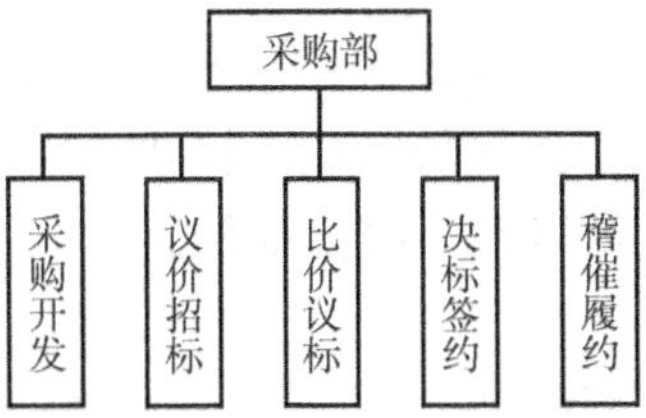

图 2-7　按采购功能设计的采购组织

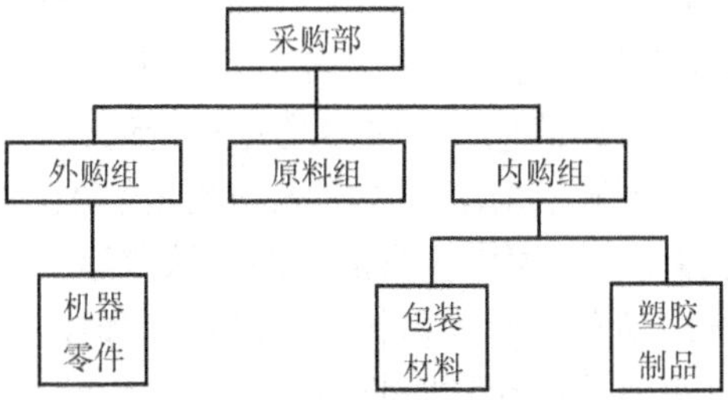

图 2-8　混合式设计的采购组织

2.3　采购组织的职责

采购部是公司对供应商的唯一窗口，也是能对公司客户产生极大作用的组织。它是联结公司客户和供应商的纽带。总体而言，它具有对内和对外两类不同的职责。对外的职责是选择和管理供应商，控制并保证价格优势；对内的职责是控制采购流程，保证采购质量和交货周期，满足公司生产和市场的需要。

1. 采购总部的职责

1）制定组织与工作职责。

2）制定商品结构（大组、小组、商品群、价格带、品项数等）。

3）编制与更新采购作业规范手册。

4）拟订全国品牌采购条件和年度采购计划。

5）处理统一订货与结算商品事宜。

6）定期召开全国联合采购会议，加强地区采购部与全国采购部、地区采购部与地区采购部之间的交流。

7）促进各分店之间的采购交流工作。

8）培训与稽核采购工作。

9）协助新开张分店地方性商品的采购工作。

10）协调财务部门，确保全国联合采购供应商“绿色通道”的畅通。

11）辅导各分店的采购工作。

12）分析各分店商品结构，并给予各分店建议或指导。

13）协调各分店与供应商之间的矛盾及交易条件。

14）制定符合公司规章制度且满足质量控制和财务制度的采购控制流程，确保公司的采购活动能够满足来自生产部门、市场部门及公司内部的各种采购要求。

15）通过人员培训和组织调整，控制采购的合同风险和法律风险，杜绝来自公司内外的对采购流程的侵犯事件，提高采购部门的纯洁性。

2. 采购部门的职责

1）调查与选择供应商（包括寻找新的物料代替品）。通过采购调研，做好供应商的筛选、甄别、评价、认证、培养、审核、考察、评审、资料备案等工作。

2）与供应商协商对采购最有利的供货条件，包括质量、折扣、价格、进货奖励、广告赞助、促销办法、订货办法、送货期限及送货地点等。

3）收集市场信息，对价格变化进行调查分析，掌握市场需求及未来趋势。对市场（国内和国际）的行情做出及时了解，保证公司在采购价格上的优势。在市场状况发生明显变化时，能够妥善利用供应商的资源、采取适当战略，降低风险并取得竞争优势。

4）核对请购单所购物料的技术规范和技术标准。

5）处理供货商交货时物料品质、数量的验收追踪事宜。

6）询价、洽谈采购条件，填制订购单并签订采购合同。

7）通过不懈的努力，降低采购运作成本，提高采购效率，提高内部和外部的客户满意度。

2.4　采购人员的职责和要求

市场经济条件下，决定企业成功的根本因素是人，企业采购都要通过采购人员来完成。有的企业每年外购总值高达数亿甚至数百亿元，如果采购管理工作发生一点疏漏，就可能造成严重后果。可见，采购人员的能力和素质对一个企业来说至关重要。

1．采购经理（总监）的职责

1）在总经理的授权下，直接负责采购部门的各项工作，并行使采购总监的职权，对商品政策的执行情况进行监督。

2）在公司总体经营策略的指导下，制定符合当地市场需求的营运政策、客户政策、供应商政策、商品政策、价格政策、包装政策、促销政策、自有品牌政策等各项经营政策。

3）在遵循公司总体经营策略下，领导采购部门达到公司的业绩及利润要求。

4）对采购人员进行相应的采购技能培训和提高，清楚地了解采购人员的能力水平，以便促进员工的招聘、调动和提升工作。

5）与企业各层级的采购人员密切沟通与配合，保证采购工作的连续性、充分性和完整性。

6）制定和维护一套信息系统，以保证能清楚地知道应采购什么物料、由谁采购、从哪儿采购、采购数量及采购成本各是多少；完成一些主要物料的谈判和重要的采购环节。

7）指导和帮助企业各部门的采购人员实现存货控制系统、储配水平、在订货点及一般管理工作的管理效益。

8）负责对供应商进行调查、评估，决定与供应商的合作方式。

9）负责并确保所采取的采购行为符合有关政策、法规和道德规范。

10）调查研究企业各部门的物资需求及消耗情况，熟悉各种物资的供应渠道和市场变化情况，做到供需胸中有数。

总体而言，采购经理需要根据运营整体进度规划，开发或优化现有供应商，并与之签订规范的产品经销合同；及时评估现有供应商的质量和效率，及时优化供应链，降低进货成本；依据采购部的采购需求单及补货单，保障采购及时执行；将市场上的销售情况反馈给产品经理，为其提供采购建议（互动）；与储运部门沟通接洽，及时理顺流程，保障物料入库；与财务部门沟通，及时审核、履行付款财务手续；检查并监督本部门是否将财务记录和资料进行归档留存；控制库存在合理的程度内，与供应商协调，及时安排办理调退货，优化库存。

2．采购人员的职责和要求

采购人员的日常工作就是进行采购作业，包括商品的议价、交易条件协商、新商品的引进及议价、商品的配送方式及数量决定。

其职责主要包括以下几项：

1）随时掌握企业各部门的物资需求及各种物资的市场供应状况，熟悉各种物资的采购计划。

2）对于要采购的物品，做到在物美价廉的基础上尽量选用优质的产品；对于季节性的物资，如果部门尚未提出申购计划，应及时提供样板、信息，供经营部门参考。

3）努力学习业务知识，提高业务水平，严格遵守企业的各项规章制度，服从上级领导的工作安排。

4）采购必须以采购单为凭证进行采购，金额超过规定数额须经采购经理批准。

5）采购多种物品时，要分轻重缓急，合理采购。大宗高额物资须经采购中心招标采购，小宗大量物资应同申购部门代表一同采购。

6）严把质量关、价格关，不采购假冒、伪劣、不符合质量要求的商品，及时做好入库报销工作。

企业对采购人员的要求主要集中在以下几个方面：

1）采购人员应该是懂技术的、理智型的购买者。出色的采购人员是懂技术的，他们对所需设备的性能、原材料的质量、零部件的规格及供应者提供的产品是否符合质量要求等都胸中有数；他们不是盲目型、冲动型的购买者，而是理智型的购买者；他们对产品的质量要求比较严格，供货要求适时，特别强调售后服务是否跟得上，而很少受情感因素的影响。只有这样，才能保证采购进来的货物物有所值、物有所用。

2）采购人员应该是具有协作精神、目光长远的人。采购的目的不是买货，而是运用货物所具有的功能。所以，采购人员需要具备协作精神，积极地保持与生产、技术、财务人员的联系，分析研究货物的性能，掌握货物的价值，使自己对采购行为做出的判断不仅限于眼前，而且能让企业站在更高角度审视采购行为，真正做到采购回来的货物能够物尽其用。

3）出色的采购人员应该是信息十分灵通的人。他们对行情变化、市场等了如指掌，他们头脑中储藏了大量的、准确的活信息。毫不夸张地说，他们在日常工作中是眼观六路、耳听八方的人，时时处处留心，通过耳闻目睹、日积月累掌握大量的信息。这一点对采购人员来说万分重要，否则他们采购回来的货物就不可能既价廉又物美并适应最新需求。

另外，采购人员还要达到以下要求：

1）作为采购部的员工，采购人员必须对公司绝对忠诚，不接受厂商的回扣、旅游招待、赠品、宴会等。

2）采购人员必须具备丰富的商品知识，慎重选择商品，建立商品组织，控制商品结构，清除滞销商品，经常引进新商品，维持商品的快速周转及新鲜度。

3）采购人员应建立稳定的采购渠道，寻找充足的货源，避免脱销。

4）采购人员必须适时开发新商品。

5）采购人员应经常进行市场调查，掌握竞争对手的商品构成、价格策略、促销手段等，并采取相应对策。

知识链接

未来采购经理应具备的 10 大能力

一次饮茶时，一位从事家电配件销售的朋友深有感触地说，现在的采购人员花样翻新，供应商无所适从。据他介绍，P 公司的采购人员 A 小姐是一个“高手”，她常常受到公司的表彰。A 小姐的“高招”是，一方面采取多家同时供应的方式，挑起供应商之间对回扣的攀比；另一方面又大肆压低供应商的配件价格，以获取公司的高额奖金与表彰。供应商基于回扣不断增高且价格不断降低的压力，无法对配件生产进行“精耕细作”，导致配件质量不断下降。而企业只凭表象评价采购人员的业务能力，这在一定程度上助长了采购人员的暗箱操作风气，损害了企业的利益。

在一项关于采购的调查问卷中，被调查者认为未来采购经理最重要的 10 大能力如下：

- 人际沟通能力。
- 对变革的适应能力。
- 客户导向意识。
- 处理冲突的能力。
- 决策能力。
- 解决问题的能力。
- 分析能力。
- 个人影响力与说服力。
- 谈判技巧。
- 计算机应用技术。

案例分析

赫尔希食品公司的采购情况

过去 4 年中，赫尔希食品公司大力对其采购业务进行了再造，以从供应基础获得充分价值。结果如何呢？集中的采购群体远离了事务处理而转向战略供应管理，供应基础则密切地与赫尔希公司的运作和经营战略相结合。赫尔希公司供应战略的关键在于：

- 采购的集中化及整合。采购业务过去是由处于每一个经营单位和公司水平的单独的采购部门实施的。
- 供应基础的重大整合。其目的是使赫尔希公司的影响最大化并发展更紧密的供应商关系。
- 从采购资源转向战略供应活动并远离事务处理，同时使赫尔希公司机构内部理解这种转换的原因。
- 将关键供应商垂直整合到赫尔希公司的业务之中，这包括过程和商业信息的公开分享。有时，供应商的部门会全心全意地服务于赫尔希的业务。

福兰克是采购副总裁。他认为，赫尔希公司改变采购的基础结构是一项简单的决策。“4 年前，我们决定将其全部事务集中化，包括商品、包装、投资设备采购及服务。”他所说的是采购职能。

直到那时，总部设在宾夕法尼亚州的赫尔希食品公司仍拥有很多小的采购部门，其中包括属于公司层次的商品小组，也包括分公司的商品小组。在赫尔希公司的核心——糖果点心业务和意大利面食及食品杂货店中，原材料和生产辅助工具或一般生产耗材用品的采购小组或部门的数量如此之多，以至于效率低下。

后来，所有的核心能力和技能被整合在一组采购专业人员手中。小组成员包括掌权的福兰克、2 名商品主管、1 名设备和服务主管，以及 1 名包装主管。成立小组的意图是使赫尔希食品公司的购买量杠杆化，以降低成本。

显然，集中化是福兰克努力的主要目标之一。目前，赫尔希公司的采购运作在多种活动中与所有独立的经营单位紧密结合，其中包括新产品的开发。

“采购存在于每个运营部门——销售、市场、制造及其他供应链业务中，”福兰克说，“我们要在概念（发展）阶段开始努力寻找恰当的供应商。”例如，采购代表会与新产品开发小组共同工作，其中也包括研发、食品技术、工程设计、制造和市场营销人员。

福兰克强调商品经理应把精力集中于战略而不是合同的数量上。他说：“例如，我们希望可可豆的采购者在交易上花的时间更少，而在跟踪市场上花更多的时间。”

为了使这种努力获得成功，采购部门需要谋求来自所有单位的支持——这花了一些时间。

福兰克指出，任何时间都可以发生合并。“总有一定的忧虑与其相伴。”为了减轻这种担忧，采购小组上马了一个教育计划。福兰克说：“没有一定的形式，我们只是寻求与工厂经理和赫尔希工厂其他的涉及物料来源的人进行直接沟通的机会。”他和采购小组的其他成员访问了一些工厂，召集了一些其他人，准备在工厂经理们在城里开会的时候与其进行交谈。他说：“我们与他们交谈，告诉他们为什么我们正在改变。”

为了长期节约成本，采购部门建立了跨职能小组与供应商共同工作。与某些供应商一起，5～7 位赫尔希公司的代表经常与来自供应商的对等人员坐下来讨论，但是“他们不是在进行谈判，而是在寻求从系统中削减成本的方法”。

为了确保小组找到对赫尔希公司而言可以接受的解决方法，福兰克委任包装经理 Thomas Bowman 指导小组设定并达到目标。结果得到了这样的解决方案——为赫尔希公司降低成本，提高生产效率，以及给供应商的产品增加价值。

思考题

1．你认为赫尔希食品公司采取的是什么样的采购方式？与以往的采购方式相比，赫尔希公司的方式有什么优点？

2．为了更有效地实施采购管理，福兰克对公司采购组织进行了哪些改变？

3．读了这个案例之后，你觉得该公司的改革对提高我国企业的采购效率有什么启示？

思考与练习

1．采购组织常见的类型有哪些？分别说出它们的特点及优点。

2．假如让你设计一个企业的采购组织，你会从哪几个方面考虑？

3．企业的采购组织有哪些职责？

4. 假如你是一名企业的采购人员，你觉得自己应该具备哪些基本素质才能更好地适应采购工作？

实训题

实训主题：设计采购组织

1. 实训目的

（1）加深学生对采购组织类型的认识，以及他们对各种类型的组织结构的适应情况。

（2）“量体裁衣”是设计组织结构的一条基本原则。帮助学生试着设计一个完整的采购组织。

（3）帮助学生了解采购人员的职责与需要具备的能力。

2. 实训组织

全班分成若干组，每组选定1位组长，负责提出相关问题，并且整理问题答案，最后提交实训报告。因为涉及采购组织的设计，老师可根据需要将实训目的分为课堂进行和课后进行两个部分，将实训目的（1）和实训目的（3）在课堂进行，将实训目的（2）放在课后进行。

3. 实训题目

（1）按照老师的安排，以小组为单位，在一定时间内设计一个采购组织，要求设计出具体的组织框架，说出该采购组织可以适应的公司类型，并用文字说明该采购组织需要公司做出的改革。

（2）针对采购人员拿回扣损害公司的现象，组织小组内部讨论，最后提交一个如何让采购人员尽职尽责的措施报告。

第3章

采购方式

引导案例

小陈是政府采购中心去年刚招进来的研究生。小伙子聪明又踏实，工作热情很高，颇得采购中心主任老冯的赏识。

最近，政府采购中心接到一项任务——区人民法院要采购一批IT设备，包括服务器系统（服务器、配套操作系统及双机集群软件）、网络系统（交换机）、附属配套设备（计算机和激光打印机等）及相关软件，金额高达600万元。老冯"钦点"小陈加入此次采购项目组，并负责采购的主要组织工作。这项任务让小陈很兴奋。可问题是，小陈没有采购经验，对于本次采购采用什么采购方法，小陈心里没有底。而项目组成员七嘴八舌，有人说根据《政府采购法》和本省的公开招标限额，这个项目肯定要公开招标；有人说根据采购物品的特点，这个项目应该采用邀请招标采购；还有人说，根据市场特性，直接找合格的供应商议价采购就可以，速度快又节约成本，甚至有人向小陈推荐自已熟悉的供应商。

这让小陈很头疼，因为他们大多数说得都有道理，他却没有充足的理由排除哪一个。他多么希望有个人能给他一个全面的指导。你能给他提供什么帮助吗？

学 习 目 标

重点掌握

- 采购方式的分类规则
- 集中采购与分散采购
- 招标采购

一般掌握

- 其他采购方式
- 政府采购

3.1 采购方式分类及选择

采购方式种类很多，企业可从中选取最方便、最有利的方法进行采购。然而，采购对象不同，所采用的采购方式也不同。

1. 按采购方式分类

按采购方式分类，采购可分为直接采购、委托采购与调拨采购 3 种。直接采购是指直接向物料供应商从事采购的行为；委托采购是指指定第三方从事采购作业的行为；调拨采购是指在几个分厂或协作厂商和顾客之间，将过剩物料互相调拨使用的采购行为。

2. 按采购性质分类

按采购性质分类，采购可分为公开采购与秘密采购、大量采购与零星采购、特殊采购与普通采购、正常性采购与投机性采购、计划性采购与市场性采购几种。

1）公开采购是指采购行为公开化；秘密采购是指采购行为在秘密地进行。

2）大量采购是指采购数量多的采购行为；零星采购是指采购数量零星化的采购行为。

3）特殊采购是指采购项目特殊，采购人员事先必须花很多时间从事采购情报收集的采购行为，如采购特殊规格、特种用途的机器；普通采购是指采购项目极为普通的采购行为。

4）正常性采购是指采购行为正常化而不带投机性；投机性采购是指物料价格低廉时大量买进以期涨价时转手图利的采购行为。投机性采购行为有可能获得巨额的投机利润，同时隐藏着巨大的风险。投机性采购有以下几大特点：① 需要动用大量资金。② 需要等待有利的购买时机才下手购买，有时会妨碍生产计划的进行。③ 需要使用大量的仓库空间，以储存投机性采购的物资。④ 若物料规格改变，投机性采购的物质就有报废的危险。

5）计划性采购是指依据材料计划或采购计划进行采购的行为。其优点在于存量能计划性地适当加以控制，价格成本控制也较有把握；缺点是物料计划及规格一旦发生变更，易造成企业与供应商的争端。市场性采购是指依据市场的情况和价格的波动而从事的采购行为。此种采购行为不是根据材料计划而进行的，而是具有人为因素。其优点是节省成本。其缺点是存货增加，仓储增加，存货储备成本加大；规格一旦发生变更，物料就有报废的危险；市场价格趋势判断错误可能带来极大损失。

3. 按采购时间分类

按采购时间分类，采购可分为长期固定性采购与非固定性采购、计划性采购与紧急采购、预购与现购 3 种。长期固定性采购是指采购行为长期而固定的采购；非固定性采购是指采购行为不固定，需要时就采购。计划性采购是指根据材料计划或采购计划进行的采购行为；紧急采购是指物料急用时毫无计划性的紧急采购行为。预购是指先将物料买进而后付款的采购行为；现购是指以现金购买物料的采购行为。

4. 按采购订约方式分类

按采购订约方式分类，采购可分为订约采购、口头或电话采购、书信或电报采购、试探性订单采购几种。订约采购是指买卖双方根据订约的方式而进行的采购行为。口头或电话采购是指买卖双方不经过订约的方式而是以口头或电话的洽谈方式进行的采购行为。书信或电报采购是指买卖双方利用书信或电报的往返而进行的采购行为。试探性订单采购是指买卖双方在进行采购事项时，因某种缘故不敢大量下订单，而先以试探方式下少量订单，等试探性订单采购进行顺利时再下大量订单的采购行为。

5. 按决定采购价格的方式分类

按决定采购价格的方式分类，采购可分为招标采购、询价现购、比价采购、议价采购、定价收购及公开市场采购几种。

1）招标采购。招标采购是指将物料采购的所有条件（如物料名称、规格、数量、交货日期、付款条件、处罚规则、投标押金、投标厂商资格、开标日期等）详细列明并登报公告的采购方式。投标厂商依照公告的所有条件，在规定时间以内，缴纳投标押金，参加投标。招标采购的开标按规定必须至少 3 家以上的厂商从事报价投标方得开标。开标后原则上以报价最低的厂商得标，但得标的报价高过规定价格时，采购人员有权宣布废标，或经监办人员同意以议价办理。

2）询价现购。询价现购是指采购人员选取信用可靠的厂商，讲明采购条件，并询问价格或寄以询价单并促请对方报价，比较后则进行现价采购的采购方式。

3）比价采购。比价采购是指采购人员请数家厂商提供价格，然后进行比价，从中选定合适厂商进行采购的采购方式。

4）议价采购。议价采购是指采购人员与厂商经讨价还价而议定价格后方进行采购的采购方式。一般来说，询价、比价和议价是结合使用的，很少单独进行。

5）定价收购。定价收购是指购买的物料数量巨大，无法由一两家厂商全部提供（铁路的枕木或烟草局的烟叶），或当市面上该物料匮乏时，则可先定价格以现款收购的采购方式。

6）公开市场采购。公开市场采购是指采购人员在公开交易或拍卖场所随时机动式的采购行为。需要大宗物料时，以这种方式进行采购，价格的变动是非常频繁的。

6. 按采购地区分类

按采购地区分类，采购可分为国内采购和国外采购 2 种。

当国内材料价格、品质、性能与国外相差无几时，应选择国内采购。国内采购机动性强，手续简单方便。当国外材料价格低、品质高、性能好、综合成本比国内采购低时，可考虑国外采购。但某些关系到民族前途的企业（如信息产业、通信产业等），应当不仅仅考虑当前利益，还应该为长远着想，尽量选择国内采购或支持有能力的国内供应商共同开发所需资源。

3.2　集中采购和分散采购

企业的采购可以集中进行，也可以分散进行。集中采购就是企业的采购任务由一个专门的部门负责；分散采购是指企业各部门自行处理各自的采购业务。分散采购与集中采购各有其优缺点，并且分散采购的优点与缺点就是集中采购的缺点与优点。企业在进行是分散采购还是集中采购的决策时，一方面，要切实认真地分析各自的优缺点，本着扬长避短、切合实际的原则做出合理的选择；另一方面，无论采用分散采购还是集中采购，都必须符合采购业务的特征和要求。

1. 基本概念的比较

集中采购和分散采购是相对而言的。集中采购是指企业在组织结构中建立专门的采购机构，统一组织企业所需物品的采购进货业务。跨国公司的全球采购部门的建设是集中采购的典型应用。集中采购一般实行招标采购的方式。随着现代企业生产规模的扩大，集中采购更能够体现采购方的权力、利益、意志、品质和制度，是采购方赢得市场、控制节奏，保护产权、技术和商业秘密，以及取得最大利益的一种理想的采购方式。因此，集中采购方式越来越受到众多企业的青睐。例如，IBM、恒基伟业、麦当劳等企业都在这一层面上通过集中采购实现了自身的利益。

分散采购是指由企业下属各单位（如子公司、分厂、车间或分店）实施的满足自身生产经营需要的采购。这种采购制度适合大型生产企业或大型流通企业。例如，实行事业部制的企业，每一事业部设有独立的采购供应部门。分散采购方式比较灵活，一次性支付的资金少；但是，由于各部门自行采购，采购价格和成本高、时间长、效率低，而且由于控制度低，难免会有暗箱操作，滋生采购腐败现象。因此，小企业比较喜欢分散采购，而大中型企业则重于集中采购。分散采购是集中采购的完善与补充，有利于采购、存货或供料环节的协调配合，有利于增强基层工作责任心，使基层工作富有弹性和成效。

2. 优劣势比较

集中采购与分散采购的优劣势比较如表 3-1 所示。

表 3-1　集中采购和分散采购的优劣势比较

	优　势	劣　势	主　体	客　体
集中采购	（见下面的分析）	机构臃肿；与供应商缺乏直接沟通；对内部客户导向性较弱	集团公司、跨国公司、连锁经营、OEM 厂商、特许经营企业的采购	大宗、批量、价值高、关键零部件原材料、战略资源，以及容易出问题的物品
分散采购	对利润中心直接负责；对内部用户有更强的客户导向性；官僚采购程序与内部协调较少；与供应商直接沟通	缺乏规模经济；缺乏对供应商的统一态度；市场调查分散；在采购和物料方面形成专业技能的可能性小；对不同的经营单位形成不同的采购条件	二级法人单位、子公司、离主厂区或集团供应基地较远的异国或异地供应的情况	小批量、单件、价值低、分散采购优于集中采购的物品

实施集中采购具有以下优势：

1）有利于获得采购规模效益、降低进货成本与物流成本、节省运费、获得供应商的折扣、争取主动权。

2）易于稳定本企业与供应商之间的关系，得到供应商在技术开发、货款结算、售后服务支持等诸多方面的支持与合作。

3）集中采购责任重大，采取公开招标、集体决策的方式，可以有效制止腐败。

4）有利于采购决策中专业化分工和专业技能的发展，同时有利于提高工作效率。

5）如果采购决策都集中控制，所购物料就比较容易达到标准化。

6）有利于减少管理上的重复劳动，这样就不必让每一个部门的负责人都去填采购订单，只需采购部门针对公司的全部需求填一张订单就可以了。

7）对供应商而言，这也可以推动其有效管理，因为他们不必同时与一家公司的多人打交道，而只需和采购经理联系。

3.3　政府采购

政府采购以政府机构或履行政府职能的部门为主体。作为市场经济国家管理政府公共支出的一种基本手段，政府采购已有两百多年的历史了，最早可追溯到 1761 年美国的《联邦采购法》。有资料显示，各国政府采购的资金一般占 GDP 的 10%以上，实行政府采购制度可以节约 10%左右的资金。政府采购规则不是一成不变的，随着各国政府在市场经济发展过程中的角色的不断变化，它也会产生相应的变化，同时采购制度的规则也在不断地变更。

1．基本概念及特点

政府采购也称公共采购，是指各级国家机关和实行预算管理的党政组织、社会团体、事业单位，在政府的管理和监督下，使用财政性资金，采购依法制定的集中采购目录以内的或者采购限额标准以上的货物、工程和服务的行为。政府采购不仅是指具体的采购过程，而且是采购政策、采购程序及采购管理的总称，是一种对公共采购实行管理的制度。

政府采购是相对个人采购、家庭采购、企业采购和团体采购而言的一种采购管理制度。与这些采购相比，政府采购具有以下特点：

1）资金来源的公共性。政府采购的资金来源为财政拨款和需要有财政偿还的公共借款，这些资金的最终来源为纳税人的税收和政府公共服务收费；而私人采购的资金来源于采购主体的私有资金。从本质上说，正是采购资金的来源不同，才将政府采购和私人采购区别开来。

2）采购主体的特定性。政府采购的主体也称采购实体，是指依靠国家财政资金运作的政府机关、事业单位和社会团体、公共机构等部门。

3）采购活动的非营利性。任何资金的使用都存在着管理者责任的问题。在完善的市场经济条件下，营利性商业组织的资金管理者的责任及资金的使用效率，可以通过其营利性本身，通过优胜劣汰的市场机制反映出来，即通过市场检验来体现。而对非营利性政府采购的管理也就成为一种弥补市场不足的必要补充。政府采购的目的不是营利，而是为了实现政府的职能和公共利益。而私人采购是为了生产、转售和营利。政府采购管理者没有私人采购需要营利的动机。

4）社会性。政府采购的社会性实际上是蕴含在其非营利性特征之中的，是非营利性的更深刻的表现。政府要承担社会责任或公共责任。也就是说，政府部门的所作所为，包括采购行为，都要向国家和社会负责，并且要在工作的同时为人民树立一种良好的形象和榜样。例如，政府采购不仅要满足社会在某一时期对一种服务的需要，还要考虑环境问题、就业问题等对社会的影响。

5）采购对象的广泛性。政府采购的对象包罗万象，既有标准产品也有非标准产品，既有有形产品也有无形产品，既有价值低的产品也有价值高的产品，既有军事用品也有民用产品。为了便于管理和统计，国际上通行的做法是按其性质将采购对象分为 3 大类：货物、工程和服务。

6）行政性。政府采购作为组织的选择就不能按照个人意志行事。因此，政府采购决策运用的是政府部门办公地决策程序，是一种行政运行过程。例如，采购中要遵守组织的规则、制度及程序，体现集体的作用，而不能像一些私人企业那样，鼓励发挥采购人员的主观能动性和创造性。

7）规范性。政府采购不是简单的一手交钱一手交货，而是要按有关政府采购的法则，根据不同的采购规模、采购对象及采购时间要求等，采用不同的采购方式和采购程序，使每项采购活动都规范运作，体现公开、竞争的原则，并接受社会监督。

8）影响力大。政府是一个国家最大的单一消费者，购买力非常大，因此政府采购对社会经济有着非常大的影响力。采购规模的扩大或缩小及采购结构的变化，对社会经济发展状况、产业结构及公众的生活环境有着十分明显的影响。正是由于政府采购对社会经济有着其他采购主体不可以替代的巨大影响，它已成为各国政府普遍使用的一种宏观经济调控手段。

此外，财政部门实行全方位的监督，也是政府采购的一个重要特征。当然，这种监督不是指财政部门直接参与每项活动，而是通过制定采购法规和政策规范采购活动，并检查这些法规、政策的执行情况。财政监督的对象不仅是采购实体，还包括采购中介机构、供应商等参与采购活动的机构和个人。

2. 政府采购的目标

1）实现经济性和有效性目标。这是政府采购最基本和首要的目标。国际上通行的政府采购规则都将提高政府采购的经济性和有效性作为其首要目标。这是指以最有利的价格等条件及时采购到质量符合要求的货物、工程或服务。经济性是指采购资金的节约和合理使用。基于公共资金的性质，采购机构必须谨慎、合理地使用采购资金。有效性是指采购的货物、工程或服务要具有良好的质量，价格要便宜，还要注意采购的效率，同时要在合同规定的合理时间内完成招标采购任务，以满足使用部门的需求。

2）调节国民经济运行。政府采购制度的确立，有机地把各级政府部门的消费组织起来，进而有效地执行国家的财政政策、货币政策、产业政策和社会发展计划，政府这个最大的单一消费者才能形成。而且，政府可以依据宏观经济冷热程度及其发展态势，适时、适量地安排政府采购。当经济偏冷时，增加和提前进行政府采购，刺激总需求增长；当经济偏热时，适当压缩和推迟政府采购，减少社会总需求。

3）贯彻政府在结构调整方面的意图。政府采购客观上对不同产业和行业有一定的选择余地，可以据此体现不同的政府倾向。例如，对符合产业政策和技术经济政策的新兴产业或技术项目，政府采购中可以较多安排它们的产品。特别是对环境保护、社会福利等方面的特定政策目标，可以纳入政府采购之中，确保这些政策能够及时、有效地落实。

4）保护民族工业，支持国有企业的发展。目前，我国政府采购主要是面向国内企业进行的，但向国际上开放政府采购市场已为期不远。推行政府采购，通过对企业规模、产品产地、技术条件及品牌的限制和选择，可以保护国内技术先进、竞争力强的民族工业，支持国有企业，从整体上提高国有企业的市场竞争能力。

3. 政府采购的实施

从国际上看，政府采购的模式，按照组织政府采购活动的主体及其采购范围，一般分为集中采购、分散采购及集中采购与分散采购相结合 3 种。集中采购是指由政府设立的职能机构统一为其他政府机构提供采购服务的一种采购组织实施形式。分散采购是指由各预算单位自行开展采购活动的一种采购组织实施形式。集中采购与分散采购相结合是指一级政府的政府采购组织实施形式中既有集中采购也有分散采购，二者同时并存。

1）我国政府集中采购的组织实施。纳入中央国家机关集中采购目录的项目，应当实行集中采购。我国设立中央国家机关政府采购中心，接受委托组织实施中央国家机关集中采购目录中的项目采购。该中心为财政全额拨款的事业单位，由国务院办公厅委托国务院机关事务管理局管理。其主要职责是，受中央国家机关各部门、各单位（以下统称“各部门”）委托，制定集中采购的具体操作方案并组织实施；直接组织招标活动；根据各部门委托的权限签订或组织签订采购合同并督促合同履行；制定集中采购内部操作规程；负责各部门集中采购操作业务人员的培训；接受各部门委托，代理中央国家机关集中采购目录以外项目的采购；办理其他采购事务。

2）我国政府各部门自行采购的组织实施。中央国家机关集中采购目录以外的采购项目，由各部门按照法律和有关规定自行组织采购，可以实行部门集中采购或分散采购，具体办法另行制定。部门集中采购可以由部门自行组织，也可以委托中央国家机关政府采购中心或政府采购社会招投标代理机构采购。

4．政府采购的工作方式与程序

政府采购采用以下方式：公开招标、邀请招标、竞争性谈判、询价、单一来源采购和财政部确定的其他采购方式。在我国，中央国家机关政府采购中心和各部门的集中采购活动要按有关法律规定确定采购方式，达到公开招标数额标准以上的要实行公开招标采购，其中采购货物和服务达到公开招标数额但由于特殊情况需要采用其他方式采购的要报财政部批准。公开招标要执行有关法律、法规和部门规章的规定。

政府采购的工作程序主要包括政府采购预算管理的程序、政府采购预算执行的程序和政府采购项目执行的程序。这些程序如图 3-1 所示。

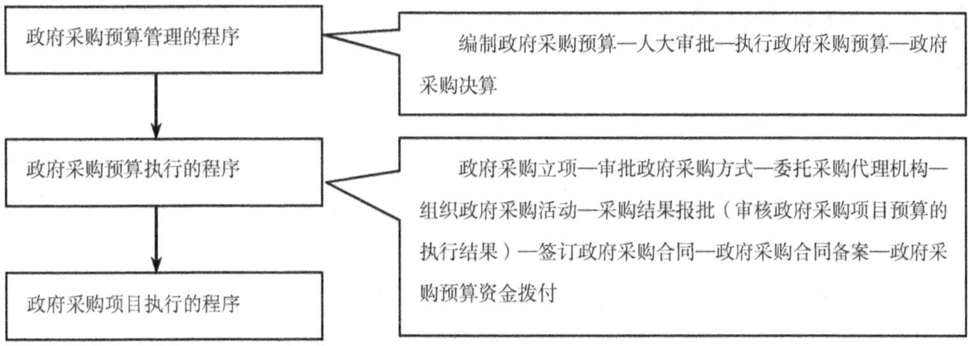

图 3-1　政府采购的工作程序

因政府采购方式不同，政府采购项目的采购程序也不相同。

政府采购因为其市场空间巨大，各行各业的企业都有机会取得政府采购的订单。谁能够在这个时机抢先占有较高的市场份额，并且能够在各级政府部门中树立良好的声誉，它无疑将在日后的政府采购竞争中积累很高的“市场势能”。可以说，现阶段每个企业在政府采购中的成功，其意义不仅仅在于获得订单本身，更重要的是为企业日后大块地分割政府采购这个大蛋糕打下了良好的基础。

对企业来说，当前在政府采购中的行动，不仅是在经营现在的市场，更是在经营未来的市场。但是，很多实力雄厚、产品颇具竞争力的商家在政府投标中仍屡屡受挫。那么，企业在面对商机无限的政府采购市场时该如何正确应对呢？研究调查发现，我们应该从以下几个主要方面进行努力：

- 建立系统正规的信息采集制度，选准投标项目。
- 充分准备，编制高质量的投标文件。
- 科学合理地确定投标价格，避免盲目报价。
- 审时度势，采取正确的招标策略。
- 注意建立良好的公共关系。

3.4 招标采购

招标采购是企业或政府采购原材料、设备、零部件、MRO（Maintenance, Repair, Operation）和办公用品时常用的一种采购方式。作为一种有组织的社会交易行为，招标采购起源于英国的“公共采购”。招标采购是通过在一定范围内公开购买信息，说明拟采购物品或项目的交易条件，邀请供应商或承包商在规定的期限内提出报价，经过比较分析，按既定标准选择条件最优惠的投标人并与其签订采购合同的一种采购方式。

招标采购是在众多的供应商中选择最佳供应商的有效方法。它经常被用于比较重大的建设工程项目、新企业寻找长期物资供应商、政府采购或采购批量比较大等场合。它体现了公平、公开和公正的原则。

一个完整的招标采购过程包括策划—招标—投标—开标—评标—决标—签订合同 7 个阶段。

3.4.1 招标采购的方式

小词典

招标采购，就是通过招标方式寻找最好的供应商进行采购的采购方法。招标采购的基本方式主要有公开招标、邀请招标和议标 3 种。

1. 公开招标

公开招标又称竞争性招标，即由招标者在报刊、网络或其他媒体上发布招标公告，吸引众多企业单位参加投标竞争，招标者从中择优确定中标单位的招标方式。按照竞争程度的不同，公开招标又分为国际竞争性招标和国内竞争性招标。公开招标要将采购的所有条件（如货物名称、规格、品质要求、数量、交货日期、付款条件、处罚规则、投标押金、投标厂商资格等）详细列明，刊登公告。投标者（供应商）按公告的条件，在规定的时间内，缴纳投标押金，参加投标。

小词典

国际竞争性招标是指在全世界范围内进行招标，国内外合格的投标商均可以投标的公开招标方式。这种招标方式要求制作完整的英文招标文件，在国际媒体上刊登。

（1）公开招标的优点

1）公平。公开招标使对该招标项目感兴趣又符合投标条件的投标者都可以在公平竞争条件下享有得标的权利与机会。

2）价格合理。基于公开竞争，各投标者凭其实力（规格符合、成本最低）争取合约，而不是由人为或特别限制规定售价，所以价格比较合理。而且，因为是公开招标，各投标者自由竞争，因此招标者可获得最具竞争力的价格。

3）有利于改进品质。因为各竞争投标的产品规格或施工方法不一，公开招标可以使招标者了解技术水平与发展趋势，促进其品质的改进。

4）有利于减少徇私舞弊。因为是公开招标，各项资料公开，办理人员难以徇私舞弊，更可避免人情关系，减少作业困扰。

5）有利于了解供应来源。通过公开招标方式可获得更多投标者的报价，扩大供应来源。

（2）公开招标的缺点和可能带来的问题

1）采购费用较高。公开登报、招标文件制作与印刷、开标场所布置等，均需花费大量财力、物力与人力；万一出现中标无效的情况，这些费用就等于白白浪费。

2）手续烦琐。从招标文件设计到签约，每一阶段都必须周详准备，并且要严格遵循有关规定，不允许发生差错，否则会造成纠纷。

3）可能产生串通投标现象。凡金额较大的招标项目，投标者之间可能串通投标，做不实报价或任意提高报价，给招标者造成困扰与损失。

4）可能造成抢标现象。报价者因有现货急于变现，或有特权掩护，或基于销售或业务政策等原因，报出不合理的低价，可能造成恶性抢标，以致带来偷工减料、交货延误等风险。

5）可能衍生其他问题。事先无法了解投标企业或预先无法做有效的信用调查，可能会衍生意想不到的问题，如倒闭、转包等。

2．邀请招标

邀请招标又称有限竞争性招标或选择性采购，是竞争性招标的辅助形式。它是指以投标邀请书的方式，邀请特定的供应商参与投标的公开招标方式。邀请招标又可分为国际有限竞争性招标和国内有限竞争性招标。具体而言，邀请招标就是招标单位根据自己积累的资料，或根据权威的咨询机构提供的信息，选择一些合格的单位发出邀请，应邀单位（必须有 3 家以上）在规定时间内向招标单位提交投标意向，购买投标文件进行投标。

（1）邀请招标的优点

1）节省时间和费用。因邀请招标无须登报或公告，招标者的时间和费用比较节省。被邀请的供应厂商可以节省资料收集及规范设计的时间和费用，工作量可大幅度降低。

2）比较公平。因为基于同一条件邀请投标单位投标竞价，所以机会均等。虽然邀请招标不像公开招标那样不限制投标单价数量，但公平竞争的本质相同，只是竞争程度较低而已。

3）有利于减少徇私舞弊现象。邀请招标虽然可以事先了解可能参加报价的单位，但仍须竞争才能决定中标者，因此可以减少徇私舞弊现象。

（2）邀请招标的缺点和可能带来的问题

1）可能造成串通投标现象。邀请招标中，串通投标的概率较大。投标者很可能事先分配或轮流供应，而不能做到真正竞价或合理报价。尤其当投标单位规模不一时，竞争能力必有差异，所以可能出现弱肉强食、被大企业操纵的局面。

2）可能造成抢标现象。虽然投标单位报价竞标，但也有可能造成恶性抢标。恶性抢标是指有些单位以超低价格中标，然后以牺牲押金的方式争取时间，并在最后时刻毁约，以便在重购时通过串通投标获得更多的利益。

3）规格不一。邀请招标的结果可能是多家分配同一标的或轮流得标，所以供应的规格会有所差异，以致影响生产效率、增加损耗，并使维修更加困难。

3. 议标

议标也叫谈判招标或限制性招标，是采购方与供应商通过谈判确定中标者并与其签订合同进行采购的公开招标方式。议标包括直接邀请议标、比价议标和方案竞赛议标3种方式。

1）直接邀请议标，是指采购方直接邀请某一企业单独协商，达成协议后签订采购合同的采购形式。采取这种采购方式，与一家协商不成时可以换另一家，直到达成协议。

2）比价议标，是指采购方将采购要求送交选定的几家企业，要求它们在约定的时间提出报价，招标单位经过分析比较选择报价合理的企业并与之协商、达成协议、签订合同的采购形式。比价议标兼有邀请招标和协商招标的特点，一般适用于规模不大、内容简单的工程和货物采购。

3）方案竞赛议标，是选择工程规划设计任务的常用招标方式。它是指由招标人提出设计的基本要求和投资控制数额，投标人提出规划任务或设计的方案，招标人邀请有关专家组成评选委员会选出优胜单位并与其签订合同的采购形式。这种招标方式要求对中标的参审单位给予一定补偿。

注意：

议标是在非公开状态下，采取一对一的讨价还价的谈判方式进行的招标，不便于公众及行政监督管理，容易产生钱权交易，弊端较多。因此，国际上对此方式做了许多严格的限制。我国的《招标投标法》已经取消了“议标”的招标方式。

3.4.2 招投标制度及招标采购运作模式

1. 招投标制度

招投标制度就是一种规范的比价采购模式。国际通行的招投标制度（如世界银行采购招标程序、国际土木工程师协会FIDIC招标程序）对询价和定价的每一步操作均做出了详细的规定和说明。这特别突出表现在3个方面：

- 严格的操作程序、规则和标准招标文件。
- 具体、明确的技术要求和计量规则。
- 详细而全面的标准合同条件。

对于大型和复杂的采购项目，招投标制度的优点是非常明显的。近年，我国政府开始推行招投标制度并首先在政府采购和建筑工程项目管理方面应用，取得了良好的效果。

招投标制度本身并不复杂，但对绝大多数企业来说，全面实行招投标制度是很不容易的。首先，招投标要求有具备足够法律和商务知识并经过专业训练的人员进行具体操作，这对中小型企业来说是不经济的。这些都限制了招投标制度的应用。不过，招投标制度的基本思想仍然是非常有价值的，如对承包商进行资格预审、排除不合格的卖方、报价密封及公证开标、防止恶意操纵等。

2．招标采购运作模式

（1）政府采购招标

政府采购招标一般都是国家财政出钱，招标范围广、量多、频次高，一般针对的是万元以上额度的采购。对于耗材、DIY 散件等商品，以前都采用政府定点供应商的办法，通过招标选择定点供应商，但现在有的地方已取消了此办法，因为这种方式不符合市场经济原则，会滋生新的不公，便利性也差。

目前，政府招标采购办都会对 IT 企业进行资质认证，一般应有厂家的代理资质，实在没有的也要有临时资质。通过认证后，这些企业在本年度就可以参与投标。不同政府用的招标方法不一样，有的采用电子商务模式，实行网上招标，设计了专门的网页，这样所有通过资质认证的企业都可以实时参与；有的则采用书面标书形式，标书是免费的，但是要想得到标书，就要首先知道有标书。获得这个信息有两个渠道：一是采购办的人通知企业，二是用户通知企业。采用书面标书的方式限制了参与者的数量，因为企业不可能对每个标书都得到信息，采购办的人也会根据其主观判断决定通知谁。通知谁或不通知谁是有选择的，这自然就涉及人际沟通。

政府采购招标有严格规定，如果发现企业违规，则 3 年内严禁其参与投标。但如何算违规，以及谁去管理，目前没有明确界定。

（2）行业投标

行业投标不像政府投标那样规则一致，不同行业都有自己的规定，做法差异较大。大行业（如电信、农垦、银行等）都有自己常设的招标采购机构，有的还聘请了评标专家组，由相关职能部门（如计财、纪检、审计、法规等多方）组成。有的行业规模较小，没有专门机构负责招标采购，一般由信息或科技管理部门分管。

行业投标有的不承诺最低价中标，原因是行业面窄、专业性强。行业投标注重对业务层面的了解，所以有时会对标书的细节做些讨论，往往带有一些倾向性。

行业招标并不十分规范。原因之一是有的行业有自己内部建立的相关公司，所以一般招标会倾向于自己内部的公司，毕竟由于体制等多方面的问题，平衡和妥协也是必要的；原因之二是有的行业还没有建立科学的招标体制，投标往往就是走一走形式和过场，主要工作基本上在投标之前就已做好了。

（3）投标公司

投标公司是商业机构，一般受市场用户委托，靠卖标书收取标的额手续费而生存，往往承接的是一些较大的项目招标。它的招标信息一般由内部刊物刊登，一般不拒绝企业参与招标，而且标书卖得越多越好。开标、唱标一般有一个固定时间，由用户及相关专家到场。符合要求的任何企业都可以参与投标，相对公正。当然，参与投标的公司“搞猫腻”的行为也是存在的。

3.4.3 招标中存在的问题及其解决办法

从上述几种招标运行模式看，招标还存在下述问题：① 项目型采购招标实施起来比较困难，因为没有统一的评价标准，所以难以进入正常的招标程序。② 实时性不好，因为从做计划上报到真正开始招标，这个过程可能历经几个月，而有些产品更新换代可能很快，此时可能招标产品在市场上已经过时了。③ 有些操作环节还不科学，需要的人际沟通较多，这就容易缺乏公正性。④ 有些参与投标的公司有抬标、围标行为，致使招标失去意义。⑤ 有的公司中标后因兑现不了标书的承诺而出现弃标行为。⑥ 招标者与客户串通一气，以低就高，以次充好。⑦ 单纯以价格制胜，会降低后续的服务要求，因为服务往往在标书中不好体现。⑧ 中标后的整个执行过程缺少有效监督，招标公司力不从心，而用户自己又做不了主。

虽然存在问题，但不管怎样，招标模式确实给我们带来了全新的模式，这种模式也会在不断运行中得以完善。

综上所述，一个公司要想有效地参与投标，就必须做好以下几个方面的工作。

1. 人员选择

招标工作需要的人才应是项目管理型人才。这些人才除具有营销能力外，还要擅长计划、沟通、协调和执行，对技术也不应陌生，又要略知法律，以便对签订的合同规避法律风险。对这种人才的管理要采取有效的绩效考核加适度的奖励和约束的方法。因为培养一名这样的人才需要精力和时间，而其一旦另谋他路，跑到竞争对手处，就难免造成损失。

2. 厂家支持

厂家的支持是企业中标的重要条件。因此，有了投标信息后应该第一时间通知厂商，这样就会得到第一注册资格。

当然，一般只能得到同种商品的一个厂商的支持，因此对于厂商的选择并保持长期合作是至关重要的。

3. 招标部门人际沟通

招标部门的人际沟通是必需的，这对于企业获取相应的信息至关重要。什么时候有标，用户是谁，标书的主要内容是什么，早一天知道这些，就多一分胜利保障。

4. 为用户制作标书

如果用户有采购计划，而企业能帮其制作标书，那么企业胜出的概率就会大很多。标书制作是有很多策略的。

5. 自身资源准备

要很好地履行一个标书，就应该全面协调自身的资源：

1）有获取相关信息的渠道，这是企业决策的依据。甚至，企业要了解竞争对手的某些信息。

2）有良好的资金、技术储备。在自有资金、技术不足的情况下，积极争取厂商的支持是非常重要的。

3）进行利益核算。投标的目的是获取利益。有时，企业采取的策略会有所不同。对一个新用户，可能为了得到这个用户，不赚、少赔也要中标。

4）保持头脑清醒。这对操盘手的经验判断力要求很高，甚至其个性可能都是重要因素。目前，投标市场是非理性的，不是对所有的标都要去投，而是要认真分析标书中的内容。

经过几年的实施，招投标市场正逐渐走向理性、规范，市场份额也会越来越大。参与招投标，不能只考虑某一单、某一事的利益，也不能只考虑经济利益，它对一个公司的发展会带来综合的、不可预估的影响。

3.5　其他采购方式

除了上面介绍的采购方式，采购还有一些其他的方式。这一节，我们将对一些经常用到的采购方式做简单的介绍。

1. 比价采购

比价采购是指买方市场条件下，在选定 2 家以上供应商的基础上，由供应商公开报价，最后选择报价最低的为企业供应商的一种采购方式。实质上，这是一种供应商有限的条件下的招标采购。由于比价采购的明显优点，它现在已经成为普遍采用的一种采购方式。但比价采购并没有固定的、合理的模式，具体操作时在询价、定价及交易等各个环节都可能产生差异，而这些差异很可能导致比价的最终价格偏离招标者的初衷。比如，选择供应商不当极有可能导致采购失败，合同文本不严密可能导致发生交易纠纷，采购人员的恶意操控可能给企业带来不必要的损失。

2. 即时采购

即时采购是受 JIT 生产管理思想的启发，在 20 世纪 90 年代才出现的。它的基本思想是，在恰当的时间、恰当的地点，以恰当的数量、恰当的质量提供恰当的物品。可见，它是从即时制生产发展而来的，是为了消除库存和不必要的浪费而进行的持续性改进的采购模式。它是即时制生产管理模式发展的必然要求。

在质量控制、供需关系、供应商的数目、交货期的管理等方面，即时采购和传统的采购方法有许多不同，其中供应商的选择、质量控制是其核心内容。其核心要素包括减少批量、频繁而可靠地交货、提前期压缩且高度可靠、保持一贯的高质量。这就需要与供应商签订在需要的时候提供需要数量的原材料协议。这也就意味着可能一天 1 次、一天 2 次甚至每小时几次的物资采购。

3. 联合采购

（1）联合采购的定义

联合采购是指多个企业之间的采购联盟行为，因此可以认为联合采购是集中采购在外延上的进一步拓展。随着市场竞争的日益激烈，企业在采购过程中实施联合正在成为企业降低成本、提高效率的重要途径之一。

这里先了解一下企业群体规模采购成本的概念。它是指 2 个以上的企业采用某种方式进行联合采购的总成本。企业在采购环节上实施联合采购可极大地减少采购及相关环节的成本，为企业创造可观的效益。联合采购的优点主要体现在以下 4 个环节：

1）采购环节。如同批发和零售的价格差距一样，物料采购的单价和采购的数量成反比，即采购数量越大，价格就越低。企业间实施联合采购，可合并同类器材的采购数量，使采购单价大幅度降低，使各企业的采购费用相应地降低。

2）管理环节。我国企业普遍存在的一个问题就是管理落后，而管理的提高需要企业付出很高的代价，后继企业只有吸取先行企业的经验和教训，才能起到事半功倍的效果。比如，生产同一类产品的企业，如果各个企业在采购及质量保证的相关环节的要求相同、需要的物品相同，就可以在管理环节上实施联合采购，归口管理相关工作。联合后的费用可以由各个企业分担，这样就能大大降低各企业的采购费用。

3）仓储环节。通过实施各企业库存资源的共享和物料的统一调拨，可以大幅度减少备用物资的积压和资金的占用，提高各企业的紧急需求满足率，减少因物料供应短缺造成的停产损失。

4）运输环节。物料单位运费率与单次运输总量成反比，特别是国际运输更为明显。企业在运输环节的联合，可通过合并小重量的货物运输，使单次运量加大，从而可以较低的运费率计费，减少运输费用的支出。

（2）联合采购的实施方式

国际上比较流行的联合采购方式主要有两种：采购战略联盟和通用材料的合并采购。

1）采购战略联盟。这是指 2 个或 2 个以上的企业出于对整个世界市场的预期目标和企业自身总体经营目标的考虑，所采取的一种长期联合与合作的采购方式。这是一种自发的、非强制性的联合，各方仍保持其采购的独立性和自主权，它们依靠相互间达成的协议及经济利益联结成松散的整体。网络技术的发展为企业创造了合作的空间，使采购信息得以即时传递，使异地企业可以实施联合采购。为充分利用规模效益、降低采购成本、提高企业的经济效益，国际上越来越多的跨国公司开始实施采购战略联盟。

2）通用材料的合并采购。这种方式主要用于有相互竞争关系的企业之间。它们通过合并通用材料的采购数量和统一归入采购，获得大规模采购带来的低价优惠。这种联合方式下，每一项采购业务都交给采购成本最低的一方完成，使联合体的整体采购成本低于各方原来进行单独采购的成本之和，这是企业的联合准则。这种合作的组织策略主要分为虚拟运作策略和实体运作策略。虚拟策略的特点是组织成本低，可以不断强化合作各方最具优势的功能和弥补各自缺点的功能。

例如，美国施乐公司（Xerox）、斯坦雷公司（Stanley Works）和联合技术公司（United Technologies）3 家就组成了钢材采购集团。虽然施乐公司的钢材用料仅是其他两家用量的 1/4，但是它通过这种方式获得了其他两家公司大规模采购所带来的低价好处。再如，美国波音公司为降低其零部件采购成本、提高其民用飞机的竞争力，使根据其零部件生产商原材料采购状况，制定了全球范围内约 750 个生产商的原材料采购和运输业务标准，以整合这些生产商的原材料采购渠道及价格。其目的是通过降低生产商的原材料采购成本，达到降低其零部件的采购成本、降低其飞机的整体成本、提高其飞机的竞争能力。

联合采购已经超过了企业界限、行业界限甚至国界，这种企业间的合作正在世界范围内盛行。目前，为解决采购环节的问题，我国很多企业正在讨论企业间联合采购的可能性，相信会有更多的企业参与这一过程。

4．询价采购

（1）基本概念及特点

顾名思义，询价采购就是指采购人员向选定的若干个供应商发出询价函，让供应商报价，然后根据各个供应商的报价选定供应商的方法。这是一种比较通用的采购方式。询价采购具有以下特点。

1）邀请报价的数量至少为 3 个。

2）只允许供应商提供 1 个报价。每一个供应商或承包商只许提出 1 个报价，而且不许改变其报价，也不得同某一供应商或承包商就其报价进行谈判。报价的提交形式，可以采用电传或传真形式。

3）报价的评审应按照买方公共或私营部门的良好惯例进行。采购合同一般授予符合采购实体需求的最低报价的供应商或承包商。

询价采购的缺点：由于采购频繁，工作量较大，采购供货周期受到制定询价文件、报价、评审选择、签订合同、组织供货等环节流转的影响，采购周期显得较长，采购效率不高，供货和使用要求时常受到影响。

（2）询价采购的实施步骤

询价采购的流程如图 3-2 所示。

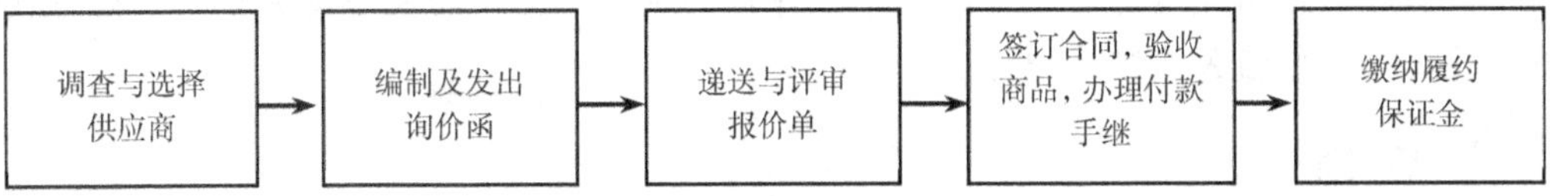

图 3-2　询价采购的流程

1）调查与选择供应商。询价采购能够充分发挥供应商的优越性，克服其局限性。最关键的是，询价采购有利于对资源市场进行充分调查，了解并掌握供应商的基本情况。这是保证询价采购有效实施的第一步。

2）编制及发出询价函。询价采购不同于其他采购方式，为了发挥其特点，需要编制简单明了的询价函。一份完整的询价函应该包括项目名称、数量、技术参数、期限、交货地点、供应商的资质证明材料、递交报价单的地点、报价截止时间，以及报价单位法人代表或委托人签字盖章。为了保证供应商的质量及有效选择，一般情况下，询价函应至少向 3 家供应商发出。如果邀请到的供应商不足 3 家，或者 3 家报价均高于控制价格，则应根据实际需要进行二次询价或者改变采购方式。

3）递交与评审询价单。供应商应该在报价截止时间之前将报价单密封并在封口处加盖公章，递交到采购部门。同时，采购部门应该在规定时间内组成评审小组，对供应商的报价进行详细分析、比较。应该注意的是，省钱并不是采购的唯一目的，不能只为了追求节支率而无限度压价和忽视产品质量。为了抢夺采购市场，供应商甚至会以低于成本的价格竞价，这从表面上看对采购商有利，但是从长远来看，则会导致供应商之间的恶性竞争，使供应商逐渐失去参与询价采购活动的兴趣或者产生一些投机取巧的行为，不利于企业采购的健康发展。

4）签订合同，验收商品，办理付款手续。选中供应商后，就要与供应商按照询价采购的程序签订采购合同。合同要包括采购项目名称、数量、金额、交货方式、履约期限、双方权利义务、保修期、验收方法、付款方式及违约责任等条款。合同签订后，采购单位就要对商品进行验收，验收合格后由采购方填制验收单并交采购部门审验，办理相关付款手续。

5）缴纳履约保证金。为了约束供应商切实履行合同，中标的供应商应在签订合同时向采购部门缴纳一定数额的履约保证金。合同履行完毕且质量无问题时，保证金予以结清。

案例分析

中信公司是一家从事方案服务的专业公司，近日得到消息，金城中学决定于新学年开学前建成一套完整的校园网及相关应用系统，并于近期进行公开招标。中信公司首先对此项目参与竞标的胜算进行了一番研究论证，初步决定可以参加竞标。之后，中信公司成立投标小组，购买标书，收集客户及竞争对手的相关信息，研究标书中客户提出的具体需求。

经了解，客户此次招标分两步进行。首先，进行技术上的公开招标；其次，进行网上竞价，价格最低者中标。为了达成日后的长期合作，中信公司特意采取了保本微利低价竞标策略。中信公司在标书的制作上着实花了一番苦心，并在公开招标中派出了口才极佳、思维敏捷的班子演绎设计方案。在评标阶段，中信公司 24 小时有人值班，并巧妙地与评标委员会人员进行了持续沟通，以便随时掌握评标的进展情况。功夫不负有心人，在一番激烈的角逐之后，中信公司终于中标。

思考题

1．通过上述中信公司的例子，你认为应该如何进行有效的投标？

2．如何编制一份高质量的投标文件？

思考与练习

1．采购方式可根据哪些规则进行分类？

2．按采购价格可将采购方式分为哪几类？简要介绍这几种采购方式。

3．简述集中采购和分散采购的优缺点。

4．什么是招标采购？招标采购有哪些步骤？

5．招标采购有哪两种方式？说说这两种方式各自的优点和缺点。

6．联系实际，说说你身边的采购方式都有哪些。

实训题

实训主题：采购方式

1．实训目的

了解几种主要采购方式的采购过程，分析各种采购方式的特点，并能在实际采购中正确地运用。

2．实训组织

将同学们分组，并确定每组的带队者。各组分别进入各类采购部门，了解不同货物的采购所采取的方式。然后，将同学们组织在一起，谈论各种采购方式的特点，并提交讨论所得出的报告。最后，导师对整个活动进行总结。

3．实训题目

各小组进入采购部门了解采购方式时要详细记录各类采购物品的特点，对所采用的采购方式进行必要的描述，并将所采购的物品与采购方式的特点联系起来，分析其中的关系。实际采购时，采购方式选择后可能会出现一些意外状况，各小组可通过讨论对采购方式进行改进，并将改进方案记录下来。

各采购小组在收集资料时可思考以下几个问题：

（1）所采购的物品有何特点？

（2）实际采购中应用了什么采购方式？这种采购方式的特点是什么？

（3）所选择的采购方式是否符合所采购物品的特点？

（4）实际采购中，各采购方式分别存在什么样的问题？

（5）如何对改进方案进行选择？

第4章

采购计划和预算编制

引导案例

据了解，在某市司法部门信息软件采购中，采购人在采购前曾私下对供应商进行现场考察。考察后，采购人代表对供应商做出了倾向性暗示，供应商以为最后一定是自己成交，于是在采购招投标前就做好了供货准备。然而采购招投标开始后，采购代理机构发现参与项目竞争性谈判的 3 家供应商的报价均超出了采购预算，于是将情况书面报送了监管部门，监管部门审核后做出了“由于供应商报价均超出预算，故项目废标并重新采购”的处理决定。供应商得知后大为恼怒，“我们都做好了供货的准备，而且报价并没有超出预算，凭什么废标？”供应商声称，项目预算为 32 万元，而报价只有 18 万元，怎么会超出预算？于是，供应商投诉监管部门废标处理决定不合理。

监管部门因超出预算废标，那么采购预算是否科学合理，这是值得思考的。

点评：在物品供给日益丰富、技术日益进步和采购方式日益多样化的条件下，采购物资具有更多的选择性，做出科学的采购决策可以为企业创造更多的利润，为提高企业的竞争力提供更加有利的条件。在采购决策的基础上，为保证采购目标的实现，企业必须对整个采购过程进行周密的计划，并编制详细的预算方案。这也是本章所要介绍的主要内容。

学习目标

重点掌握

- 采购调查的意义及调查的主要内容
- 采购计划的编制
- 采购预算的编制
- 物料需求计划的原理及编制过程

一般掌握

- 采购计划的目的和内容
- 采购计划和预算的影响因素

4.1　采购调查

采购调查是为了更好地制订采购计划而进行的信息收集与分析工作。这是采购活动的第一步。采购调查一般包括价值分析、物料调查及供应商调查等内容。

4.1.1　价值分析

1. 价值分析的定义

价值分析理论中，对于任何产品或机器零部件，我们都可以用一个动宾词组定义其功能。也就是说，消费者购买的不是产品本身，而是产品的某种功能。例如，一只装软饮料的易拉罐的功能可以被定义为“装液体”，钢笔的功能可以被定义为“写字”。价值分析就是在分析各种零部件或物料的功能的基础上，寻求一种既能满足其功能要求、成本又较低的替代品。例如，签字笔可以替代钢笔，肥皂可以替代洗衣粉。因此，价值分析是削减采购成本的一种有效方法。企业可以根据所需采购物料各方面的详细信息，在替代品之间做出明智的选择，从而更有效地利用采购资金。可见，价值分析是采购管理过程中不可缺少的部分。

小词典

所谓价值分析（Value Analysis，VA），是指将所购物料所体现的功能与其成本相比较，力求找到成本更低的替代品，从而获得最大的产出投入比。

2. 价值分析的内容及标准

企业利用价值分析的方法对采购活动进行评价时，其分析调查的主题应该包括以下几个方面。

1）投资回收。分析处理方法（包括再循环）、渠道及技术用来确定什么，可以为企业创造最大利润。

2）租借或采购。搜集每一种替代品优缺点的数据，以制定最佳决策。

3）自制或外购及继续自制或外购。比较每一种方案的经济及管理效果，以便做出明智的选择。

4）包装方式。调查工序及物料，确定能以最低成本满足要求的包装方法。

5）产品规格。对现有物料规格进行分析以确保满足需要的功能，避免采购具有不必要的属性或不必要的高性能的物料，以保证有竞争力的采购行为。

6）标准化。考察所使用的具体物料的用途，考虑用一种通用物料满足众多要求的可能性。

7）替代品。使用不同的物料替代目前所采购的物料，并对其技术及经济效果进行分析。

8）现有供应商。考虑专业供应商能够增加的效益。

价值分析的标准包括上述大多数主题，可为采购物料所产生的一系列问题提供详细的答案。价值分析方法的应用及需要了解的各种问题如表 4-1 所示。

表 4-1　价值分析方法的应用

（1）怎样着手进行价值分析？价值分析为许多企业提供了一种有用的方法，它是一种无须降低产品质量而削减产品成本的方法。任何采用这项技术的人为完成其工作都需要在开始时做出一些额外的努力。

（2）选择一种成本相对较高或大宗采购的物料作为价值分析对象。这种物料可以是零件或原材料。选择一种你认为高于其应有成本的物料。

（3）彻底弄清楚这种物料是如何使用的，以及使用它的目的，即它的功能。

（4）提出下列问题：

- 这种物料是否具有贡献价值？
- 它的成本是否与其用途相符？
- 基本的与次要的功能是否可以分离出来？
- 一段时间后，功能性需求是否会改变？
- 需要其所有的特性吗？
- 是否有更好的可以满足其预期使用目的的物料？
- 最初的设想在现有的条件下能否实现？
- 这种物料能否被淘汰？
- 如果没有使用标准物料，那么是否可以使用标准物料？
- 如果它是一种标准件，那么它是否完全符合你的要求？
- 这种物料的性能是否超出了所需要求？
- 存货中是否有相似的物料可以使用？
- 物料的重量能减轻吗？
- 是否有新技术或新设计能够改变物料的功能？
- 公差精密度的要求是否过高？
- 是否有不必要的加工过程？
- 是否要求得过于完美了？
- 是否指明了商业特性？
- 你能更便宜地制造这种物料吗？
- 即使现在你能生产这种物料，但是你能以更低的价格采购到此物料吗？
- 运输时，这种物料能适当分类吗？
- 包装费用是否能削减？
- 你是否能建议供应商削减成本？
- 原材料、合理的劳动力、日常开支及利润构成了它的总成本吗？
- 是否有另一个可靠的供应商会以较低的价格提供此物料？
- 是否有人以更低的价格采购了此物料？

（5）现在考虑：

- 在哪里可以得到所推荐物料的样品？
- 选择最好的方案并提出改进措施。

（6）你认为所期望的利益可以实现吗？

（7）结果表明：彻底的调查几乎可以节省许多潜在的费用。

尽管价值分析是 20 世纪 50 年代的古老概念，但是现在的采购调查即源于此，而且它今天仍有广泛的应用。

4.1.2　物料调查

物料调查有助于对一个主要的采购物料未来长期及短期的采购环境做出预测。这些信息构成了制定正确决策及现有采购管理的基础，并且为最高管理部门提供了有关这些物料未来供应与价格的相对完整的信息。

通常来说，这种调查的焦点集中在那些大宗采购的有代表性的物料上。但是，它也适用于那些被认为供应严重短缺的小笔采购物料中。主要的原材料（如钢、铜或铁）通常是调查对象，一些产成品（如发动机或半导体设备）也可能是调查对象。

较复杂的物料调查包括几个主要方面的分析：① 企业作为采购方，其现在及未来的状况。② 生产过程的替代性。③ 物料的用途。④ 需求。⑤ 供应。⑥ 价格。⑦ 削减成本或确保供应的战略。物料调查应了解的详细信息如表 4-2 所示。

表 4-2　物料调查指导

（1）来源于物料调查的信息包括以下 2 个：

- 为做出合理的采购决策提供基础。
- 向采购人员及最高管理部门提供有关所购物料未来供应与价格的信息。

（2）完整的物料调查应为下面的每一个问题提供数据与答案。（调查不应该只限于这些物料，还要考虑依赖于某些特殊功能存在的物料。增加一些物料可能很有必要，但是所列出的一些物料可能并不是很重要。）

- 现在及未来的状况：包括对物料的描述，现有的用途及对未来需求的预测，供应商、价格、期限、年费用，交通运输方式，以及现有合同。
- 生产过程：包括该物料是如何制造的、材料是如何使用的，这些材料的供应及价格情况如何，所需的劳动力如何，现在及将来的劳动力状况如何，以及替代品的生产过程及制造此产品的可能性，即成本、时间因素及难点。
- 物料的用途：包括主要用途、次要用途、可能的替代品及替代品的经济性。
- 需求：包括企业现在及未来的需求、存货状况，未来信息的来源及提前期，行业、产成品用途与各公司当前及预计的竞争需求。
- 供应：包括现有的生产商的地点、可靠性、质量、劳动力情况；生产能力、经销渠道，以及每个供应商的长处与弱点；现有的及预测的总的供应情况；外部的因素，如进口情况、政府规定、技术更新的预测、政治及生态的趋势或问题。
- 价格：包括生产行业的经济结构、历史价格和未来预测、价格决定因素、生产及运输成本、关税和进口限制、质量影响和价格的商业周期变化，以及估计每个供应商的利润空间、供应商的价格目标、潜在的最低价、同行中的价格变动。
- 削减成本的战略：考虑预测的供应量、用途、价格、效益、供应商的强项与弱势、自身在市场上的位置，降低成本的计划，自制物料，短期合同，长期合同，寻找或开发供应商，发现替代品，进口决策，套期保值，以及价值工程或价值分析。
- 附录：包括总的信息，如规格、质量要求及方法、运费及运输成本、存货及管理、原材料的保存及其他统计数字（如价格）、生产情况或采购趋势。

4.1.3 供应商调查

对供应商的调查，不同的阶段有不同的要求。供应商调查有 2 种形式：一是初步供应商调查，二是深入供应商调查。

1．初步供应商调查

所谓初步供应商调查，是指对供应商的基本情况进行调查的活动。其主要内容是了解供应商的名称、地址、生产能力、能提供什么产品、能提供多少、价格如何、质量如何、市场份额有多大、运输进货条件如何等。

（1）初步供应商调查的目的

初步供应商调查的目的是了解供应商的一般情况。而了解供应商一般情况的目的有两个：一是为选择最佳供应商做准备；二是掌握整个资源市场的情况，因为许多供应商基本情况的汇总就是整个资源市场的基本情况。

（2）初步供应商调查的特点

一是调查内容浅，只要了解一些简单的、基本的情况；二是调查面广，能够对资源市场中所有单个供应商都有所调查、有所了解，从而能够掌握资源市场的基本状况。

（3）初步供应商调查的方法

初步供应商调查的基本方法，一般可以采用访问调查法，即通过访问有关人员获得信息。例如，可以访问供应商单位市场部的有关人员，或者访问有关用户、有关市场主管人员或者其他的知情人士。通过访问所建立的供应商卡片如表 4-3 所示。

表 4-3 供应商卡片

<table>
<tr><td rowspan="7">公司基本情况</td><td>名 称</td><td colspan="5"></td></tr>
<tr><td>地 址</td><td colspan="5"></td></tr>
<tr><td>营业执照号</td><td colspan="2"></td><td>注册资本</td><td colspan="2"></td></tr>
<tr><td rowspan="2">联系人</td><td colspan="2" rowspan="2"></td><td rowspan="2">部门、职务</td><td colspan="2"></td></tr>
<tr><td colspan="2"></td></tr>
<tr><td>电 话</td><td colspan="2"></td><td>传 真</td><td colspan="2"></td></tr>
<tr><td>E-mail</td><td colspan="2"></td><td>信用度</td><td colspan="2"></td></tr>
<tr><td rowspan="4">产品情况</td><td>产品名</td><td>规 格</td><td>价 格</td><td>质 量</td><td>可供量</td><td>市场份额</td></tr>
<tr><td></td><td></td><td></td><td></td><td></td><td></td></tr>
<tr><td></td><td></td><td></td><td></td><td></td><td></td></tr>
<tr><td></td><td></td><td></td><td></td><td></td><td></td></tr>
<tr><td>运输方式</td><td></td><td>运输时间</td><td colspan="2"></td><td>运输费用</td><td></td></tr>
<tr><td>备注</td><td colspan="6"></td></tr>
</table>

供应商卡片是采购管理的基础工作。我们在采购工作中要经常选择供应商，到时就可以利用供应商卡片进行选择。当然，供应商卡片也要根据情况的变化，经常进行维护、修改和更新。

在实行了计算机信息管理的企业中，供应商管理应当被纳入计算机管理之中，即把供应商卡片的内容输入计算机，利用数据库进行操作、维护和利用。计算机管理有很多优越性，不但可以很方便地储存、增添、修改、查询和删除信息，而且可以很方便地统计、汇总和分析，实现不同子系统之间的数据共享。计算机具有处理速度快、计算量大、储存量大、数据传递快等优点，利用计算机进行供应商管理有极大的优越性。

（4）初步供应商分析

在初步供应商调查的基础上，还要利用所得资料进行供应商分析。初步供应商分析的主要目的是比较各个供应商的优势和劣势，选择适合企业需要的供应商。

初步供应商分析的主要内容如下：

1）产品的品种、规格、质量水平和价格水平是否符合企业需要。只有产品的品种、规格、质量水平和价格水平都适合企业需要，这样的供应商才算得上企业的可能供应商，才有必要进行下面的分析。

2）企业的实力、规模如何，产品的生产能力如何，技术水平如何，管理水平如何，信用度如何。

3）产品是竞争性商品还是垄断性商品。如果是竞争性商品，则应调查供应商的竞争态势如何，产品的销售情况如何，市场份额如何，产品的价格水平是否合适。

4）供应商相对于本企业的地理交通状况如何，即进行运输方式分析、运输时间分析和运输费用分析，看运输成本是否合适。在进行以上分析的基础上，为选定供应商提供决策支持。

2．深入供应商调查

深入供应商调查，是指对经过初步调查后准备发展为自己的供应商进行更加深入仔细的考察活动。这种考察是深入供应商企业的生产线、各个生产工艺、质量检验环节甚至管理部门，对现有的设备工艺、生产技术、管理技术等进行考察，判断所采购的产品是否能满足企业所应具备的生产工艺条件、质量保证体系和管理规范要求。有的甚至要根据所采购产品的生产要求，进行资源重组并进行样品试制，试制成功以后才算考察合格。只有通过这种深入的供应商调查，企业才能发现可靠的供应商，建立比较稳定的物资采购供需关系。

进行深入的供应商调查，需要花费较多的时间和精力，调查的成本自然也高。但是，企业并非要对所有的供应商都进行深入调查。这种调查只有在以下情况下才需要：

1）准备发展成紧密关系的供应商时。例如，进行准时化（JIT）采购时，供应商的产品准时、免检、可以直接送上生产线进行装配。这时，供应商已经像企业的一个生产车间。如果企业要选择这种紧密关系的供应商，就必须进行深入的供应商调查。

2）寻找关键零部件产品的供应商时。如果企业所采购的是一种关键零部件，特别是精密度高、加工难度大、质量要求高、在企业的产品中起核心功能作用的零部件产品，那么在选择供应商时就需要特别小心，即要进行反复认真的深入考察与审核，只有经深入调查证明确实能够达到要求时才能确定发展其为供应商。

除以上两种情况以外，对于一般关系的供应商，或者非关键产品的供应商，通常不必进行深入的调查，只要进行简单初步的调查就可以了。

知识链接

供应商资料的收集与整理

一个企业经过数年的经营运作，采购部从各种途径收集的供应商资料可能有成百上千份，这些资料是采购部的“固定资产”之一，应妥善处理与保管。供应商资料包括公司简介、产品简介、调查问卷、采购合同、技术标准等。

供应商资料应分为两类：一类是合格（被认可）供应商的资料；另一类是暂未被接纳的供应商的资料。企业要重点整理第一类资料。某企业的做法是这样的：合格供应商的资料按物料等级分为 4 类（物料按重要程度分为一、二、三、四，共 4 大类），每个供应商的资料用一个文件夹装订，在文件夹的封面写上该供应商的名称及供应商代码；同一类供应商放在文件柜中的相同位置，并在文件柜表面做好相关标志。这样不仅使供应商资料有条理地进行了保存，还易于查找检索。至于暂未被接纳的供应商的资料，可以按供应商生产的产品种类进行分类，如电子类、机械五金类、设备类、化工类、包装材料类和其他类等。

4.2 采购计划

4.2.1 编制采购计划的目的和采购计划内容

1. 编制采购计划的目的

一般而言，制造业的经营自购入原料、物料起，经过加工制造或组合装配成为产品，再通过销售过程获取利润。其中，如何获取足够数量的原料、物料，即采购计划的重点所在。因此，制订采购计划主要是为了指导采购部门的实际工作，保证产销活动的正常进行和企业的经营效益。采购计划应该达到以下目的。

1）预估材料需用数量与时间，防止供应中断而影响产销活动。企业的销售活动中，所需的商品必须能够在需要的时候可以获得，而且能够满足需要，否则就会因商品供应不上或供应不足而导致销售中断。因此，采购计划必须根据企业的销售计划、库存情况和采购环境等估算商品需用的时间和数量，在适当的时候进行采购，保证经营的连续进行。

2）避免材料储存过多，防止积压资金及占用空间。在实际的经营过程中，库存是不可避免的，有时还是十分必要的。但是，商品储存过多则会造成大量资金的沉淀，影响资金的正常周转，同时会增加市场风险，给企业经营带来负面影响。

3）配合公司销售计划与资金调度。商业企业的采购活动与销售活动是紧密关联的，是直接服务于销售活动的。因此，采购计划一般要依据销售计划来制订，以确保采购适当的商品，满足顾客的需要。

4）使采购部门事先准备，选择有利时机购入材料。在瞬息万变的市场之中，要抓住有利的采购时机并不容易。企业只有事先制订完善、可行的采购计划，才能使采购人员做好充分的采购准备，在适当的时候购入商品，从而不至于“临时抱佛脚”。

5）确立材料耗用标准，以便管制材料采购数量及成本。

2．采购计划的内容

采购计划是根据市场需求、生产能力和采购环境容量制订的。它的制订需要具有丰富采购计划经验、采购经验、开发经验、生产经验等复合知识的人才，并且要和认证等部门协作进行。

采购计划包含认证计划和订单计划两个部分的内容。

1）认证是采购环境的考察、论证和采购物料项目的认定过程，是采购计划的准备阶段。制订认证计划，就是通过对库存余量的分析，结合企业生产需要，在综合平衡之后，制订基本的采购计划。认证计划的内容包括采购的内容、范围、大致数量等。

2）订单计划是采购计划的实施阶段，采购计划的制订是通过订单实现的。订单计划的制订要充分考虑市场需求和企业自身的生产需求，还要有相当的时间观念，因为采购本身是企业市场预测结果的重要组成部分。

3）认证计划和订单计划必须保持综合平衡，以便保证采购物料能及时供应，同时降低库存及成本、减少应急单、降低采购风险。

4.2.2　认证计划的编制

认证计划的编制，主要包括准备认证计划、评估认证需求、计算认证容量和制订认证计划 4 个环节。

1．准备认证计划

准备认证计划是编制认证计划的第 1 步，也是编制采购计划的第 1 步，对整个采购工作具有十分重要的作用。准备认证计划可以从以下 5 个方面进行。

1）熟悉认证的物资项目。拟定采购计划和与供应商接触之前，工作人员要熟悉认证的物料项目，包括该物料项目涉及的专业知识范围、认证的需要及目前的供应状况。

2）接受开发批量需求。开发批量需求是能够启动整个采购程序的牵引项。要想制订比较准确的认证计划，首先要做的就是熟知企业的生产开发需求计划，因为开发批量需求来自开发需求计划。目前，开发批量物料需求通常有两种情形：一种是在以前或目前的采购环境中就能够发掘到的物料供应。例如，以前接触的供应商的供应范围比较大，企业可以从这些供应商的供应范围中找到企业需要的批量物料需求。另一种是企业需要采购的是新物料，这在原来形成的采购环境中不能提供，需要企业的采购部门寻找新物料的供应商。开发需求计划一般是由企业的生产开发部门制订和提供的。

3）接受余量需求。余量需求即采购环境容量减去采购需求容量之后剩余的需求量。随着企业规模的扩大，市场需求也会变得越来越大，旧的采购环境容量不足以支持企业的物料需求；或者因为采购环境有了下降的趋势而导致物料的采购环境容量逐渐缩小，这样就无法满足采购的需求。以上两种情况都会产生余量需求，这也就产生了对采购环境进行扩容的要求。采购环境容量的信息一般是由认证人员和订单人员提供的。

4）准备认证环境资料。通常来讲，采购环境的内容包括认证环境和订单环境两个部分。有些供应商的认证容量比较大，但是其订单容量比较小；有些供应商的情况恰恰相反，其认证容量比较小，但是订单容量比较大。产生这种情况的原因是，认证过程本身是对供应商样件的小批量试制过程，这个过程需要强有力的技术力量支持，有时甚至需要与供应商一起开发；但是订单过程是供应商的规模化生产过程，其突出的表现就是自动化机器流水作业及稳定的生产，而技术工艺已经固化在生产流程之中，所以订单容量的技术支持难度比起认证容量的技术支持难度要小得多。可以看出，认证容量和订单容量是两个完全不同的概念，准备认证环境资料时要注意区分。

小词典

认证容量是采购方或供应方单方面确定的基础采购（或供应）数量。

订单容量是经过双方认真地研究、实验、洽谈之后共同确认的最后采购（或供应）数量。

5）制定认证计划说明书。制定认证计划说明书，就是把认证计划所需要的材料准备好。其主要内容包括认证计划说明书（物料项目名称、需求数量、认证周期等），同时附有开发需求计划、余量需求计划、认证环境资料等。

2. 评估认证需求

评估认证需求是采购计划的第 2 个步骤。其主要内容包括以下 3 个方面：分析开发批量需求、分析余量需求、确定认证需求。

（1）分析开发批量需求

要做好开发批量需求分析，不仅要分析量上的需求，而且要掌握物料的技术特征等信息。开发批量需求的方式是各种各样的。按照需求的环节，开发批量需求可以分为研发物料开发认证需求和生产批量物料认证需求；按照采购环境，开发批量需求可以分为环境内物料需求和环境外物料需求；按照供应情况，开发批量需求可以分为可直接供应物料需求和需要定做物料需求；按照国界，开发批量需求可分为国内供应物料需求和国外供应物料需求。

对于如此复杂的情况，计划人员应该对开发物料需求做详细的分析，必要时还应该与开发人员、认证人员一起研究开发物料的技术特征，按照已有的采购环境及认证计划经验进行分类。可以看出，认证计划人员需要兼备计划知识、开发知识、认证知识等，还要具备从战略高度分析问题的能力。

（2）分析余量需求

分析余量需求要求首先对余量需求进行分类。前面已经说明了余量认证的产生来源：一种情况是市场销售需求的扩大；另一种情况是采购环境订单容量的萎缩。这两种情况都导致了目前采购环境的订单容量难以满足用户的需求，因此需要增加采购环境容量。对于因市场需求原因造成的余量需求，可以通过市场及生产需求计划得到物料的需求量及时间；对于因供应商造成的余量需求，可以通过分析现实采购环境的总体订单容量与原订单容量之间的差别得到物料的需求量和时间。两种情况的余量相加即可得到总的需求容量。

（3）确定认证需求

认证需求是指通过认证手段，获得具有一定订单容量的采购环境。企业可以根据开发批量需求及余量需求的分析结果确定认证需求。

3. 计算认证容量

计算认证容量是采购计划的第 3 个步骤。它主要包括以下 4 个方面的内容：分析项目认证资料、计算总体认证容量、计算承接认证量、确定剩余认证容量。

（1）分析项目认证资料

分析项目认证资料是计划人员的一项重要事务。不同的认证项目，其过程及周期也是千差万别的。机械、电子、软件、设备、生活日用品等物料项目，它们的加工过程各种各样，非常复杂。作为从事某行业的实体来说，需要认证的物料项目可能是上千种物料中的几种，熟练分析几种物料的认证资料是可能的。但是，对于规模比较大的企业，分析上千种甚至上万种物料的认证资料，其难度则要大得多。

（2）计算总体认证容量

在采购环境中，供应商订单容量与认证容量是两个不同的概念，有时可以互相借用，但绝不是等同的。一般而言，认证供应商时，要求供应商提供一定的资源，用于支持认证操作，或者一些供应商只做认证项目。

供应商认证合同中应说明认证容量与订单容量的比例，防止供应商只做批量订单而不愿意做样件认证。计算采购环境的总体认证容量的方法是，把采购环境中所有供应商的认证容量进行迭加，对有些供应商的认证容量还需要加以适当系数。

（3）计算承接认证量

供应商的承接认证量等于当前供应商正在履行认证的合同量。一般认为认证容量的计算是一个相当复杂的过程，各种各样的物料项目的认证周期也是不一样的，通常需要计算所要求的某一时间段的承接认证量。最恰当、最及时的处理方法是借助电子信息系统，模拟显示供应商已承接认证量，以供认证计划决策使用。

（4）确定剩余认证容量

某一物料所有供应商群体的剩余认证容量的总和，被称为该物料的“认证容量”。它可以用公式简单地进行说明：

物料认证容量=物料供应商群体总体认证容量−承接认证量

这种计算过程可以被电子化，也可以单独创建系统计算。认证容量是一个近似值，仅可作为参考，认证计划人员不可对此做过高估计，但要知道它能指导认证过程的操作。

采购环境中的认证容量不仅是衡量采购环境的指标，而且是企业不断创新、维持持续发展的动力源。源源不断的新产品问世是认证容量价值的体现，由此也能生产各种各样的产品新部件。

4. 制订认证计划

制订认证计划是采购计划的第 4 个步骤。它的主要内容包括对比需求与容量、进行综合平衡、确定余量认证计划、具体制订认证计划。

（1）对比需求与容量

认证需求与供应商对应的认证容量之间一般都会存在差异。如果认证需求小于认证容量，则没有必要进行综合平衡，直接按照认证需求制订认证计划即可；如果认证需求大大超出供应商容量，就要进行综合平衡，对剩余认证需求制订采购环境之外的认证计划。

（2）进行综合平衡

综合平衡是指从全局出发，综合考虑生产、认证容量、物料生命周期等要素，判断认证需求的可行性，通过调节认证计划尽可能地满足认证需求，并计算认证容量不能满足的剩余认证需求。这部分剩余认证需求需要到企业采购环境之外的社会供应群体之中寻找容量。

（3）确定余量认证计划

确定余量认证计划是指对采购环境不能满足的剩余认证需求，应提交采购认证人员进行分析并提出对策，与之一起确认采购环境之外的供应商认证计划。采购环境之外的社会供应群体若没有与企业签订合同，那么制订认证计划时就要特别小心，并由具有丰富经验的认证计划人员和认证人员联合操作。

（4）具体制订认证计划

制订认证计划是认证计划的主要目的，是衔接认证计划和订单计划的桥梁。只有制订好认证计划，才能根据该认证计划做好订单计划。下面是认证物料数量及开始认证时间的确定方法：

认证物料数量=开发样件需求数量+检验测试需求数量+样品数量+机动数量

开始认证时间=要求认证结束时间–认证周期–缓冲时间

4.2.3 订单计划的制订

订单计划的制订包括以下 4 个主要环节。

1．准备订单计划

准备订单计划主要分为 4 个方面：了解市场需求、了解生产需求、准备订单背景资料和制定订单计划说明书。准备订单计划的过程如图 4-1 所示。

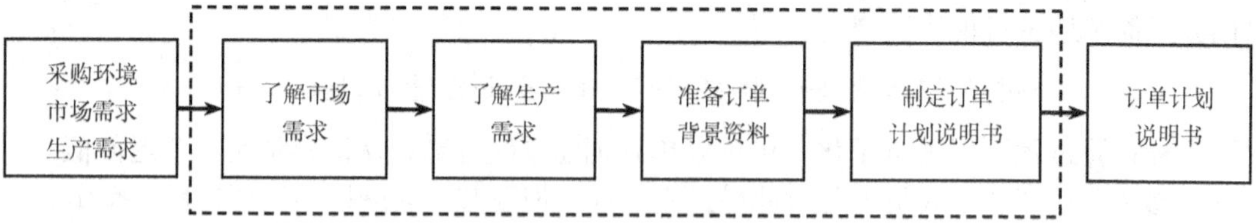

图 4-1 准备订单计划的过程

（1）了解市场需求

市场需求是启动生产供应程序的流动牵引项，要想制订比较准确的订单计划，首先必须熟知市场需求或市场销售。对市场需求进行进一步分解便可得到生产需求计划。企业的年度销售计划一般在上一年的年末制订，并报送各个相关部门，同时下发销售部门、计划部门、采购部门，以便指导全年的供应链运转，根据年度计划制订季度、月度的市场销售需求计划。

（2）了解生产需求

生产需求对采购来说可以被称为生产物料需求。生产物料需求的时间是根据生产计划而产生的，生产物料需求计划通常是订单计划的主要来源。为了便于理解生产物料需求，采购计划人员需要深入熟知生产计划和工艺常识。在 MRP 系统中，物料需求计划是主生产计划的细化，它主要来源于主生产计划、独立需求的预测、物料清单文件及库存文件。编制物料需求计划的主要步骤包括：

1）决定毛需求。

2）决定净需求。

3）对订单下达日期及订单数量进行计划。

（3）准备订单环境资料

准备订单环境资料是准备订单计划的一个非常重要的内容。订单环境是在订单物料的认证计划完成之后形成的。订单环境资料主要包括：

1）订单物料的供应商消息。

2）订单比例信息。对多家供应商的物料来说，每一个供应商分摊的下单比例称为订单比例。该比例由认证人员确认产生并给予维护。

3）最小包装信息。

4）订单周期。订单周期是指从下单到交货的时间间隔，一般以天为单位。

订单环境一般使用信息系统管理。订单人员根据生产需求的物料项目，从信息系统中查询、了解该物料的采购环境参数及描述。

（4）制定订单计划说明书

制定订单计划说明书就是准备好订单计划所需要的资料。其主要内容包括：

1）订单计划说明书（物料名称、需求数量、到货日期等）。

2）附件。包括市场需求计划、生产需求计划、订单环境资料等。

2．评估订单需求

评估订单需求是采购计划中非常重要的一个环节。工作人员只有准确地评估订单需求，才能为计算订单容量提供参考依据，以便制定出好的订单计划。它主要包括以下 3 个方面的内容：分析市场需求、分析生产需求、确定订单需求。评估订单需求的过程如图 4-2 所示。

图 4-2　评估订单需求的过程

（1）分析市场需求

制定订单计划需要分析市场要货计划的可信度。因此，企业工作人员必须仔细分析市场签订合同的数量及没有签订合同的数量（包括没有及时交货的合同）等一系列数据，同时考虑其他因素，对市场需求有一个全面的了解，这样才能制订一个满足企业远期发展与近期实际需求的订单计划。

（2）分析生产需求

分析生产需求是评估订单需求首先要做的工作。要分析生产需求，首先就要研究生产需求的产生过程，其次分析生产需求量和要货时间。

这里通过一个企业的简单例子做一简要说明。某企业根据生产计划大纲，对零部件的清单进行检查，得到第一级组成部件的毛需求量。第一周，现有的库存量是 80 件，毛需求量是 40 件，那么剩下的现有库存量=现有库存量（80）–毛需求量（40）=40（件）。第三周预计入库 120 件，毛需求量 70 件，那么新的现有库存=原有库存（40）+入库（120）–毛需求量（70）=90（件）。这样每周都有不同的毛需求量和入库量，也就产生了不同的生产需求。对企业不同时期产生的不同生产需求进行分析是很有必要的。

（3）确定订单需求

根据对市场需求和生产需求的分析结果，就可以确定订单需求。通常来讲，订单需求的内容是指通过订单操作手段，在未来指定的时间内，将指定数量的合格物料采购入库。

3. 计算订单容量

计算订单容量是采购计划的重要组成部分。企业工作人员只有准确地计算订单容量，才能对比需求和容量，经过综合平衡，最后制定出正确的订单计划。计算订单容量主要有以下 4 个方面的内容：分析项目供应资料、计算总体订单容量、计算承接订单量、确定剩余订单容量。计算订单容量的过程如图 4-3 所示。

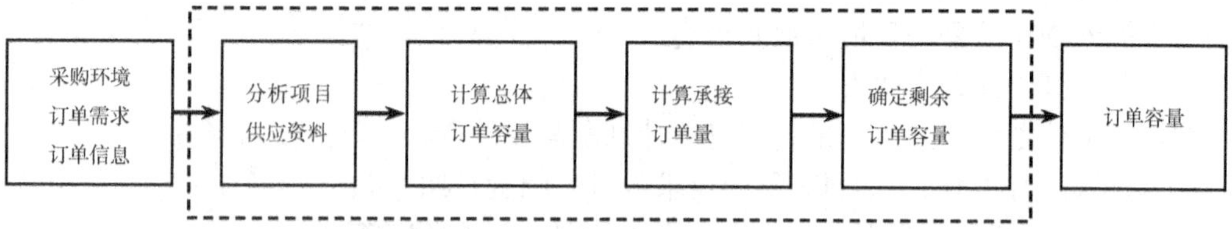

图 4-3　计算订单容量的过程

（1）分析项目供应资料

对于采购工作来讲，在目前的采购环境中，所要采购物料的供应商的信息是非常重要的一项信息资料。如果没有供应商供应物料，那么无论是生产需求还是紧急的市场需求，一切都无从谈起。可见，供应商的物料供应是满足生产需求和紧急市场需求的必要条件。

这里通过一个简单的例子加以说明。某企业需要设计一家练歌房的隔音系统，隔音玻璃棉是完成该系统的关键材料。经过项目认证人员的调查，该种材料被垄断在少数供应商的手中。这种情况下，企业的计划人员就应充分利用这些情报，这样下达订单计划时就会有的放矢了。

（2）计算总体订单容量

总体订单容量是多方面内容的组合，一般包括两个方面的内容：一方面是可供给的物料数量；另一方面是可供给物料的交货时间。

这里举一个例子说明这两个方面的结合情况。供应商丽华公司在 12 月 31 日之前可供应 7 万个特种按钮（A 型 4 万个，B 型 3 万个），供应商百茂公司在 12 月 31 日之前可供应 10 万个特种按钮（A 型 6 万个，B 型 4 万个），那么 12 月 31 日之前 A 型和 B 型两种按钮的总体订单容量为 17 万个，其中 B 型按钮的总体订单容量为 7 万个。

（3）计算承接订单量

承接订单量是指某供应商在指定的时间内已经签下的订单量。但是，承接订单量的计算过程较为复杂，下面还是以一个例子加以说明。供应商华泰公司在 1 月 28 日之前可以供给 3 万个特种按钮（A 型 1.5 万个、B 型 1.5 万个），若是已经承接 A 型特种按钮 1.5 万个、B 型 1 万个，那么对 A 型和 B 型物料已承接的订单量就比较清楚了（A 型 1.5 万个 + B 型 1 万个 = 2.5 万个）。

（4）确定剩余订单容量

剩余订单容量是指某物料所有供应商群体的剩余订单容量的总和。剩余订单容量用公式表示如下：

物料剩余订单容量＝物料供应商群体总体订单容量－已承接订单量

采购数量计划表如表 4-4 所示。

表 4-4　采购数量计划表

供应商	本日存货		本日存货	订购	I/L 申请	L/C 开出	装　盘			船到入库
	日期	吨	耗用期限	日期	日期	日期	吨	开船日期	抵达日期	存量

4．制订订单计划

制订订单计划是编制采购计划的最后一个环节，也是最重要的环节。它主要包括以下 4 个方面的内容：对比需求与容量、进行综合平衡、确定余量认证计划、具体制订订单计划。制订订单计划过程如图 4-4 所示。

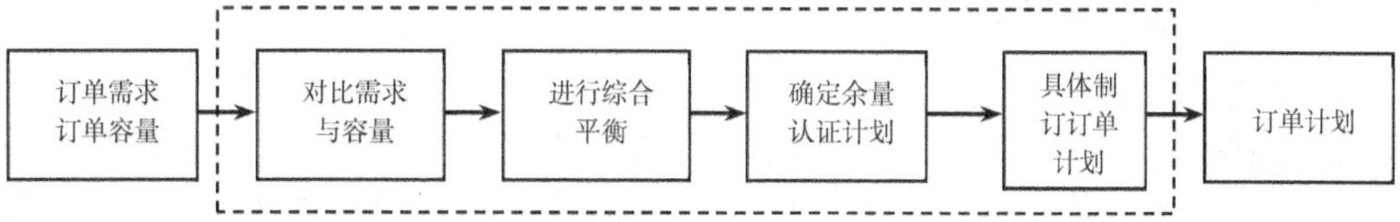

图 4-4　制订订单计划过程

（1）对比需求与容量

对比需求与容量是制订订单计划的首要环节。只有比较需求与容量的关系，才能有的放矢地制订订单计划。如果经过对比发现需求小于容量，即无论需求多大，容量总能满足需求，则企业要根据物料需求制订订单计划；如果供应商的容量小于企业的物料需求，则企业要根据容量制订合适的物料需求计划，这样就容易产生剩余物料需求，需要对剩余物料需求重新制订认证计划。

（2）综合平衡

综合平衡是指综合考虑市场、生产、订单容量等要素，分析物料订单需求的可行性，必要时调整订单计划，计算容量不能满足的剩余订单需求。

（3）确定余量认证计划

对比需求与容量的时候，容量小于需求就会产生剩余需求。对于剩余需求，一般要提交认证计划制订者处理，并确定能否按照物料需求规定的时间及数量交货。

（4）制订订单计划

制订订单计划是编制采购计划的最后一个环节，订单计划做好之后就可以按照计划开展采购工作了。一份订单包含的内容有下单数量和下单时间两个方面。它们用公式表示如下：

下单数量=生产需求量–计划入库量–现有库存量+安全库存量

下单时间=要求到货时间–认证周期–订单周期–缓冲时间

知识链接

机械公司采购计划作业程序

1. 营业部于每年度开始时，提供给主管单位有关各型机种的每季、每月的销售预测。销售预测经会议通过，并结合实际库存量、生产需要量和市场状况，由主管单位编制每月的采购计划。

2. 主管单位编制的采购计划副本送至采购中心。采购中心据此编制采购预算，经会议审核通过，将副本送交管理部财务单位编制每月的资金预算。

3. 营业部门变更销售计划或有临时销售决策（如紧急订单）时，应与生产单位和采购中心协商，以排定生产日程，并据此修改采购计划及采购预算。

4.3 采购预算

4.3.1 采购预算概述

1. 采购预算的含义

采购预算是一种以货币和数量表示的计划。它将企业未来采购决策的目标通过有关数据系统地反映出来，是采购决策数量化的表现。它实现了采购计划的具体化，为采购资金的控制提供了明确的标准，有利于采购资金控制活动的开展。一般来说，企业制定采购预算主要是为了促进企业采购计划工作的开展与完善、减小企业的采购风险、合理安排有限资源、保证资源配置的高效性及进行成本控制等。

2. 采购预算的编制要求

采购预算是依据销售预算和生产预算拟定的。理论上讲，供应部门应该根据生产预算推算出原料需求量，预测价格，进行订货，并根据生产进度安排交货时间。

传统上，将本期应购数量（订购数量）乘以各物料的购入单价，或者按照物料需求计划（MRP）的请购数量乘以标准成本，即可获得采购金额（预算）。为了使预算对实际的资金调度具有意义，采购预算应以现金为基础编制，并且应以付款的金额来编制。

编制采购预算的要求主要有以下几项：

1）采取合理的预算形式。明智的决策者都知道，现金流对企业来说是最重要的，是企业脉管中流淌的“鲜血”。因此，企业内部各部门所采用的预算形式应把重点放在现金流而不是收入和利润上。当然，最佳的预算形式最终还是取决于组织的具体目标。

2）建立趋势模型。预算讲述的是未来，所有代表期望行为的数字都是估计值，应该提供代表收入和支出的最有可能的数字预报。为了确保这些数字的最大价值，应当建立一个趋势模型。模型的建立可以对组织期望的产出提供完善的规划和清晰的文件。模型以直接的数据资料为基础，具有时间敏感性，能够反映服务和产品需求的变化。

3）采用滚动预算的方法。企业经营是一个连续不断的过程，只不过为了使用方便才必须在时间上对其进行硬性分割。为了能够使预算与实际过程更紧密地联系在一起，企业应采用滚动预算的办法，在制定当期预算的同时根据实际情况对下期的业务进行预算，这样才能保证企业活动在预算上的连续性。预算活动的滚动性和对细节的强调，要求各个部门的管理人员投入大量精力、紧密团结、高效地开展工作。工作过程可以采取两步走的方式：第 1 步是进行整体思考，这要求管理者从总体战略出发，勾画预算的框架，制订必要的行动方案，预算结果出现偏差时要及时修改；第 2 步是细化方案，这要求管理者为每个部门制定最终预算的细节，并确保被每个部门所接受。

无论是何种类型的预算，只要满足上述要求，都可以最大限度地发挥其潜能，保障组织计划的顺利实施。

4.3.2　采购预算的编制流程及编制方法

1. 采购预算与企业经营目标的关系

对制造企业来说，生产计划通常根据企业的销售计划来制订，而采购计划和预算要根据生产计划来制订。因此可以说，采购预算是采购部门为配合年度的销售预测或生产数量而对所需求的原料、物料、零件等的数量及成本进行的估计。从图 4-5 中可以看出，编制采购预算涉及企业的各个方面，如果单独编制采购预算，不但缺乏实际的应用价值，也将失去其他部门的配合，所以采购预算的编制必须以企业整体预算制度为依据。

2. 采购预算编制步骤

预算过程应从采购目标的审查开始，接着预测满足这些目标所需的行动或资源，然后制订计划或预算。采购预算编制步骤如图 4-6 所示。

1）审查企业和部门的战略目标。采购预算的最终目的是保证企业采购目标的实现。企业在编制采购预算前必须审查本部门和企业的目标，确保两者之间相互协调。

2）制订工作计划。采购主管必须了解本部门的业务活动，明确它的特性和范围，制定详细的工作计划表。

3）确定所需资源。有了详细的工作计划表，采购主管的下一步任务就是对业务支出做出切合实际的估计，确定为实现目标所需要的人力、物力和财力资源。

4）确定预算数据。确定预算数据是企业编制预算的难点之一。目前，企业普遍的做法是将目标与历史数据相结合来确定预算数据，即对历史数据和未来目标进行逐项分析，使收入和成本费用等各项预算切实可行。对于历史数据，可采用比例趋势、线性规划、回归分析等方法找出适用本企业的数学模型，用于预测未来。有经验的预算人员也可以通过以往的经验做出准确判断。

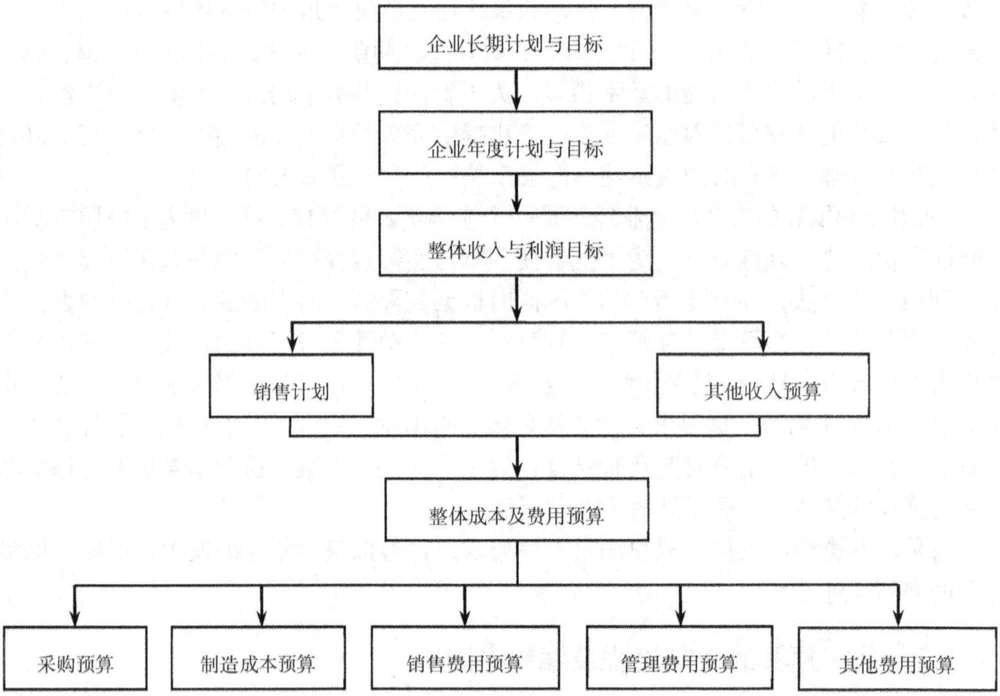

图 4-5　采购预算编制流程

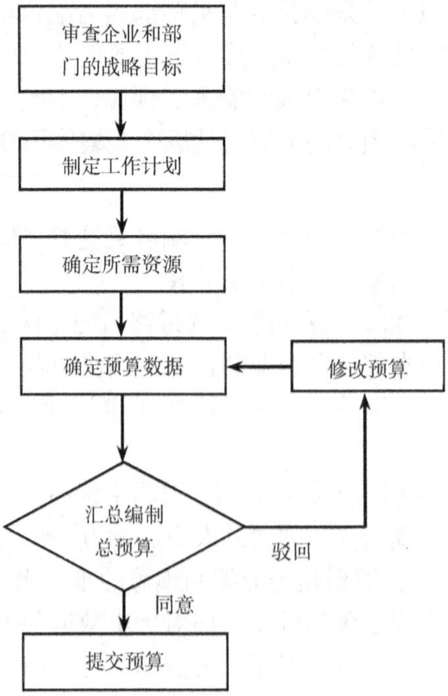

图 4-6　采购预算编制步骤

5）汇总编制总预算。对各部门预算草案进行审核、归集、调整，汇总编制总预算。

6）修改预算。由于预算总是或多或少地与实际有所差异，因此必须根据实际情况选定一个偏差范围。偏差范围可以根据行业平均水平确定，也可以根据企业的经验数据确定。设定了偏差范围以后，采购主管应比较实际支出和预算的差距，以便控制业务的进展。如果支出与估计值的差异达到或超过了容许的范围，就有必要对具体的预算做出建议或进行必要的修订。

7）提交预算。将编制好的预算提交企业负责人批准。

3. 采购预算的编制方法

编制预算的方法很多，除了前面提到过的滚动预算外，还有弹性预算、概率预算和零基预算。下面分别对 4 种方法做简单的介绍。

（1）弹性预算

弹性预算又称变动预算，是根据计划期间可能发生的多种业务量，分别确定与各种业务量水平相适应的费用预算数额，从而形成适用于不同生产经营活动水平的一种费用预算。

弹性预算是以多种业务量水平为基础而编制的一种预算，因此它比只以一种业务量水平为基础编制的预算（一般称为固定预算或静态预算）具有更大的适应性和实用性。即使企业在计划期内的实际业务量发生了一定的波动，也能找出与实际业务量相适应的预算数，使预算与实际工作业绩可以进行比较，从而有利于对有关费用的支出进行有效的控制。

编制弹性预算，首先要确定在计划期内业务量的可能变化范围。具体编制工作中，就一般企业而言，其变化范围可以确定为企业正常生产能力的 70%~110%，其间隔取为 5%或 10%；企业也可以取计划期内预计的最低业务量和最高业务量为其下限和上限。

其次，要根据成本性态，将计划期内的费用划分为变动费用和固定费用两个部分。编制弹性预算时，变动费用部分要按不同的业务量水平分别进行计算；而固定费用部分在相关范围内不随业务量的变动而变动，因此不需要按业务量的变动进行调整。

弹性预算一般用于编制弹性成本预算和弹性利润预算。弹性利润预算是对计划期内各种可能的销售收入所能实现的利润所做的预算。它以弹性成本预算为基础。这里，采购管理者对此只需要了解一下即可，无须深入探讨。

（2）概率预算

概率预算是指对在预算期内不确定的各预算构成变量，根据客观条件做出近似的估计，估计它们可能变动的范围（即出现在各个变动范围）的概率，再通过加权平均计算有关变量在预期内的期望值的一种预算编制方法。

概率预算必须根据不同的情况进行编制。这里大致有两种情况：

1）销售量的变动与成本的变动没有直接联系时，只要利用各自的概率分别计算销售收入、变动成本、固定成本的期望值，即可直接计算利润的期望值。

2）销售量的变动与成本的变动有直接联系时，需要用计算联合概率的方法计算利润的期望值。

（3）零基预算

零基预算是指编制预算时，使所有的预算项目均以零为起点，不考虑以往的实际情况，而完全根据未来一定期间生产经营活动的需要和每项业务的轻重缓急，从根本上研究、分析每项预算有无支出的必要和支出数额大小的一种预算编制方法。它是由美国彼得·派尔于20世纪60年代提出的，目前已被西方国家广泛采用。传统的预算编制方法是在上期预算执行结果的基础上，考虑计划期内的实际情况，并加以适当调整，从而确定它们在计划期内应增加或应减少的数额。这种传统预算往往使原来不合理的费用开支继续存在下去，造成预算的浪费或预算的不足。零基预算的编制方法与传统的预算编制方法截然不同。零基预算方法下，确定任何一项预算，完全无须考虑前期的实际水平，只要考虑该项目本身在计划期内的重要程度，其具体数字的确定始终以零为起点。

零基预算的编制方法，大致分为3个步骤：

1）提出预算目标。企业内部各有关部门，根据本企业计划期内的总体目标和本部门应完成的具体工作任务，提出必须安排的预算项目，以及以零为基础而确定的具体经费数据。

2）开展成本—收益分析。组成由企业的主要负责人、总会计师等人员参加的预算委员会，负责对各部门提出的方案进行成本—收益分析。这里所说的成本—收益分析，主要是指对所提出的每一个预算项目所需要的经费和所能获得的收益进行计算、对比，并以计算对比的结果衡量和评价各预算项目的经济效益，然后列出所有项目的先后次序和轻重缓急程度。

3）分配资金、落实预算。将预算期内可运用的资金在各个费用项目之间进行分配。分配资金应首先满足那些必须支出的费用项目，再将剩余资金在可以增减费用额的费用项目之间按成本效益进行分配，实施预算方案。

零基预算不受现行预算框架的限制。以零为基础观察和分析一切费用和开支项目，确定预算金额，能充分调动企业各级管理人员的积极性和创造性，促使各级管理人员精打细算、量力而行，把有限的资金切实用到最该用的地方，以保证整个企业的良性循环，提高企业整体的经济效益。但是，该预算编制方法一切支出均以零为起点进行分析、研究，因而工作量太大。而且，一个企业把许许多多不同性质的业务按照其重要性排出一张次序表也绝非易事，其中不可避免地会带有某些主观随意性。因此，实际预算工作中，可以隔若干年进行一次零基预算，以后几年内则略作适当调整，这样既可简化预算编制的工作量，又能适当控制费用的发生。目前，我国大多数企业的费用开支浪费很大，因此做预算时可以考虑使用这种方法。

（4）滚动预算

滚动预算又称连续预算或永续预算，主要特点是预算期随着时间的推移而自行延伸，始终保持一定的期限（通常为1年）。若年度预算中某一季度（或月份）预算执行完毕，就可以根据新的情况调整和修改后几个季度（或月份）的预算，依次往复、不断滚动，使年度预算一直含有4个季度（或12个月份）的预算。滚动预算的基本特征如图4-7所示。

滚动预算的依据有两个：

1）企业的生产经营活动在可预见的将来是连续不断的，因此指导企业经营活动的预算也应该全面反映这一连续不断的过程，使预算方法和生产经营过程相适应。

2）现代企业的生产经营活动是复杂的，随着时间的推移，它将产生各种难以预料的结果。滚动预算在执行过程中可以结合新的信息进行不断调整与修订，使预算与实际情况更好地相适应，有利于充分发挥预算的指导与控制作用。

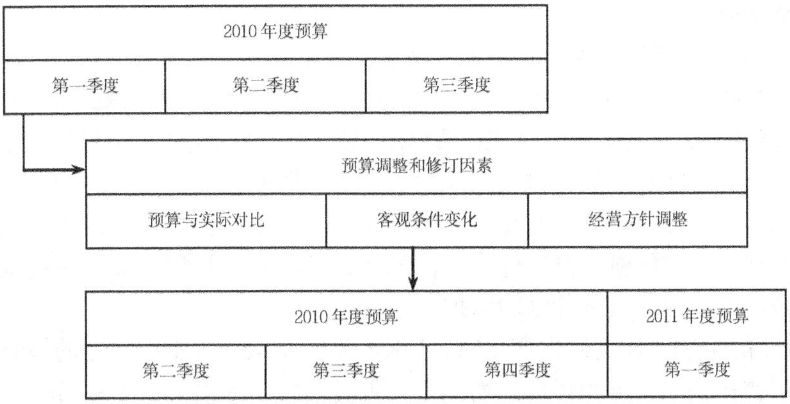

图 4-7　滚动预算法的基本特征

4.4　物料需求计划

物料需求计划（Material Requirements Planning，MRP），是利用生产日程总表（Master Production Schedule，MPS）、零件结构表（Bill of Material，BOM）、库存报表、已订购未交货订购单等各种相关资料，经正确计算而得出各种物料零件的变量需求，从而提出各种新订购计划或修改各种已开出订购计划的物料管理技术。

显然，物料需求计划是制订采购计划的基本依据。采购计划人员必须熟练掌握物料需求计划的处理方法，灵活使用物料需求计划这一工具应对采购物料需求的千变万化。

4.4.1　MRP 的基本原理及特点

1. MRP 的基本原理

MRP 的基本原理是，根据需求和预测，测定未来物料供应和生产计划与控制的方法。它提供了物料需求的准确时间和数量。这个系统的基本指导思想是，只在需要的时候，向需要的部门，按需要的数量，提供所需要的物料。也就是说，它既要防止物料供应滞后于它们的需求，也要防止物料过早地出产和进货，以免增加库存，造成物资和资金的积压。

并非所有的不使用订货点方法的物料管理都属于 MRP 系统。因为 MRP 系统并不仅仅是代替订货点方法开出订单的库存管理系统，而且是一种能提供物料计划及控制库存、决定订货优先度、根据产品的需求自动地推导出构成这些产品的零件与材料的需求量、产品的交货期可以被转换成零部件的生产进度日程和原材料与外购件的需求日期的系统。它是将主生产计划转换为物料需求表并能为需求计划提供信息的系统。应用 MRP 系统必须首先决定物料的毛需求量和净需求量，为此可先将物料的毛需求量转化为净需求量，从而进行毛需求量的净化过程，然后根据需求量和需求时间预先排定订单，以便事先了解缺料情况。

企业从原材料采购到产品销售、从自制零件的加工到外购零件的供应、从工具和工艺的准备到设备的维修、从人员的安排到资金的筹措与运用等，都要围绕 MRP 进行，从而形成一整套新的生产管理体系。

2. MRP 的特点

MRP 与传统的存货管理相比具有如下特点：

1）传统的存货管理用单项确定的办法解决生产中的物料联动需求，难免相互脱节，同时采取人工处理办法，工作量大。MRP 系统用规划联动需求使各项物料相互依存、相互衔接，使需求计划更加客观可靠，也大大减少了制订计划的工作量。

2）实施 MRP 要求企业制定详细、可靠的主生产计划，提供可靠的存货记录，这迫使企业分析生产能力，对各项工作进行检查，把计划工作做得更细。MRP 系统提供的物料需求计划又是企业编制现金需求计划的依据。

3）当企业的主生产计划发生变化时，MRP 系统将依据主生产计划的最新数据做出调整，及时提供物料联动需求和存货计划，企业可以据此安排相关工作和采取必要措施。

4）MRP 环境下，一方面可以降低库存成本、减少库存资金占用，使整个问题形成“闭环”；另一方面以控制论的观点，计划制订与实施之后，需要不断根据企业的内外环境变化提供的信息反馈，适时做出调整，从而使整个系统处于动态的优化之中。所以，MRP 实质上是一个面向企业内部信息集成及计算机化的信息系统，即将企业的经营计划、销售计划、生产计划、主生产计划、物料需求计划和生产能力计划、现金流动计划，以及物料需求和生产能力需求计划的实施执行等通过计算机有机地结合起来，形成一个由企业各功能子系统有机结合的一体化信息系统，使各子系统在统一的数据环境下运行。这样，通过计算机模拟功能，系统输出可以按实物量表述的业务活动计划和以货币表述的财务报表集成，从而实现物流与现金流的统一。

4.4.2 编制物料需求计划的过程

1. 编制物料需求所需的数据

将准备好的数据输入物料需求计划系统，就可以开始编制物料需求计划了。这些数据来源于以下 4 个方面：

1）主生产计划。主生产计划用于说明一个企业在一个时期内（即计划展望期内）计划生产的产品名称、数量和日期，提供项目清单中每一项目的数量和计划的时间段数据。作为 MRP 的输入数据，主生产计划主要解决“生产（含采购或制造）什么”的问题。这里的主生产计划的计划对象是指企业的最终产品。主生产计划是 MRP 最重要和最基本的数据。开始编制物料需求计划时，必须首先得到一个有效的主生产计划。

2）独立需求的预测。严格地说，该输入数据项也是解决“生产（含采购或制造）什么”的问题，而且该数据项是由主生产计划生成的，只是计划的对象不是最终产品而是有关“独立需求”的零部件。

3）物料清单文件。物料清单是指为装配或生产一种产品所需要的零部件、配料和原材料的清单。物料清单用于说明产品或独立需求零部件是由什么组成的及各需要多少。作为 MRP 的输入数据项，物料清单主要解决“生产过程中要用到什么”的问题。MRP 将从物料清单中得到有关主生产计划项目的零部件、原材料的数据。

4）库存文件。作为 MRP 的输入数据项，库存文件主要解决“已经有了什么”的问题。MRP 将从库存信息中得到物料清单中所列出的每个项目的物料可用数据和编制订单数据。

对这些数据进行有效的处理即可得出制造订单和采购订单。这里可以用图 4-8 简略表示这个过程。

图 4-8　MRP 数据处理过程

2．物料需求计划的计算过程及编制步骤

（1）MRP 的计算过程

1）毛需求的计算：毛需求量 = 项目要求的物料数量。

2）净需求的计算：净需求量 = 毛需求量 − 现有库存量 − 计划入库量。

3）确定下达订单日期和订单数量计划：

下单日期=要求到货日期–认证周期–订单周期–缓冲时间

下单数量=净需求量

其中，订单周期为订单执行时间，包括从订单制作到物料入库时间。对一些稳定供应的物料，可把库存设置到供应商库房里，要货时由供应商直接送货，这样可以大大缩短订单周期。

（2）MRP 的编制步骤

1）决定采购前置时间与制造前置时间。

2）拟定生产日程总表。

3）编制零件结构表。

4）设定现有库存数量。

5）由生产日程总表与零件结构表的展开，加上杂项需求，得到物料毛需求，并从中考虑损耗数量，求出合理的需求量。

6）合理的毛需求量扣除现有库存数量，得到净需求量。

7）净需求量扣除现有采购量，得到计划采购量。

8）计划采购量大于零，则开具请购单交采购部门进行采购。

9）计划采购量小于零，则分析并设法消耗此项多余物料。

10）若现有采购数量不能充分配合生产计划的需要，则应提供信息促请采购部门调整厂商的送货时间与送货数量。

4.4.3　MRP 系统对采购的贡献

1）通过物料快速分类查询，对每一类物料，按需用的频度，规定优选原则。在简化采购物料品种规格的基础上，能够保持一定批量以争取优惠，从而对降低采购成本起到一系列的保证作用。

2）编制可以延续到未来某个任意日期的周密计划，既可以按需采购，又可以保证足够的采购提前期和采购预算，防止因突发性采购而增加额外的采购费用。

3）通过控制采购权限，严格控制成本，从而规范采购管理，即在系统中设置每一个采购人员的采购物料范围和支付权限，同时设定超过限额的审批层次和权限等内容。

4）控制库存量，以便管理人员采取纠正措施。例如，对每一种物料规定最大储存量和最长储存期限，超过最大值时系统就会发出提示信号。

5）建立供应商文件认证目标，以保证进厂材料的品质。即根据 ISO 9000 的要求，系统对各种物料的供应商进行认证，对于没有建立主文件的供应商，系统将拒绝执行向其采购。

6）通过提供多种查询途径（如从采购单编码、物料号、供应商号、采购人员代码、交货日期等）跟踪采购订单及采购合同执行情况。

7）严格控制付款程序。付款前，系统将自动进行一系列的对比，如物料规格性能、合格数量、交货日期是否与采购单一致，报价单与发票金额是否一致。几个方面都相符时，才能执行付款程序，严格控制了不良资金的流出。

8）MRP 系统对采购供应部门的员工也提出了更高的素质要求。采购人员的主要精力将放在同企业内部人员和供应商一起研究如何降低成本上。这主要包括：参与零件设计的价值分析，以最低成本满足功能需求；编制、审定采购预算和采购权限；确定每个采购件的合理批量、安全库存量，控制库存资金占用；指导供应厂商改进外购件的性能品质，研究降低成本的措施；通过 EDI、互联网或内联网，跟踪采购订单的进度，共同协调运输，保证及时供应。

总之，MRP 系统对采购与供应物流的管理提供了一系列的规范化流程，有利于简化采购计划及调配流程，又可以实现批量采购、简化运输管理、减少库存，从而控制品质、降低成本，使得采购物流系统的整体效率得到提高。

4.5 影响采购计划和预算的因素

影响采购计划和预算编制准确性的因素有以下 7 项：

1）年度销售计划。在激烈的市场竞争中，企业根据市场销售情况确定生产经营规模。当市场没有出现供不应求的现象时，企业的年度计划多以销售计划为起点，而销售计划的拟定又受销售预测的影响。

2）年度生产计划。一般而言，生产计划源于销售计划，销售计划过于乐观将使产量变成存货，造成企业的财务负债；反之，过度保守的销售计划，将使产量不足以供应顾客所需，丧失创造利润的机会。因此，销售人员对市场的需求量估算失当往往使生产计划朝令夕改，也使采购计划与预算常常被调整修正，致使物料供需处于长久失衡状况。

3）用料清单。企业中，特别是高科技行业中，产品工程变更多之又多，致使用料清单难以做出及时的反应与修订，以致根据产量所计算出来的物料需求数量与实际的使用量或规格不尽相符，造成采购数量过高或不及，以及物料规格过时或不易购得。因此，采购计划的准确性，必须依赖维持最新、最准确的用料清单。

4）存量管制卡。由于应该采购数量必须扣除库存数量，因此存量管制卡记载是否正确将是影响采购计划准确性的因素之一。若账目上的数量与仓库架台上的数量不符，或存量中并非全数皆为规格正确的物料，都将使仓储的数量低于实际上的可取用数量，所以采购计划中的应该采购数量将会偏低。

5）物料标准成本的设定。编定采购预算时，由于对将来拟采购物料的价格预测不易，所以要以标准成本替代，但出于多种原因很难保证其正确性。如果这种标准成本的设定缺乏过去的采购资料作为依据，也没有工程人员严密精确地计算其原料、人工及制造费用等组合或生产的总成本，则其正确性不无疑问。因此，标准成本与实际购入价格的差额，即采购预算正确性的评估指标。

6）生产效率。生产效率的高低将使预计的物料需求量与实际的耗用量产生误差。产品的生产效率降低，将导致原物料的单位耗用量提高，而使采购计划中的数量不能满足生产所需。过低的产出率，也会导致经常进行修改作业，从而使得零部件的损耗超出正常需用量。所以，当生产效率有降低趋势时，采购计划必须将额外的耗用率计算进去，这样才不会发生原物料的短缺现象。

7）价格预期。编制采购预算时，一般要对物料价格涨跌幅度、市场景气程度乃至汇率变动多加预测，甚至列为调整预测的因素。不过，个人主观判定与事实的演变常有差距，这也可能造成采购预算的偏差。

影响采购计划的因素很多，因此采购计划拟定之后必须与产销部门保持经常的联系，并针对现实情况做出必要的调整与修订，这样才能实现维持正常产销活动的目标，并协助财务部门妥善规划资金来源。

案例分析

耐奇苹果公司采购预算编制

1. 公司背景

耐奇苹果公司是纽约北部的一家苹果加工厂，主要生产苹果酱和苹果派的馅心。该公司向当地的果农采购麦克考斯和格兰尼斯两种品种的苹果。公司的主要客户是机构性的购买者，如医院、学校等。公司设有两个部门：生产部门和市场营销部门。每个部门都由 1 名副总裁进行管理，并直接向公司总裁汇报。公司的财务副总裁主要负责公司所有财务领域的工作，包括归集数据和编制预算。公司的总裁和 3 名副总裁构成了公司的行政主管委员会，负责对预算的编制过程实施监督。

公司与当地的许多果农签订了长期的采购合约，如果当地苹果的生产量低于预期值，公司则将在现货市场上进一步采购；如果收获的苹果多于公司所能处理的数量，多余的苹果也可以在现货市场上售出。公司总裁和财务副总裁负责与当地果农签订长期采购合约和在现货市场上进行苹果的购销活动。

苹果收获以后，将被储存在耐奇苹果公司的冷库中，或存放在其他公司的库房中，直到耐奇公司将其用于生产。公司的生产工作从每年10月开始到次年6月结束，7、8、9月工厂关闭，因而公司的财务年度为第一年的10月1日到次年的9月30日。

2. 公司预算过程

耐奇苹果公司每年的预算从8月开始进行下一年的预算，而下一个财务年度是从14个月后开始的。8月，公司的总裁和副总裁将对公司签订的长期契约的下一年的苹果收获情况进行预算。在随后的14个月中，公司每2个月就要根据最新消息对市场营销、生产及苹果采购的情况预算进行调整，而且，总裁和3位副总裁还将举行一次晨会，对这些调整进行讨论。每年的6月，下一个财务年度的财务预算的终稿在通过行政主管委员会的讨论会之后，将提交董事会进行审批。行政主管委员会还需要集中一次，对当年的经营状况进行回顾并将实际的经营情况与预算情况进行比较。

耐奇苹果公司的预算过程包括3个关键的构成部分，即苹果的采购、销售和生产。这3项要素必须在内部与采购的各种品种的苹果的数量及生产销售的各种产品的数量相一致。一旦关于这3项要素的预算得以确定，即可确定最终存货的预算数，这样在已知生产预算的前提下就可以编制直接人工及制造费用的预算了。而直接人工预算、制造费用预算和直接材料预算可决定销售产品成本的预算。

3. 采购预算的确定

表4-5反映了公司的生产预算。表中后两栏是生产预算中相应数量的产品所耗用的麦克考斯苹果和格兰尼斯苹果的数量。

表4-5 耐奇苹果公司财务年度的生产预算表

名　　称	预算数（箱）	麦克考斯苹果（磅）	格兰尼斯苹果（磅）
苹果酱	130 000	7 800 000	5 200 000
苹果派馅心	63 000	3 150 000	1 890 000
总　　计		10 950 000	7 090 000

在已知苹果收获的推算数及生产计划的前提下，公司的行政主管委员会计划再购入50 000磅（1磅=0.4536千克）麦克考斯苹果，同时出售910 000磅格兰尼斯苹果。预计苹果的总成本为6 344 200美元，麦克考斯苹果的平均成本为380.32美元/千磅，格兰尼斯苹果的平均成本为311.28美元/千磅，如表4-6所示。

表4-6 耐奇苹果公司财务年度的苹果采购预算表

项　目	数量（千磅）		售价（美元）		成本（万美元）		总计（万美元）
	麦克考斯苹果	格兰尼斯苹果	麦克考斯苹果	格兰尼斯苹果	麦克考斯苹果	格兰尼斯苹果	
长期采购合约	10 900	8 000	380	310	414.2	248	662.2
市场采购	50	（910）	450	300	2.25	（27.3）	（25.05）
总计	10 950	7 090			416.45	220.7	637.15

续表

项　目	数量（千磅）		售价（美元）		成本（万美元）		总计（万美元）
	麦克考斯苹果	格兰尼斯苹果	麦克考斯苹果	格兰尼斯苹果	麦克考斯苹果	格兰尼斯苹果	
耗费（磅）					10 950	7 090	
成本（万美元/千磅）					380.32	311.28	

注：带括号的部分为售出的苹果数量。(910) 表示对公司而言多余的苹果，需要投入市场卖出。

对照表 4-5 与表 4-6 则可以看出，公司苹果采购预算中的数据与计划耗用每种苹果的总数量（1 095 万磅麦克考斯苹果和 709 万磅格兰尼斯苹果）一致，这充分反映了预算工作的相互协调性。

思考题

参考这则案例，谈谈你对采购计划与预算编制的见解及体会。

思考与练习

1. 采购调查一般包括哪几类调查？请对这几种调查做简略介绍。
2. 什么是认证计划？如何编制认证计划？
3. 什么是订单计划？如何编制订单计划？
4. 认证计划和订单计划在采购计划中的作用有什么不同？
5. 什么是采购预算？应如何编制采购预算？
6. 试分析几种预算编制方法的特点。
7. 什么是物料需求计划？物料需求计划的原理是什么？
8. 影响采购计划和预算的因素有哪些？

实训题

实训主题：采购计划和预算编制

1. 实训目的

（1）了解采购计划的编制过程。

（2）了解采购预算的编制过程。

（3）了解采购计划和预算的编制对整个采购流程的重要意义。

2. 实训组织

以实地调查为主，同时在图书馆、互联网查找资料，分析采购计划与采购预算编制的过程。学生以小组为单位进入采购部门，获取一些采购计划与预算编制的实例。教师组织学生对各个实例进行分析。

3. 实训题目

由于采购计划及预算的编制所涉及的数据繁多，并且对数据准确性的要求较高，所以各小组在收集所需要的数据时要保证数据的准确性及完整性，最好能进入企业的采购部门获取所需要的最新数据。各小组还要熟悉编制流程并对编制流程有一个较好的认识，能按照理论要求将数据有效地整合在一起，编制符合要求及逻辑的采购计划和预算。具体要求如下：

（1）学生经过实例分析后可以独自分析各类采购计划与预算编制，对数据及流程都能有明确的了解。

（2）学生以小组为单位，根据相关的数据编制合理的采购计划与预算，并与企业中的实际采购计划及预算做比较，分析其中的差别。

（3）针对采购计划与预算编制中存在的问题，提出具体的或多种解决措施，并比较各种解决方案的优缺点。

（4）总结采购计划与预算编制的一般流程，并写出总结报告。

第5章

采购流程

引导案例

UPS 近日宣布，在北京开设全新的合同物流仓储中心。据了解，该中心非保税仓储区域占地面积 6 500 平方米，距北京首都国际机场 19 公里。新落成的北京合同物流仓储中心主要服务于中国市场日益增长的物流需求，能在市区内提供 4 小时内配送服务，并面向全国主要城市提供次日配送服务。

据悉，继 2013 年在成都和上海建立仓储配送中心之后，UPS 选择在北京落成其最新的仓储中心。这些设施用于满足不断增长的行业需求，包括高科技、工业制造、航空以及零售业等。UPS 能够提供包括订单执行、库存管理、配套采购、货件包装及其他专业增值服务在内的多种服务。

点评：UPS 中国区总裁黎松江表示："北京物流仓储中心的落成，体现了我们长期深耕中国市场的郑重承诺。我们的客户能够凭借 UPS 强大广泛的综合运输网络，更方便地进入增长的市场。未来，我们将继续凭借 UPS 在全球物流领域的专长，扩大在中国市场的服务，满足客户对于一流物流服务的需求。"

（来源：《国际商报》，2014-5-30）

学 习 目 标

重点掌握

- 采购流程的环节及步骤
- 采购流程
- 采购订单的制定过程
- 采购流程的优化方法

一般掌握

- 采购流程的注意事项
- 进货管理
- 进货评价

5.1 采购流程概述

采购流程通常是指有制造需求的厂家选择和购买生产所需的各种原材料、零部件等物料的全过程。这个过程中，作为制造业的购买方，首先要寻找相应的供应商，调查其产品在数量、质量、价格、信誉等方面是否满足自己的购买要求；其次要以订单方式给供应商传递详细的购买计划和需求信息并商定结款方式，以便供应商能够准确地按照客户的性能指标进行生产和供货；最后要定期对采购物料的管理工作进行评价，寻求能够提高效率的采购流程创新模式。所以，采购流程体系涵盖了从采购计划的制订、供应商的认证、合同的签订与执行到供应商的评审与监控的全部过程。

上述采购流程可以用一个简单的图形表示，如图5-1所示。

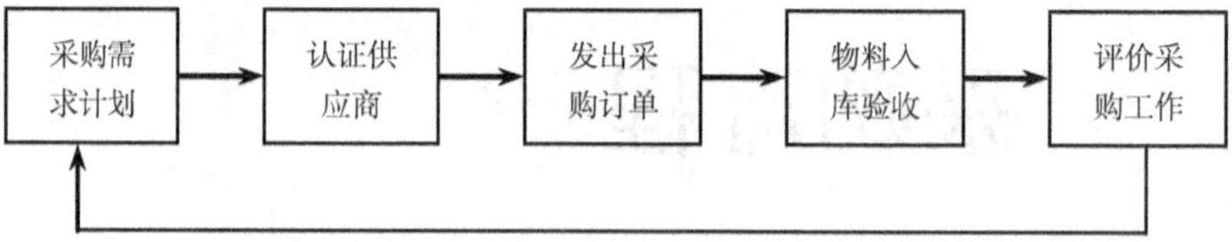

图5-1　采购流程

5.1.1　采购的基本流程

采购流程是采购活动的全部操作过程，是采购人员从事采购活动的执行标准和业务规范，采购人员必须遵照执行。采购流程会因采购的方式及采购的对象等不同而在作业环节上有若干差异，但一个完整的采购过程大体上又有一个共同的模式。一般来说，一个采购流程有5个步骤。这里我们将5个步骤进行分化，详细介绍其中的环节。一个采购流程一般都要经历以下几个基本环节。

1．确认需求

任何采购都产生于企业某个部门的确切需求。生产或使用部门的人员应该清楚地知道本部门独特的需求：需要什么、需要多少、何时需要。这样，库存部门就会收到这个部门发出的物料需求单，经汇总将物料需求信息传递给采购部门。有时，这类需求也可以由其他部门的富余物料加以满足。当然，企业或迟或早都要进行新的物料采购，所以采购部门必须有能及时发现物料需求信息的通畅渠道。

同时，采购部门应协助生产部门一起预测物料需求。采购管理人员不仅应要求需求部门在填写请购单时尽可能地采用标准化格式，尽量少发特殊订单，而且应督促其尽早地预测需求以避免太多的紧急订单，从而减少因特殊订单和紧急订货而增加的采购成本。另外，由于了解价格趋势和总的市场情况，有时为了避免供应中断或价格上涨，采购部门必然会发出一些期货订单。这意味着对于任何标准化的采购项目，采购部门都要就正常供货提前日期或其他的主要变化通知使用部门，以便对物料需求做出预测。这就要求采购部门和供应商能在早期介入（通常作为新产品开发团队的一个成员）确认需求的工作之中。采购部门和供应商的早期介入会给企业带来许多有用信息和帮助，从而使企业避免风险或减少成本，加速产品推向市场的速度，同时带来更大的竞争优势。

2．进行需求说明

说明需求即确认需求之后，还要对需求的细节（如品质、包装、售后服务、运输及检验方式等）均加以准确说明和描述，以便使货物来源选择及价格谈判等作业能顺利进行。采购部门如果不了解使用部门到底需要什么，就不可能进行采购。出于这个目的，采购部门必须对所申请采购物料的品名、规格、型号等有准确的说明。如果采购部门的人员对申请采购的产品不熟悉，或关于请购事项的描述不够准确，则应该向请购者或采购团队进行咨询，采购部门不能单方面想当然地处理。

具体的规格要求交给供应商之前，采购部门是能见到它的最后一个部门，因而需要对其进行最后检查一次。这一步完成之后要填写请购单。请购单应该包括以下内容：

- 日期。
- 编号（以便于区分）。
- 申请的发出部门。
- 涉及的金额。
- 对所需物料本身的完整描述及所需数量。
- 物料需要的日期。
- 任何特殊的发送说明。
- 授权申请人的签字。

典型的请购单如表 5-1 所示。

表 5-1　请购单

请　购　单

申请部门________________________　统一编号________________

请购日期________________________　需用日期________________

品名/规格/料号	单　位	数　量	备注 （用途、厂牌及参考单价等）

预算额________________________________

遇有问题时通知到________________________

特殊发送说明____________________________

申请人____________

说明：一式两份，原件送采购部门，申请者保留文件副本。

3. 选择供应商

这是指根据需求说明在原有供应商中选择成绩良好的厂商，通知其报价，或以登报公告等方式公开征求供应商。供应商的选择是采购活动中重要的一环，它决定企业是否能够及时获得所需的产品或服务。不管价格如何便宜，如果供应商选择不当，日后就可能出现物料品质欠佳、交期不准等一系列问题，给企业造成生产拖延和利益的损失。因此，企业必须加强对供应商的管理，恰当选择合适的供应商。这一步骤将在第 6 章中进行详细的阐述。

4．确定价格和采购条件

确定可能的供应商后，还要确定采购价格、采购条件、供货条件等，以便与供应商进行有利的谈判。企业一般使用招投标方法帮助确定价格等，不过没有什么固定的模式。许多采购活动不是通过招标进行的，那么可以通过查看供应商价格表或通过谈判确定采购价格和采购条件等。

5．发出订单

价格谈妥后，应办理订货签约手续。订货签约手续包括订单和合约两种方式。订单和合约均属于具有法律效力的书面文件，对买卖双方的要求、权利及义务，必须在订单或合约中予以说明。绝对不允许（除非是金额微不足道的情况）没有书面订单就进行物料采购的情况发生。所有公司都有准备好的采购订单。不过，通常情况下到底选用哪一方准备的文书取决于双方相对实力的强弱、采购物品的特点、交易的复杂程度，以及在确定或发出订单方面所制定的战略。

6．跟踪订单与催货

订单签约之后，为求供应商按期、按质、按量交货，应依据合约规定，督促厂商按规定交运，并予以严格检验后入库。采购订单发给供应商之后，企业应对订单进行跟踪和催货。一般来讲，订单发出的同时会确定相应的跟踪接触日期。一些企业甚至设有全职的跟踪和催货人员。

跟踪是对订单所做的例行追踪，以便确保供应商能够履行其货物发运的承诺。如果产生了问题（如在质量或发运方面的问题），企业就要尽早了解详情，以便采取相应的行动。跟踪通常需要经常询问供应商的进度，有时甚至要到供应商那里走访一下。不过，这一措施一般仅用于关键的、大额的或提前期较长的采购事项。通常，为了及时获得信息并知道结果，跟踪可以通过电话、计算机进行。

催货是对供应商施加压力，以使其履行最初所做出的发运承诺、提前发运货物，或是加快已经延误的订单所涉及的货物的发运。如果供应商不能履行合约，企业应以取消订单或以后不再交易施压。催货应该仅适用于采购订单的一小部分，因为如果企业对供应商能力已经做过全面分析，那么被选中的供应商就应该是能遵守采购合约的可靠的供应商。而且，如果企业对其物料需求已经做了充分的计划工作，如果不是情况特殊，它就不必要求供应商提前货物的发运日期。当然，在物资匮乏的时候，催货确实有着重要的意义。

7．验收货物

货物的正确接收具有重要意义，大部分有经验的企业采用将所有货物的接收活动集中于一个部门的方法。货物验收的基本目的是，确保以前发出的订单所采购的货物已经实际到达，并检查是否完好无损，是否符合数量、规格等要求。这样才能将货物送往应该到达的下一个目的地，以便进行储存、检验或使用。

8．核对发票

交货验收合格后，企业应随即开具发票并支付货款。但在付款时，对于发票的内容是否正确，则必须经过核对和审批，这样财务部门才能办理付款。实际工作中，对于发票的核对和批准到底是供应部门的职责还是会计部门的职责，目前仍存在争议，各企业的做法也有所不同。

9. 不符与退货处理

凡所交货品与合约规定不符而验收不合格者，应依据合约规定退货，并立即办理重购，予以结案。

10. 结案

验收合格付款或验收不合格退货，均须办理结案手续，清查各项书面资料有无缺失、绩效好坏等，报高级管理层或权责部门核阅批示。

11. 记录与档案维护

凡经结案批示后的采购案件，均应列入档案登记编号分类，予以保管，以备日后选择供应商时参阅或事后发生问题时查考。档案应具有一定的保管期限（一般为 7 年）。要保存的记录有以下几种：

1）采购订单目录。该目录中所有的订单都应该被编号并说明结案与否。

2）采购订单卷宗。所有的采购订单副本都应按顺序编号后保存在采购订单卷宗里面。

3）商品文件。商品文件里要记录所有的主要商品或主要项目的采购情况（日期、供应商、数量、价格和采购订单编号）。

4）供应商历史文件。该文件中应该列出与巨额采购有关的主要供应商的所有采购事项。

5）劳务合约。劳务合约应指明所有的主要供应商与工会所签合约的情况。

6）投标历史文件。该文件应指明主要物资采购项目所邀请的投标商、投标额、不投标的次数、成功的中标者等信息。这一信息可以清楚地反映供应商的投标习惯和供应商可能存在的私下串通现象。

7）工具和寿命记录。该记录中应指明采购的工具名称、使用寿命、使用历史、价格、所有权和存放位置。

5.1.2　采购流程的注意事项

设计采购流程的时候，应该注意以下几点：

1）采购结构应与采购数量、种类、区域相匹配。过多的流程环节会增加组织流程运作的作业成本，降低工作效率。另外，流程过于简单、监控点设置不够多等，将导致采购过程的操作失去控制，产生物资质量、供应、价格等问题。

2）先后顺序及时效控制必须合理。设计采购流程应注意其流畅性与一致性，并考虑作业流程所需的时限。例如，避免同一主管对同一采购文件做数次签核；避免同一采购文件在不同的部门有不同的作业方式；避免一个采购文件会签部门太多，影响作业时效。

3）设置关键点的管理要领或办理时限。为便于控制，使各项处理中的采购作业在各阶段均能跟踪管理，应设置关键点的管理要领或者办理时限。例如，国际采购中询价、报价、申请输入许可证、出具信用证、装船、报关、提货等均应有管理要领或办理时限。

4）权利、责任或者任务的划分要明确。各项作业手续及查核责任，应有明确权责规定及查核办法（比如，请购、采购、验收、付款等权责应予区分），并确定主管单位。

5）避免作业流程中发生摩擦、重复与混乱。注意变化性或弹性范围，以及偶然事件的处理规则，如“紧急采购”及“外部授权”。

6）采购流程应反映集体决策的思想。设计采购流程应由计划、设计、工艺、认证、订单、质量等人员一起决定供应商的选择，处理程序应合时宜。同时，应注意采购程序的及时改进——早期设计的处理程序或流程，经过若干时日后，应加以检查，不断改进与完善，以适应组织的变更或作业上的实际需要。

7）配合作业方式要适当改善。例如，手工的作业方式改变为计算机管理系统辅助作业后，其流程与表格就应做相当程度的调整或重新设计。

5.2 采购订单

采购订单伴随着订单和物料的流动贯穿了整个采购过程。订单的目的是实施订单计划，从采购环境中购买物料项目，为生产过程输送合格的原材料和配件，同时对供应商群体的绩效表现进行评价和反馈。

5.2.1 采购订单的内容

1. 采购订单的定义

采购订单有时也被称为采购合同，一般在选择供应商后订立采购订单。采购部门拟定采购合同时必须特别注意用词，因为它是具有法律效力的文件，几乎所有的采购订单都包括与违约相关的标准法律条款。采购订单描述了采购所需的重要细节信息：数量、物料规格、质量要求、价格、交货日期、交货方式、送达地址。这些信息位于订单的正面。采购订单样本如表 5-2 所示。

表 5-2 采购订单

<table>
<tr><th colspan="4">公司管理形式</th></tr>
<tr><th>账户代码号/费用核定订单</th><th>订货方</th><th>订货编号</th><th>卖方编号</th></tr>
<tr><td colspan="2"></td><td colspan="2">采购订单
编号
（采购订单编号必须显示在所有的文件、确认通知、运输单据、装货单、包装单、发票和来往信函上）
一式三份发票
注意：应付账款</td></tr>
</table>

续表

签订日期	要求发货的日期	离岸价格	部门或位置		条款
至 此订单以背面条款为准			发货指示 □ 付 税		□ 免 税
项目编号	数量	货品			价格

重要说明：

若不能在规定日期前运送物料或

提供服务，请立即通知我们。

公司名称

采购代理 中介方 买方

注意：此合同中涉及的所有设备物料及服务必须服从国家政府关于选址及雇用的有关法规，包括职业安全及卫生条例。

2．采购订单的格式

（1）采购订单的必备要素

采购订单就其样式和在公司的传递路线而言各不相同。不过，任何实用的采购订单所必备的要素均包括头部、正文和尾部。

1）订单头部。订单头部包括订单名称、订单编号、采供双方的企业名称、签订地点、签订时间等内容。

2）订单正文。订单正文包括物料名称与规格、物料的数量条款、物料的质量条款、物料的包装条款、价格条款、运输方式、支付条款、交料地点、检验条款、保险条款、违约责任条款、仲裁条款、不可抗力条款等内容。

3）订单尾部。订单尾部包括订单份数及生效日期、签订人的签名、采供双方公司的公章等内容。

（2）采购订单的主要条款

我们经常会提到要注意采购订单的主要条款的签订。这里的采购订单的主要条款其实就是采购订单正文的内容。下面详细探讨订单正文的内容。

1）质量条款。质量是指物料所具有的内在质量与外观形态的综合，包括各种性能指标和外观造型。质量条款的主要内容有技术规范、质量标准、规格、品牌名。采购作业中，须以最明确的方式界定物料可接受的质量标准。一般有 3 种方式可以表达物料的质量：第一种是用图纸或技术文件界定物料的质量标准。第二种是用国际标准、国家标准或行业标准界定物料的质量标准。第三种是用样品界定物料的质量标准。当文字或图示难以表达质量标准时，常用样品表示；同时，样品可作为物料的辅助性规格，与图纸或技术文件结合使用。

2）价格条款。价格是指交易物料每一计量单位的货币数值。价格条款的主要内容包括价格术语的选用、结算币种、单价、总价等，具体为计量单位的价格金额、货币类型、交料地点、国际贸易术语、物料定价方式等。

3）数量条款。数量是指采用一定的度量制度对物料进行量化，以表示出物料的重量、个数、长度、面积、容积等。数量条款的主要内容包括交料数量、单位、计量方式，必要时还应清楚说明误差范围。

4）包装条款。包装是为了有效地保护物料在运输存放过程中的质量和数量要求，并利于分拣和环保，把物料装进适当容器的操作。包装条款的主要内容包括包装材料、包装方式、包装费用和运输标志等，具体为标识、包装方式、材料要求、环保要求、规格、成本、分拣运输标志等。

5）装运条款。装运是指把物料装上运载工具并运送到交料地点。装运条款的主要内容包括运输方式、装运时间、装运地与目的地、装运方式（分批、转运）、装运通知等。在FOB、CIF和CFR合同中，供应商只要按合同规定把物料装上船或其他运载工具，并取得提单，就算履行了合同中的交料义务。提单签发的时间和地点即交料时间和地点。

6）检验条款。在一般的买卖交易过程中，物品的检验是指按照合同条件对交货进行检查并验收。检验条款涉及质量、数量、包装等条款，主要包括检验时间、检验机构、检验工具、检验标准及方法等内容。

7）支付条款。支付是指采用一定的手段，在指定的时间和地点，使用确定的方式支付货款。支付手段，可以是货币或汇票2种方式，一般用汇票方式。付款方式，可以是银行提供信用方式（如信用证），也可以是银行不提供信用但可作为代理（如直接付款和托收）方式。支付时间，包括预付款、即期付款和延期付款时间。支付地点，一般是付款人或指定银行所在地。

8）保险条款。保险是企业向保险公司投保，并缴纳保险费的过程。物料在运输过程受到损失时，保险公司会依据投保单向企业提供经济上的补偿。保险条款的主要内容包括：确定保险类别及其保险金额，以及指明投保人并支付保险费。依据国际惯例，凡是按CIF和CIP条件成交的出口物料，一般由供应商投保；按FOB和CPT条件成交的进口物料，一般由采购方办理保险。

9）不可抗力条款。不可抗力是指在合同执行过程中发生的不能预见的、人力难以控制的意外事故（如战争、洪水、台风、地震等），致使合同执行过程被迫中断。遭遇不可抗力的一方可因此免除合同责任。不可抗力条款的主要内容包括不可抗力的含义、适用范围、法律后果、双方的权利义务等。

10）仲裁条款。仲裁条款通过仲裁协议得以具体体现。仲裁条款是指买卖双方自愿将其争议事项提交第三方仲裁机构进行裁决。仲裁协议的主要内容包括仲裁机构、适用的仲裁程序、运用地点、裁决效力等。

3. 采购订单的使用

对于尚未使用计算机系统的公司，一份订单通常有7~9份副本。而在计算机化的条件下，只要将一份采购订单的副本发送到每个部门的电子邮箱就可以了。供应商在原件上签字后将其送回买方，这表明供应商已收到订单并同意订单的内容。用法律术语讲，发送订单的采购部门构成合同提供者，而确认订单的供应商构成合同接受者。提供和接受是具有法律约束力的合同的两个重要组成部分。

采购部门将一份订单副本送达会计部门（如应支付账款），提出需求的部门接收并进行交易（电子或人工）。采购部门通常保留几份订单的副本及相关收据，其他部门应使采购订单和收款收据具有很高的透明度，这样做的好处是多方面的：

1）会计部门能够得知未来的支付条件，同时持有一份订单副本，以便在物料到达时对付款收据进行核对。

2）采购订单标有订单编号，以便相关部门备案。

3）接收部门持有与物料收据相匹配的订单副本，还可以用特殊的采购订单帮助预测进货的作业量。

4）提出需求者在需要查询一份订单状况时可参考采购订单的数字。

5）运输部门可以明了交货要求，可以针对每一次交货安排承运人或使用公司内部运输系统。

6）采购部门可以使用订单副本进行后续调查和监控开放式订单。

7）订单将在所有的部门长期有效，直到买方公司确认货物已收且符合数量及质量要求为止。

在人工采购系统下的书面传输和文件处理成本高，而且只能给企业带来最小的（如果有的话）附加值。所以，目前越来越多的企业正在使用计算机数据库进行操作，它们正在朝“无纸化”办公的方向发展。

4. 综合采购订单

如果要重复地从一个供应商那里订购一种或一组商品，采购部门就可以发出综合采购订单。这是一种开放式订单，有效期为 1 年，包括重复采购的一种或一组商品。综合订单为客户提供了方便，使其不必一有需求就发出采购订单。买方同供应商订立了综合订单之后，采购一种商品只需发送常规订单就可以了。因为买卖双方已经议定采购合同的条件，综合订单使物料发送成为买卖双方之间的常规事件。综合采购订单如表 5-3 所示。

几乎所有的公司都同供应商有综合订单业务。事实上，签订综合订单一直是一种使采购过程更有效率和与客户保持友好关系的好办法。买方通常在初次采购或一次性采购时使用采购订单，采购专业人员称之为“一次性购买”。综合采购订单在定期采购产品或面对常规供应商时被广泛使用，如一个维修用品分销商的综合订单可能包括数百种商品。买卖双方也会约定新的价格或数量折扣，或者增减产品项目，这就需要对综合订单做出修改。

综合订单与采购订单在主要内容上相似，它的副本也会被送到与接收采购订单副本相同的部门。它们之间的不同主要在于交货日期和收货部门不一样。综合订单的信息一直处于开放性状态，不同的综合订单所含的信息通常也不同。

议定综合采购订单的时候，买卖双方会对一件或一组待购产品项目的长期需求预测做出评估。双方可能就合同条款达成一致，包括数量折扣、质量水平、交货前置期及其他重要条件或情况。综合采购订单在合同规定的日期内生效。合同的有效期是不固定的，但通常是 6 个月到 1 年，而长达几年的长期合同在先进企业中已越来越普遍了。大多数买主选择保留随时取消综合订单的权利，尤其是在供应商绩效很差的情况下还要求合同中包括“逃逸条款”，允许买方在供应商供货质量、交货等方面连续表现欠佳的情况下中止合同。

表 5-3　综合采购订单

公司管理形式			
账户代码号/费用核订单号常规综合订单	订货方定金	订单编号 20659	卖方编号 02867
采购公司 街道地址 城市、县、邮编 电话	公司名称	送发票至 注意：应付账款	采购订单 编号　34833 采购订单编号必须显示在所有文件、确认书、运输单据、装货单、包装单、发票和来往信函上

签订日期	要求送达的日期	离岸价格	变动或位置	条　款
2005/01/18	按要求	我们的工厂	变动范围	2%，净量 30

至： 海尔 香港中路 126 号 城市、县、266071	发货指示 ☑ 注意：供应室 ☐ ☑ 付税　☐ 免税

项目编号	数　量	说　明
		综合采购订单 该综合采购订单是在你方 2004 年 12 月 11 日的报价基础上签订的，是 2005 年 1 月 3 日至 2005 年 6 月 1 日我方将从你方采购的阀门、管子及配件的清单。 在你方授权签名的形式为#GP-3809 的我方标准综合订单生效前，这份订单不是对任何物料的委托书。 所有发货、运送、提货均须有相应的交货单或装货单。 所有的包装卡、交付单、发票及其他与订单有关的文件须参考此综合采购订单编号及相应的综合采购发货单。 我方保留随时取消未列在此订单上的订货，而不负担成本或者责任的权利。 使该综合采购订单生效的授权人签名：

重要说明： 若不能在指定日期前交付货物或服务，请立即通知我们。	公司名称 中介方　　买方

5.2.2 采购订单操作规范

在认证环节为企业准备好了采购的环境之后，订单人员便可进行批量物料的采购。订单操作一般包括以下几个过程。

1. 订单准备

订单合同是采购方与供应商之间达成的成文性协议，具有法律效力。订单人员接到采购计划部门的订单计划之后，不能立即向供应商下达订单，而先要进行订单准备工作。订单准备过程如图 5-2 所示。

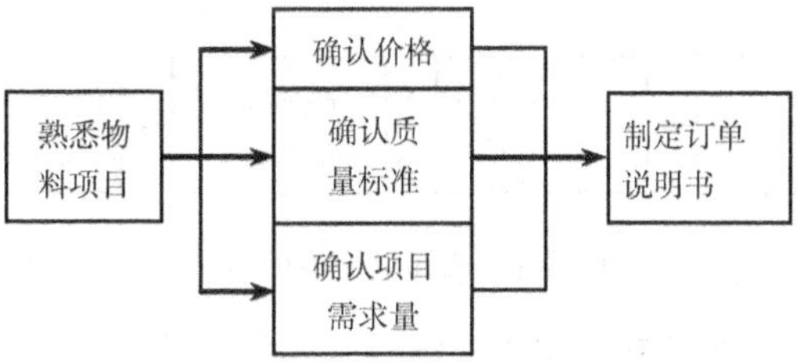

图 5-2 订单准备过程

1）熟悉物料项目。为了估价，订单人员应发出估价单（见表 5-4）。

表 5-4 估价单

________________公司	估价单号码 第____号	____年__月__日
采购的物品希望符合下列条件，请回送估价单。		
1. 估价单提出日期 月 日。		
2. 接受地点	公司。	
3. 订购后 日交货。		
4. 品质构造：		
5. 估价有效期限：		
		采购科 印

订单人员首先应熟悉订单计划。订单的种类很多，有时可能是从来没有采购过的物料项目，采购人员对其采购环境不一定熟知，这就需要采购人员花时间去了解物料项目的技术资料等。订单的难易程度也有差异，有时可能要到国外去采购。值得注意的是，直接从国外采购可能获得较好的品质和较低的价格，但却会因手续复杂、交货期长、监控操作困难而大大增加订单环节的操作难度。

2）确认价格。采购环境处于不断变化之中，订单人员应对采购的最终价格负责。订单人员有权向采购环节（供应商群体）中价格最低的供应商下达订单合同，以维护采购的最大利益。

3）确认质量标准。由于供应商实力的变化，前一订单的质量标准是否需要调整，订单人员应随时掌握。

4）确认项目需求量。订单计划的需求量应等于或小于采购环境订单容量（经验丰富的订单人员不查询系统也能知道），如果大于则应提醒认证人员扩展采购环境容量。另外，对计划人员的错误操作，订单人员应及时指出以保证订单计划的需求量与采购环境订单容量相匹配。

5）制定订单说明书。订单说明书的主要内容就是说明书（项目名称、确认的价格、确认的质量标准、确认的需求量、是否需要扩展采购环境容量等方面），另附必要的图纸、技术规范、检验标准等。

2. 选择供应商

订单准备工作完毕后，订单人员的下一步工作就是最终确定某次采购活动的供应商。确定某次具体采购活动的供应商，其过程如图 5-3 所示。

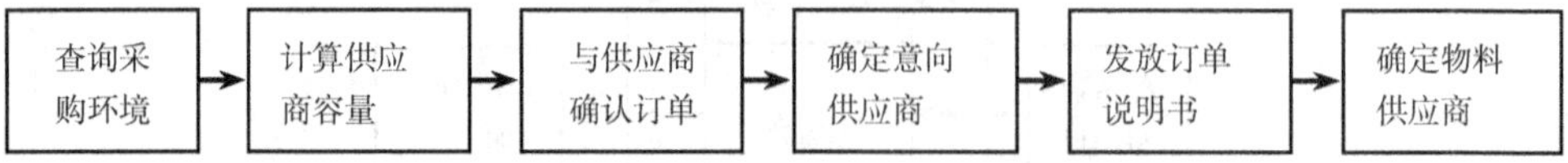

图 5-3 选择供应商的过程

1）查询采购环境。完成订单的准备工作后，订单人员要查询采购环境信息系统，以寻找适应本次物料供应的供应商群体。认证环节结束后会形成公司物料项目的采购环境，用于订单操作。对于小规模的采购，采购环境可能记录在认证报告文档上；对于大规模的采购，采购环境则要使用信息系统进行管理。一般来说，一项物料应有 3 家以上的供应商，特殊情况下也会出现 1 家供应商，即独家供应商。

2）计算供应商容量。如果向一个容量已经饱和的供应商下单，那么订单很难被正常执行，最终将导致订单操作失败。经验丰富的订单人员首先会计算一下采购环境中供应商的容量，即哪些是饱和的、哪些有空余容量。如果全部饱和，则应立即通知相关认证人员，并进行紧急处理。

3）与供应商确认订单容量。主观上对供应商的了解需要得到供应商的确认；供应商组织结构的调整、设备的变化、厂房的扩建等都会影响供应商的订单容量；有时需要对供应商进行实地考察，尤其要注意谎报订单容量的供应商。

4）确定意向供应商。订单人员在权衡利弊（既要考虑原定的订单分配比例，又要考虑现实容量情况）后可以初步确定意向供应商，以便确定本次订单由哪一家供应商供应。这是订单操作具有实质性进展的一步。

5）发放订单说明书。既然是意向，就应该向供应商发放相关技术资料。一般来说，采购环境中的供应商应拥有已通过认证的物料生产工艺文件。如果是这样，订单说明书则无须包括额外的技术资料。供应商接到技术资料并予以分析后，即向订单人员做出“接单”还是“不接单”的答复。

6）确定物料供应商。通过以上程序，订单人员就可以确定本次订单计划所投向的供应商，必要时可上报主管审批。最终确定的供应商可以是 1 家，也可以是若干家。

3. 签订订单

选定供应商之后，接下来要做的工作就是同供应商签订正式的采购订单。采购订单因采购物料的要求、供应的情况、企业本身的管理要求和采购方针的不同而不同。签订采购订单一般需要经过以下过程。这个过程如图 5-4 所示。

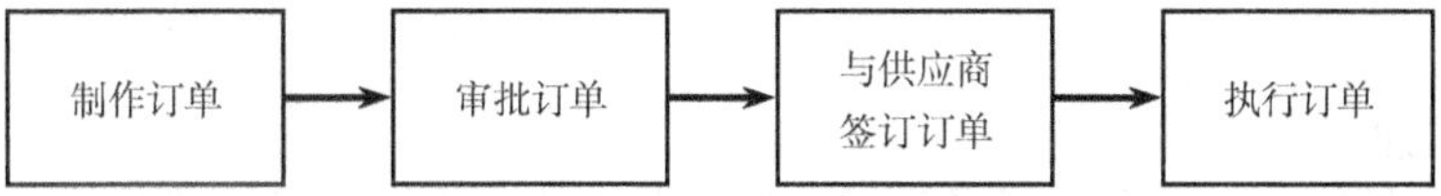

图 5-4 订单签订过程

(1)制作订单

拥有采购信息管理系统的企业，订单人员可以直接在信息系统中生成订单；其他情况下，订单制作者需要自选编排打印。企业通常都有固定标准的订单格式，而且这种格式是供应商认可的，订单人员只需在标准合同中填写相关参数（物料名称代码、单位、数量、单价、总价、交货期等）及一些特殊说明书即可完成制作合同操作。需要说明的是，价格及质量标准是认证人员在认证活动中的输出结果，已经存放在采购环境中，订单人员的操作对象是物料的下单数量及交货日期，以及特殊情况下向认证人员建议修改价格和质量标准。

国外采购的双方沟通不易，订购单成为确认交易必需的工具。采购单位决定采购对象后，通常会寄发订购单给供应商，作为双方将来交货、验货、付款的依据。国内采购可依具体情况决定是否给予供应商订购单。采购部门签发订购单后，有时并未要求供应商签署并寄回，以致形成买方对卖方的单向承诺，实为不利。但是，订购单能使卖方安心交货，甚至可获得融资的便利。

订购单的内容应特别侧重交易条件、交货日期、运输方式、单价、付款方式等方面。根据用途不同，订购单可分为 5 联：厂商联（第一联），作为厂商交货时的凭证；回执联（第二联），由厂商签认后寄回；物料联（第三联），作为控制存量及验收的参考；请款联（第四联），可取代验收单；承办联（第五联），制发订购单的单位自存。

(2)审批订单

审批订单是订单操作的重要环节，一般由专职人员负责。其主要审查内容为：

1）合同与采购环境的物料描述是否相符。

2）合同与订单计划是否相符。

3）确保订单人员依照订单计划在采购环境中操作。

4）所选供应商均为采购环境之内的合格供应者。

5）价格在允许价格之内、到货期符合订单计划的到货要求等。

(3)与供应商签订订单

经过审批的订单，即可传至供应商确认并盖章签字。签订订单的方式有 4 种：

1）与供应商面对面签订订单，即买卖双方现场盖章签字。

2）订单人员使用传真将打印好的订单传至供应商，并且供应商以同样的方式传回。

3）使用 E-mail 进行合同的签订。买方向供应商发订单 E-mail，则表示接受订单并完成签字。

4）建立专用的订单信息管理系统，完成订单信息在买卖双方之间的传递。

(4)执行订单

订单签订完成之后，即转入订单的执行时期。这一时期，加工型供应商要进行备料、加工、组装、调试等过程；存货型供应商只需从库房调集相关产品并进行适当处理，即可送往买家。

4．订单跟踪

1）跟踪供应商工艺文件的准备。工艺文件是进行加工生产的第一步。对任何外协件（需要供应商加工的物料）的采购，订单人员都应对供应商的工艺文件进行跟踪，如果发现供应商没有相关工艺文件，或者工艺文件有质量、货期问题，则应及时提醒供应商修改，并提醒供应商若不能保质、保量、准时交货，则要按照合同条款进行赔偿。

2）确认原材料的准备。备齐原材料是供应商执行工艺流程的第一步。有经验的订单人员经常会发现供应商在说谎，所以可能情况下必须进行实地考察。

3）跟踪加工过程的进展状态。不同物料的加工过程不同，为了保证货期和质量，订单人员需要对加工进行监控。有些物料采购，其加工过程的监工小组要有订单人员参加，典型的例子是一次性、大开支的项目采购、设备采购和建筑采购。

4）跟踪组装调试检测过程的进展状态。组装调试检测是产品生产的重要环节。这一环节的完成表明订单人员对货期有一个结论性答案。订单人员需要有较好的专业背景和行业工作经验，否则即使跟踪也难达到效果。

5）确认包装入库。此环节是整个跟踪环节的结束点。订单人员可以向供应商了解物料最终完成的包装入库信息。如果有可能，最好去供应商处进行现场考察，以确认包装入库信息。

5.3 进货管理与管理评价

进货是将采购订货成交的物资由供应商仓库运输转移到采购者仓库中的过程。进货过程关系到采购成果价值的最终实现，关系到企业的经营成本和采购物资的质量好坏，因此进货管理是采购管理中非常重要的一环。

对供应商进行评价和管理也是采购管理中的一个关键环节。只有连续评价和管理供应商的绩效，才能确定改进机会或发现供应商绩效不佳的方面。

5.3.1 进货方式及其管理

进货有 3 种方式：自提进货；供应商送货；委托外包进货。3 种进货方式不一样，管理环节也不一样。

1．自提进货

自提进货，就是在供应商的仓库里交货，交货以后的进货过程全部由采购者负责管理。其工作步骤如下。

（1）货物清点环节的管理

自提进货工作中，首先是货物清点，即对货物的品种、规格、数量和质量进行检验。检验的工作量很大，一旦因疏忽而没有当面查清，事后供应商可以不负任何责任，由此造成的损失由采购者承担。所以，进行此项工作时一定要谨慎、认真。

（2）包装、装卸、搬运上车的管理

货物清点完毕后，接下来的工作就是包装、装卸、搬运上车。这个环节质量的好坏，不仅直接影响货品安全和货品损坏的程度，还直接影响下一个运输环节的安全和运输质量。包装材料和包装方式的选择要综合考虑以下几个方面的因素：

1）货品的物理、化学性质。这包括货品的物理状态、重量、体积大小、硬度、挥发性、防震性、防雨、防潮性等。

2）装卸搬运方式的要求。包装材料、包装方式的选择要适合装卸搬运形式。如果是人工搬运，则应该采用小包装，单件重量不应超过人所能够传运的重量；如果用叉车搬运，则包装单元应该留有插槽孔；如果是吊车搬运，则包装箱除用结实材料之外，还应有起吊环或缆索固定装置等。

3）运输方式的要求。包装箱的尺寸要合乎车厢的尺寸；包装箱的强度、防震性都要适合装运的车辆。

4）储存保管方式的要求。货物运达目的地后需要入库储存堆码，堆码时包装箱的强度、尺寸都要符合堆码的要求。

装卸搬运要选用合适的装卸搬运方式，提高搬运活性指数、减轻搬运劳动强度，还要注意装卸搬运安全，保证货品不受损坏。包装、装卸、搬运工作通常选择外包给第三方，这时要注意选择外包的对象。选择外包通常要选择专业性强、有实力、有技术的公司，这样才可以保证外包的质量、降低成本。

（3）运输环节的管理

运输环节的管理要做好以下几个方面的工作：

1）运输方式的选择。运输方式按交通工具设施分为公路、铁路、水路、航空、管道、联运等方式。运输方式的选择要注意满足运输时间和运输安全的要求。

2）中转方式的选择。自提最好选择门到门的直达运输，避免中转。

3）运输路径的选择。注意选择最短路径，节省运费、节约时间。

4）运输时间控制。运输方式的选择要满足运输时间的要求，运输途中要注意时间控制。

5）确保运输安全。安全是运输环节选择要考虑的首要问题，并始终贯穿于整个运输过程。

（4）中转环节的管理

中转包括不同运输方式之间的转接和不同运输路段的转接。中转环节要注意的问题很多，如货物清点、装卸搬运方式选择、装卸搬运安全等。中转环节增加了很多物流工作量、时间和费用，容易造成货物安全风险，所以应尽量不中转或少中转。

（5）验收入库环节的管理

验收入库是进货环节的结束和保管环节的开始，存在采购工作和仓库保管环节之间的交接和责任划分问题，所以要认真搞好验收入库环节。验收入库是对货品进行更严格的数量清点和质量检验，因此双方应当很好配合，实行一条龙作业，将装卸、搬运、计量、检验、入库、堆码顺序联合处理，一次落地到位，这样可以大大减少物流工作量、减少货物损坏、节省时间、提高效率。

1）物料检验过程。供应商准备好所供应的物料后，采购者就要对物料进行检验。物料检验主要有以下 4 个步骤：确定检验日期与地点、通知检验人员、检验物料、处理检验问题。物料检验过程如图 5-5 所示。

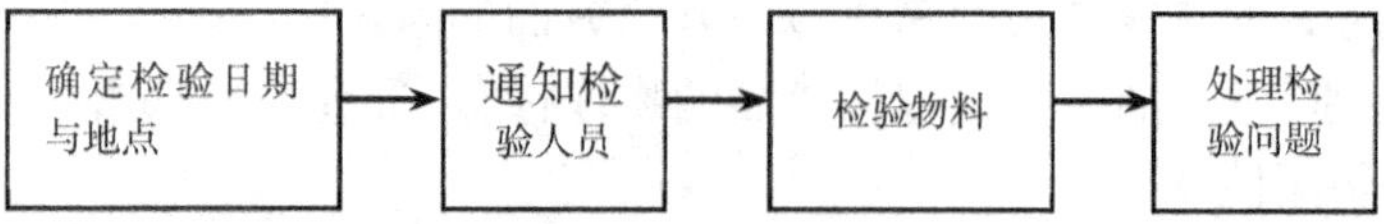

图 5-5 物料检验过程

确定检验日期与地点。物料检验日期及地点一般按惯例进行，必要时由订单人员与供应商经临时沟通后确定。对于大型物料（如机械、设备等），采购者往往需要到供应商处现场检验；对于小型轻便的物料（如电子元器件等），一般由供应商送到采购部门进行检验。

通知检验人员。检验信息传送到检验部门之后，由部门主管统一安排。安排要注意物料的轻重缓急，对紧急物料要优先检验。

检验物料。对于一般物料，走正常检验程序即可；对于重要物料或供应商在此物料供应上质量稳定性差的，则要严格检验；对于不重要物料或供应商在此物料供应上质量稳定性持续表现较佳的，则可放宽检验。

物料检验的结果分为两种情况：合格物料和不合格物料。检验的结果以数据表现出来，如 DPPM（百万分之不良数值）或相关记录描述等。

处理检验问题。对于有致命及严重缺陷的物料，应要求供应商换货；对于有轻微缺陷的物料，应与认证人员、质量管理人员、设计工艺人员协商，同时考虑生产的缓急情况，确定是否可以代用；对于偶然性的质量检验问题，可由检验部门或订单部门通知供应商予以处理；对于多次存在的质量检验问题，由认证人员正式向供应商发出质量改正通知书，让供应商限期改正重大的质量问题；对于 DPPM 数据经常满足不了标准的物料，或出现重大质量问题的物料，则由认证部门组织设计人员、工艺人员、质量管理人员及订单人员开展专题会议，讨论质量问题的对策，确定原因是设计方案的问题还是供应商的问题，并妥善处理问题（前者要修改设计方案；后者要对供应商进行处理，包括罚款、质量整改、降级使用、取消供应商资格等）。

2）物料检验标准及检验方式。

检验标准。每一种物料都有一个检验标准。检验人员根据相关资料（样品、图纸、技术规范等）制定物料的检验标准。其主要内容包括：适应范围（所面对的物料）；所引用的文件及标准（标准的来源）；检验条件及设备（温度、湿度、压力等条件及所采用的设备）；检验物料项目类别（一种物料所需检验的要素参数有若干个，这是本标准所针对的要素参数）。

检验方式。检验方式主要有全检、抽检、免检 3 种。全检是指对重要或风险大的物料进行逐件检验；抽检是指从提交质量检验的一批物料中随机抽取部分物料，依照检验标准进行检验；免检是指对性能优良、质量长期稳定、无使用风险的物料免去检验。

3）物料接收。经过物料检验之后，就要对合格物料进行接收。物料接收过程如图 5-6 所示。

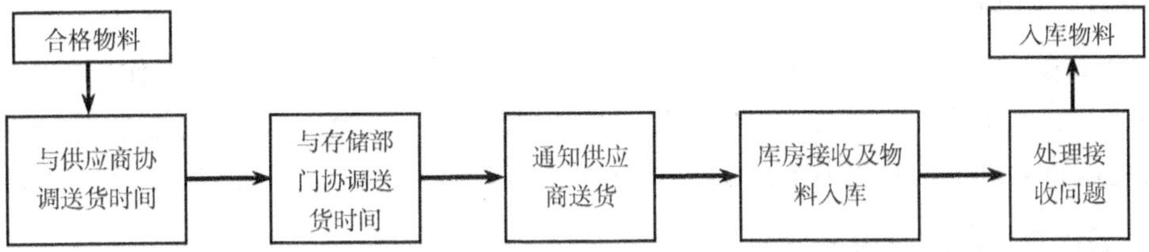

图 5-6　物料接收过程

与供应商协调送货时间。与供应商协调确定送货时间，目的是防止由于供应商在未经许可的情况下送货，从而造成接货过程的混乱；或者由于订单人员在没有和供应商协商的情况下通知供应商立即送货，导致物料不能按计划接收。

与存储部门协调送货时间。与存储部门协调送货时间，可以防止由于存储部门业务繁忙而使送货人员及车辆等待较长的时间，或者由于没有库房而使货物面临拒收、被迫拉回的情况。

通知供应商送货。与供应商及存储部门沟通好后，就可以通知供应商进行送货。

库房接收及物料入库。安排物料入库时，首先要检验到货清单是否完整、包装与外观是否完好；然后清点物料、接收物料、搬运入库并填写物料入库单据。至此，库房接货过程完毕。

处理接收问题。对于货物接收过程中发生的货物数量、交货日期与要求不符、包装质量不合格等问题，订单人员应与存储人员一同进行协调处理。

经过物料的检验和接收工作，符合项目要求的物料得以顺利入库，保证了企业生产的正常运行。验收入库结束，本次进货过程也就结束。

2. 供应商送货

对采购商来说，供应商送货是一种最简单轻松的采购进货管理方式。它基本上省去了整个进货管理环节，把整个进货管理的任务及进货途中的风险都转移给了供应商，采购商只要做好入库验收环节的工作即可。而入库验收也主要是供应商和保管员之间的交接，进货员最多只提供一个简单的协助而已。

3. 委托外包进货

委托外包进货，就是把进货管理的任务和进货途中的风险都转移给第三方物流公司的进货管理方式。它有利于发挥第三方物流公司的自主处理、联合处理和系统化处理能力，提高物流运作效率，降低物流运作成本。

这种进货方式的管理主要要抓好“两次三方”的交接管理工作和合同签订管理控制工作。第一次交接是供应商和第三方物流公司的交接。第二次交接是第三方物流公司与采购商保管员之间的交接。交接工作主要是货物的清点检验，保证货物数量、质量无误。合同签订主要包括三方相互之间签订的合同。合同要分清权利、义务和责任，合同条款要详细、清楚，以此规范、控制各方的行为。

交接过程中，要检查各方履行合同的程度，根据合同处理相关的事情或纠纷。

5.3.2 进货管理的基本原则

进货环节是一项环节多、涉及面宽、环境复杂、进货途中风险大的工作，但是进货管理又是一项关系重大、非常重要的工作，所以既要管好又要减小风险。这就需要采购人员认真研究进货管理的方法和途径。这些方法和途径可以从以下几个原则上进行考虑。

1．进货方式选择原则

采购人员要根据进货难度和风险大小的具体情况，选择合适的进货方式。

1）对于进货难度和风险大的进货任务，首先选择委托第三方物流公司的进货方式，其次选择供应商送货方式，最好不选用户自提进货方式。委托第三方物流公司进货，既可以充分利用第三方物流公司的专业化优势、资源优势和技术优势，提高进货效率和进货质量，降低进货成本，又可以减轻供应商在进货上的工作量和进货风险，这对各方都有利。

2）对于进货难度小和风险小的进货任务，首先选择供应商送货方式。例如，同城进货、短距离进货均可以发挥这种方式环节最少、效率最高、最能节省采购商工作量、可以最大限度地降低采购商进货风险的长处，是一种最好的进货方式。当然也可以选择采购商自提进货方式，这种方式的效率高、费用低，但是进货途中的风险就落到了采购商自己的身上。

2．安全第一原则

进货管理中，始终要把安全问题贯穿始终。货物安全、运输安全、人身安全是进货管理首先应该考虑的因素，而且要将其落实到包装、装卸、运输、储存等各个具体环节中，制定措施、严格监督，保证整个进货过程不出现安全事故。

3．成本效益统一原则

进货管理也要追求成本和效益统一的原则。这个效益包括运输的经济效益，也包括社会效益，还包括运输安全。其中，社会效益就是要维护社会生态平衡、减少污染、减少社会交通紧张的压力等，不能片面地追求成本低而盲目超载，更不能为了追求路程短而违反交通规则。

4．总成本最低原则

进货管理客观上存在多个环节和多个利益主体，因此各个环节都会发生相应的成本费用。进货方案的变动可能会导致某个环节费用的节省，也可能导致另一个环节费用的增加，因此考虑成本时不能孤立地考虑某一个环节或某一个利益主体，而是要综合考虑各个环节、各个利益主体的成本之和，即总成本。所以，进货方案的好坏、进货管理效果的好坏也应当用总成本最小作为评价的标准。

5.3.3 进货管理评价

进货过程中，采购商主要关心的是供应商能否按照合同要求及时送来合格的物料。通常情况下，供应商会严格按照认证合同进行日常的供应操作，但是采购商不能保证所有物料的供应商都处于正常状态，对于一些不稳定的供应商应严加监督。物料的采购可以从质量、成本、供应和服务 4 个方面进行评价，以此对供应商的行为进行约束。

1．质量指标

对订单进行跟踪时，订单人员可能会发现供应商在质量控制上存在的问题，如生产过程没有按照认证合同规定的质量条款进行。若对这种情况不加过问，物料很有可能因为质量问题通不过检验环节，从而耽误交货期，最终导致订单操作被迫停止。采购人员可以通过以下指标对质量进行控制：

来料合格批次率=（合格来料批次÷来料总批次）×100%（最常用）

来料抽检缺陷率=（抽检缺陷总数÷抽检样品总数）×100%

来料在线报废率=［来料总报废数（含在线生产时发现的）÷来料总数］×100%

来料免检率=（来料免检的种类数÷该供应商供应的产品总种类数）×100%

此外，有些公司将供应商体系、供应商质量信息、供应商是否使用及如何运用 SPC 也纳入了质量考核。比如，供应商通过了 ISO 9000 认证或对供应商的质量体系审核达到一定水平则得分，否则不得分。有些公司则要求供应商在提供产品的同时提供相应的质量文件（如过程质量检验报告、出货质量检验报告、产品成分性能测试报告等），并按供应商提供的信息是否完整、及时给予打分考评。

2. 成本指标

采购环境中可能会出现“同一种物料对应不同供应商的价格不同”的情况。这种情况在采购中是常见的，因为质量标准不同、制作方法不同等都会影响价格数值，关键是这种“不同”的真实程度需要在长期订单操作过程中进行验证。某种情况下，订单人员可能发现“它的真实度”值得怀疑，或者随着市场的变化而需要调整价格时，订单人员应勇敢地站出来维护公司的最大采购利益。采购人员可以通过以下指标对成本进行控制：

1）价格水平。价格水平往往需要同本公司掌握的市场行情比较，或者根据供应商的实际成本结构及利润率进行判断。

2）报价是否及时，报价单是否客观、具体、透明（分解成原材料费用、加工费用、包装费用、运输费用、税金、利润等，以及相对应的交货与付款条件）。

3）降低成本的态度及行动。这主要是考察供应商是否能够真诚地配合本公司或主动地开展降低成本活动，制订改进计划，实施改进行动。

4）分享降价成果的态度。这主要是考察供应商是否将降低成本的好处让给了顾客（本公司）。

5）付款是否合乎要求。这主要是考察供应商是否能够积极响应本公司提出的付款条件，开具的付款发票是否准确、及时、符合有关财税要求。

有些公司还将供应商的财务管理水平与手段、财务状况及对整体成本的认识纳入成本考核。

3. 供应指标

物料供应的及时性是订单人员最关心的一个绩效指标。即使在动荡的采购环境或变化的采购计划状况下，一个好的供应商也会尽量保证及时供货。

1）准时交货率。准时交货率=（按时按量交货的实际批次÷订单确认的交货总批次）×100%。

2）交货周期。交货周期是指自订单开出之日到收货之时的时间长度，常以“天”为单位。

3）订单变化接受率。这是衡量供应商对订单变化灵活性反应的一个指标，指供应商在双方确认的交货周期中可接受的订单增加或减少的比率。

订单变化接受率=（订单增加或减少的交货数量÷订单原定的交货数量）×100%

需要注意的是，供应商能够接受的订单增加接受率与订单减少接受率往往不同，前者取决于供应商生产能力的弹性、生产计划安排、反应快慢及库存大小与状态（原材料、半成品或成品），后者则主要取决于供应商的反应快慢、库存（包括原材料与在制品）大小及因减单可能带来损失的承受力。

有些公司还将必须保持的供应商供应的原材料或零部件的最低库存量、供应商的企划体系水平、供应商所采用的企划系统（MRP、MRPⅡ或 ERP）、供应商是否应同本公司共同实施“即时供应”（JIT 供应）等也纳入供应考核。

4．服务指标

订单人员常常需要亲自协调物料的采购过程，以下提供一些服务指标供订单人员参考：

1）反应表现。这包括对订单、交货、质量投诉的反应是否及时、迅速，答复是否完整，对退货、挑选等问题的处理是否及时。

2）沟通手段。这包括是否有合适的人员与本公司沟通，以及沟通手段是否符合本公司的要求。

3）合作态度。这包括是否将本公司看成重要客户、供应商高层领导或关键人物是否重视本公司的要求、供应商内部的沟通协作（如市场、生产、计划、工程、质量等部门）是否能理解并满足本公司的要求。

4）共同改进的做法。这包括是否能够积极参与或主动提出与本公司相关的质量、供应、成本等改进项目或活动，或推行新的管理做法，是否能够积极组织参与本公司召开的供应商改进会议、配合本公司开展的质量体系审核等。

5）售后服务。这包括是否能够主动征询顾客（本公司）的意见、主动访问本公司、主动解决或预防问题。

6）是否参与开发。这包括是否能够参与及如何参与本公司的产品或业务开发过程。

7）其他支持。这包括是否能够积极接纳本公司提出的有关参观、访问事宜，是否能够积极提供本公司要求的新产品报价与送样，是否能够妥善保存与本公司相关的文件，是否能够保证不与影响到本公司切身利益的相关公司或单位进行合作。

5.4 采购流程优化

大多数公司都在订货管理上浪费了太多的时间和资源，尤其是在附加值低的商品上。有些采购部门用80%的时间来管理占采购总额20%的货物，A.D.Little 公司就是如此。一项关于维修库存（MRO）的调查表明，该公司平均要为 50 美元的 MRO 项目花去 150 美元的交易费用。另一个例子是美国的一家政府机构，它在 1 年的时间里进行的交易量为 110 万美元，而每笔交易的成本估计为 300 万美元。当企业要为商品花费大于其本身价值的处理时间时，它如何能通过采购流程创造价值呢！

5.4.1 影响采购流程的因素

1．供应商和品牌规格

除了一些居于汽车、计算机、消费电子工业前沿的公司，多数买方在规格定制阶段很少参与其中。规格产品通常由买方单方面决定，这就意味着它们是依据特定的供应商而被确定的。使用特定的品牌或者供应商的规格会严重限制买方的行动自由度，供应商则在多数情况下对买方的产品选择十分清楚，这可能导致供应商不能满足公司的生产量和物流需要的状况。

2．选择供应商

选择供应商是采购流程中最重要的决策之一，特别是当交付的货物要求多年的维修和服务的时候。核实供应商信用的失败会导致的破产，以及没有能力满足质量要求和不愿意满足保证义务的形式而出现的令人不愉快的意外。显然，为了达成合同，供应商做出了它所不能满足的交货时间的承诺。

3．签订合同

如果交货期间或者之后出现问题，合同中难懂的条文就会起反作用。我们可以发现，原本应该由供应商处理的事情有时则不得不由用户单独完成。对于问题处理的误解，可以通过签订标准合同的方式加以避免。避免问题总要比处理问题好得多，而合同的修改最好留给采购者完成。

4．重视价格

特别是在购买固定设备的时候，购买决策需要在总成本而不仅仅在价格的基础上做出。很多设备制造商都采用了这样一种销售策略，即为他们的设备定一个相当低的价格。然而，他们的保证和服务合同要求客户从原始设备制造商那里获得所有的备件和维护服务。如果客户不这样做，供应商将不保证设备的正常运作。这类销售策略的例子很多，如复印机制造商、计算机主机制造商、掘土设备和卡车制造商、系统集成供应商都在致力于这种实践。为了使固定设备采购能够有效进行，买方需要将其决策置于总成本的模型之上，在设备的初始采购费用和设备的终生费用之间做出平衡。

5．订货程序管理

订货也能引起大问题，有时没有关于购置或采购授权的明确程序，这会造成组织中的每个人都能随意订货的局面，结果导致交货和应付发票的检查出现大量的额外工作。

5.4.2 采购流程优化的方法

一个企业总是处在不断变化之中的，产品的升级换代、规模的扩大与缩小、销售区域的变化等都会对采购流程产生直接或间接的影响，采购管理部门应根据情况变化对企业采购流程做出相应调整。流程运作过程中，企业还要根据流程输出绩效指标的情况，对流程进行整合。任何流程，若其绩效指标不是处在行业较高水平，则说明流程存在问题，即流程或过于臃肿或过于简单。要解决这个问题，可通过对流程进行层层反查来捕捉问题点。

采购流程优化的方法有许多种，其中一些方法是被多数企业所认同的。表 5-5 中所列方法是企业为改进采购流程而使用的方法，且是未来几年中将重点使用的方法。

表 5-5　公司未来将重点改进采购流程的方法

方　　法	特　　征	适用范围
从使用者至采购部门的在线通知系统	加快信息传输速度，方便使用者	低价值的采购
面向使用者的采购卡	为采购双方提供方便	低价值的采购
低值采购员工自助系统	为员工提供方便，节省采购部门成本	低价值的采购
基于互联网的电子采购商务	方便、简洁，但同时会产生订货的安全及控制问题	采购周期长或合作时间较长的采购
综合采购订单合同	使采购过程更为简洁、迅速	采购周期长或合作时间较长的采购
长期采购合同	采购期限较长，采购较为稳定	采购周期长或合作时间较长的采购、低价值的采购
采购流程的重新设计	可以节约成本，涉及范围较广	采购机构臃肿、需要重新设计的采购
电子数据交换	支持企业间常用的商业单证和信息的电子交换	数据交换系统良好的采购
允许客户向供应商直接订货	方便客户	客户满意度要求较高的采购，客户联系供应商较为方便的采购
面对供应商的使用者在线订货系统	方便客户	有较好的在线订货系统的采购

1．从使用者到采购部门的在线通知系统

在线通知系统是指通过高效和迅速的信息传递节约时间的一种内部系统。客户在需要通过采购部门满足物料和服务需求的时候就使用这些系统。如果客户不需要采购部门的介入，则应转向其他廉价系统。

先进企业的情况更可能是这个样子：当低价值的采购需求要通过采购部门来满足时，客户就会通过内部的电子系统发送采购请求。在低价值项目采购方面进展缓慢的通常是那些通过邮件或电话接收采购要求的公司。当采购活动需要通过采购部门时，客户应该通过高效的采购通知单传递采购要求。当前的一个近期目标是开发一种新的系统或流程，以使客户直接从供应商那里获取低价值的商品而不需要采购部门参与。

2．向客户发放采购卡

采购卡是大多数企业都认可的一种改进采购流程的工具或系统，是一种面向内部客户的信用卡。当客户要采购低价值项目时，它只要联系供应商并使用采购卡即可。采购卡对于未定供应商或未被采购系统所囊括的采购项目非常有用。客户做出采购决策（来自部门预算）后，可完全跨过采购部门而进行采购。面向采购卡的商品项目的价值相对而言比较低，若要通过采购部门进行大范围的供应商的搜索，成本很可能会超过商品本身的价值。

20 世纪 90 年代，迪士尼公司取得了极大发展，并意识到有必要将采购流程流水线化。由于迅速扩大使公司的采购能力难以满足客户需求，公司经理层决定把采购重点从进行采购交易转到供应商的管理方面。为实现这一转变，公司决定推行采购卡—— 一个强调提升

整个公司绩效优化的项目。迪士尼公司便通过税收信息和内部审核选择可以列在卡片上的供应商，而且它们必须满足迪士尼公司的报告和税收信息需求。选定供应商后，采购部门进行了具体的分析以确定早期的大额客户和具体的供应商，并且直接与供应商联络以取得它们的支持。如今，这一项目不仅节省了采购和会计部门的费用，还节省了处理小额订单的时间。现在，迪士尼公司 70%的交易都是通过使用采购卡进行的。这一项目的成功使得推广采购卡成为迪士尼公司最具优先权的事情。

研究表明，使用采购卡进行交易，能使每笔交易的平均成本从 80 美元降至 30 美元以下。用卡交易的好处包括更迅速地响应需求、减少交易成本及节省整个交易的时间。大多数企业中，采购部门负责采购卡的引进和管理工作。

3．低值采购员工自助系统

员工自助服务系统里除了自助请假、自助申请等外，开通低值采购模块也是十分必要的。在安德烈·斯蒂尔公司，价值低于 2 000 元人民币的物资采购都可由使用人员直接在员工自助系统里提出申请，由其部门经理在线确认后即可自助购买所需办公物品，待收到货物后填写发票信息，经财务部门报销即可。整个过程无须采购部门的参与，大大节约了采购部门的成本，而且缩短了采购周期，使员工能够更迅速、准确地购得所需物资。

4．基于互联网的电子采购商务

基于互联网的电子采购商务包括一系列广泛而多样的活动。未来几年里，买方对商业互联网的使用将会急剧增加。电子采购商务增长率最高的领域包括：

- 向供应商传递采购订单。
- 追踪订单状态。
- 向供应商询盘。
- 向供应商下订单。
- 电子支付。
- 电子数据交换。

一个在线订购系统中，买方与卖方通过调制解调器或其他网络工具建立直接的电子联系。在线订购系统的一个主要特征是，采购部门常常要开发与客户计算机系统具有链接的软件。一旦企业同供应商订立了综合或长期合同，在线订购就会成为常规的采购方式。资源获取流程的重要组成部分包括供应商的确认、评价及选择。在线订购系统使得采购部门或客户能直接进入供应商的订购系统。在线订购系统的优点包括：

- 立刻可知延期交货项目。
- 订单输入时间更短，从而缩短了订单周期的时间。
- 可以减少误差。
- 具有订单跟踪能力。
- 可以轻松得到供应商发出的附装运说明的订单通知。
- 可在一个在线订单中满足多个客户对不同产品的需求。

在线订货的最大障碍是，只有有限的供应商提供电子目录，以及电子订货的安全和控制问题。

供应商建立在线订购系统可以方便客户登录其订货系统，而该系统能在供应商与公司间建立紧密的联系。

如今，越来越多的买方将这种电子采购方法与其他低价值采购系统联合起来使用。例如，一家企业可允许其客户通过互联网确认供应源，然后通过采购卡订货。使用电子采购的好处是其搜索成本极低，而且如果客户越过采购部门直接订货，则能节省整个周期时间和订货成本。

5．长期采购合同

长期采购合同年限通常为 1~5 年，并可在供应商绩效达到要求的情况下续约。这种合同不用每年更新，从而节省了低价值项目和采购相联系的交易成本。而且，一旦采购部门和供应商达成协议，物料管理的责任就归于客户。比较理想的情况是，即使低价值的项目，物料管理也是通过电子而不是人工进行的。

从概念上看，用于常规项目采购的综合采购订单与长期采购合同很相似，但它们还是有所不同的。两者的相同之处在于，都是通过订立合同确定具体的采购项目或服务的，都可以延期，都是法律文件，都是管理低价值项目采购的重要方法。但综合采购订单与长期采购合同相比更多地用于低价值项目的采购，长期合同比综合订单更加详细。

在开发管理低价值项目采购所需的特定系统和方法时，企业通常以长期合同为基础。例如，同分销商订立一个包括数百种甚至数千种商品的系统合同时，通常会通过一个长期合同强调常规或标准的采购订单没有说明的问题；这些问题包括售后服务水平、供应商的定点支持人员、过期存货收回条款、持续的成本缩减要求，以及取代书面作业的条形码技术及电子链接使用等。

6．采购流程的重新设计

大多数公司都意识到采购流程的再设计通常能推进低价值采购系统的发展。它们的发展常常是再设计的成果。适当地进行再设计可加快周转次数、简化交易流程，从而节约交易成本。

采购流程由许多子流程组成，这意味着它可以通过流程图和再设计得到改进。低价值采购流程会影响成百上千的员工，这些员工遍及整个公司的各个部门、各个办公室、各个工厂及各个厂房设施；这一流程还会使会计部门、接收和处理部门、采购部门和供应商受到影响。任何对低价值商品有需求的员工都是低价值采购流程的一个部分。

7．电子数据交换

电子数据交换（Electronic Data Interchange, EDI）系统包括一套信息交流标准，可支持企业间常用的商业单证和信息的电子交换。EDI 通过简化信息交流过程使买卖双方的联系更有效率。买卖双方使用 EDI 时，它可以消除传统信息流中的一些环节，节省时间和成本。

20 世纪 90 年代，通过 EDI 进行交易的企业数量不断增长，但这一时期实际的 EDI 交易量与预测的 EDI 交易量并不相符。例如，1993 年采购专业人员预计 60%的供应商、70%的采购总量和 65%的采购交易都将通过 EDI 进行，而实际上 1993 年的上述比例分别为 28%、38%和 32%。造成这种情况的部分原因是自动传真技术的引进。对于许多企业而言，尤其是规模较小的企业，自动传真是一种与供应商传递信息的更迅捷和更廉价的方式。在买方获知采购需求后，自动传真系统会自动向供应商传递该需求。另外，互联网也可取代第三方 EDI 供应商进行电子信息传递。

8. 允许使用者向供应商直接订货

使用者向供应商直接订货也是一种优化采购流程的常用方法。许多种类的低价值系统都具有这一功能：采购卡技术允许客户与其供应商直接建立联系；在线订购系统也可以做到这一点；联邦快递的电话接听系统可使客户与供应商直接联系，这一系统也是该公司最方便的订货系统。

允许客户与供应商直接建立联系的方法是将交易责任从采购方转移至客户，即使没有确定供应商的商品，采购部门仍可以有限介入或者不介入，除非采购需求达到预先确定的金额。如果一项商品要被单独采购，采购部门就必须决定是否要将这种商品纳入综合订单。综合订单通常允许客户在有物料需求时直接与供应商取得联系。

案例分析

美国福特汽车公司原有的采购流程可以说是相当传统的。采购部将一式三份的订单分别交给会计部、厂商和验收单位。厂商将货品送到验收单位，同时将发票送给会计部；验收单位将验收结果填写至验收单并送到会计部；会计部对所持的验收单、订单和发票 3 种文件进行检查，若都相符则如数付款给厂商。其过程如图 5-7 所示。

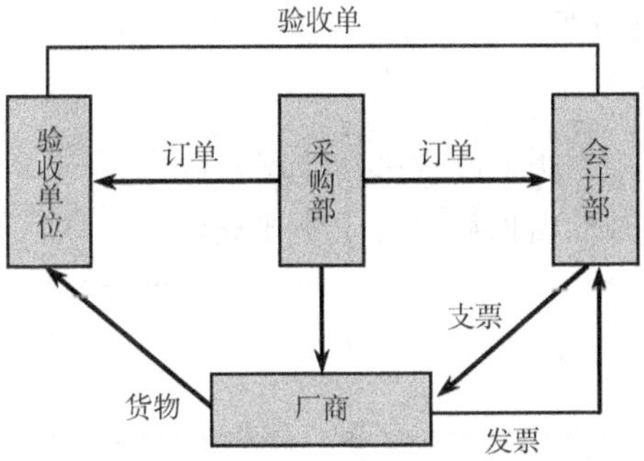

图 5-7　福特公司传统的采购流程

经重新审视，并应用计算机网络，福特公司有了全新的采购流程。采购部门将订单输入计算机数据库，如果是固定往来厂商，则以 EOS 计算机订货系统自动向厂商下达订单；如果不是固定厂商，则以订单传真和信函通知厂商。厂商交货给验收单位后，验收单位从计算机数据库取出订单资料，再验收所交的物品。若物品与合同相符，就将验收合格资料输入计算机，经过一段时间，计算机自动签发支票给厂商；若验收不符，也将验收结果输入计算机。这样，采购部和会计部随时都可以从计算机数据中查询和了解采购状况。福特公司全新的采购流程如图 5-8 所示。

因为采用了计算机网络，废除了发票，核对和签发发票等改为由验收单位负责，因此会计部门几乎在整个采购作业中不需要投入大量的人力而仅需定期做好订单、验收等与财务有关的稽核工作。会计部在采购流程改善前职员超过 500 人，改善后仅需 125 人，这个效应也延伸至其他部门，有的部门人数甚至缩减为原来的 1/200。

福特公司的验收人员可以利用计算机取得会计人员过去对厂商的品质评定，以便做出是否给厂商签发支票的判断。同时，借助计算机可以将信息传递给各相关人员，以同步工程、同时处理的方式缩短处理时效。如果充分授权而缺少稽核，那么权利将变成弃权或滥权；但是若派人进行抽样稽查，又将被视为不被信任，反而带来更大的负面效果。采用计算机信息技术，即使依统计资料进行分析，任何相关业务人员也都可以由计算机提取信息差异、例外分析等资料，从而及时采取对策进行处理。经由这种方式，被充分授权者再也不敢做出任意滥权的行为。

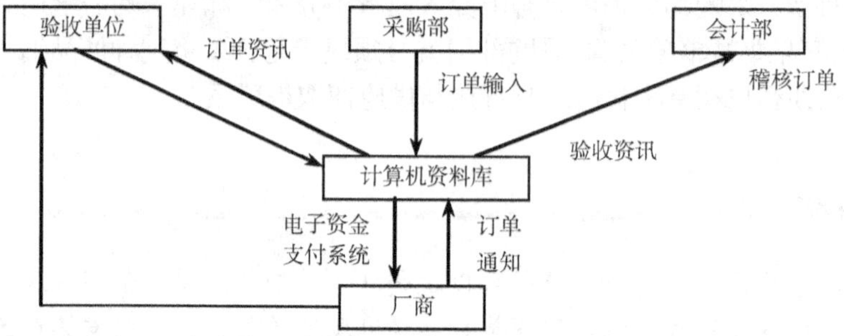

图 5-8　福特公司全新的采购流程

总而言之，若要大幅度缩短流程时效，则必须采取一人多能、充分授权的方法，并采用计算机信息技术做全方位改革。

思考题

1．福特公司采用了什么方法来改进采购流程？

2．福特公司经过采购流程优化后取得了哪些成效？

思考与练习

1．采购流程的基本步骤有哪些？

2．实施采购流程时应该注意哪些问题？

3．采购订单的定义是什么？

4．采购订单的操作有哪些步骤？

5．进货方式有哪几种？

6．自提进货的步骤有哪些？

7．影响采购流程顺利实施的因素有哪些？

8．采购流程优化的方法有哪些？

实训题

训主题：采购流程

1．实训目的

采购流程环节繁多，学生们需要认识采购流程的优异性对整个采购部门的重要性，对采购流程的各环节有深刻的认识，并熟悉各环节的内容及特点。实训目的具体如下：

（1）了解采购流程的各个环节。

（2）能够以小组为单位建立采购流程。

（3）能够对采购流程进行优化。

2．实训组织

在教师的指导下，学生 5 人左右为一个小组，查找建立采购流程所需要的资料，根据资料建立一个模拟的采购流程，并将模拟采购流程在各小组中互换以进行优化。

3．实训题目

采购流程样式繁多，并且不同的商品所需要的采购环节也会有所差别，所以在建立采购流程时，各小组首先要对所采购商品的特点进行分析，并得出相应的总结报告。然后，针对各采购物品的特点建立适当的采购流程，使各环节能够良好地衔接在一起，并根据对采购流程的分析，研究采购流程的优化方案。具体要求如下：

（1）进入企业收集需要的相关资料、信息。

（2）根据采购流程建立的理论，建立有效率的采购流程。

（3）将所建立的采购流程与企业中实际存在的采购流程进行对比，分析两者的差别。

（4）根据本书的采购流程优化方案，对各采购流程进行必要的优化，或者各小组可以不参照书本制订自己的优化方案。

（5）记录在采购流程建立及优化过程中得到的体会及感想。

第 6 章

供应商的开发与管理

引导案例

“华远”是国内房地产业最早创立的品牌之一。多年来，华远地产将与供方合作的整个过程分解为 4 个阶段，即入库阶段、招投标阶段、合作阶段和年终总评阶段。每个阶段的管控对象、管控目标都有所不同，主要聚焦在从前期考察资质评估到中标后合作全过程评估，评估结果直接形成对供方的综合定级及合作定级，并随时进行动态调整，实现了供应商从潜在供方、入围供方、ABC 定级供方到战略供方的整个生命周期的管理。在合作与考核演变过程中，华远地产快速高效地运用了优胜劣汰的管控机制，为供方管理和项目运营提供了巨大支撑。

学 习 目 标

重点掌握

- 供应商的开发流程
- 供应商评价的主要内容
- 供应商的评价方法
- 供应商的合作伙伴关系

一般掌握

- 供应商的评价原则与标准
- 供应商的衡量选择
- 供应商关系管理

6.1 供应商的开发与选择

6.1.1 供应商开发概述

供应商管理的一个重要任务就是供应商的开发。一批适合企业需要的供应商是企业的宝贵资源。供应商应适时、适地为企业提供物资供应，保证企业生产和流通的顺利进行，这是企业最大的需要。军队打仗需要粮草，企业生产需要物资，供应商就相当于企业的后勤队伍，供应商的开发和管理实际上就是企业后勤队伍的建设。

小词典

供应商的开发是指从无到有地寻找新的供应商，建立起适合于企业需要的供应商队伍

供应商开发是一项很重要的工作，也是一个庞大复杂的系统，需要精心策划、认真组织。要开发供应商，企业就必须扩大供应商来源。换句话说，就是企业所掌握的供应商信息越多，选择供应商的机会就越大。供应商开发的信息来源主要有以下几个：

1）国内外采购指南。

2）国内外产品发布会、展销会。

3）国内外新闻传播媒体，包括报纸、期刊、广播、电视、网络等。

4）政府组织的各类商品订货会。

5）国内外行业协会、企业协会。

6）专业顾问公司。企业可以利用采购专业顾问公司获得供应商开发信息，特别是来源稀少或不易取得的物料。

7）媒体广告。企业可以在影响力较强的电视或报纸杂志的广告上，通过媒体上的联系电话、地址作为信息来源。

8）同行市场调查。企业可以对竞争厂商进行调查，寻找优良的供应商的信息来源。

9）厂商介绍。企业可以向同行厂商询问供应商信息，同行厂商可提供相关信息。

10）供应商自行找上门。等待相关供应商的销售人员自行找上门也是获得供应商信息的途径之一。

6.1.2　供应商开发的操作流程

供应商的开发工作应有计划地进行，并应在预定的日期之前开发成功。开发供应商的一般步骤如下。

1. 明确需求

这里所说的需求主要包含以下几个方面：

- 需求何时开发成功。
- 需要何种原材料或零部件。
- 年/月需求量为多少。
- 要开发什么性质的企业作为供应商。
- 要求供应商有什么样的生产能力和品质水平。
- 要求是本地供应商还是不论供应商的远近。

弄清楚上述问题后再寻找供应商就会目标明确得多，从而少做无用功。

2. 编制供应商开发进度表

企业最好按开发供应商的步骤编制一份时间进度表，这样不仅可以使开发供应商的具体工作明确化，而且可以减少计划日期被拖延的可能性。表 6-1 是一份“供应商开发进度表”的样本。

表 6-1　供应商开发进度表

项目负责人：　　　　　　　　　　　　　　　　日期：

序号	内　　容	进度日期											
		WK 1	WK 2	WK 3	WK 4	WK 5	WK 6	WK 7	WK 8	WK 9	WK 10	WK 11	WK 12
1	寻找新供应商的资料	→											
2	联系、初步会谈		→										
3	初步访厂			→									
4	报价			→									
5	工厂审核及整改				→	→							
6	制作样品						→	→					
7	评估样品								→				
8	小批量试产									→	→		
9	中批量试产											→	→

3. 寻找供应商的资料

明确对供应商的需求后，便可依照编制的进度表进行开发的具体工作。寻找供应商的资料或信息是第一步。获取所需信息的方式有很多，如访问国际互联网、参加各种展览会、通过别人介绍等。一般来说，通过各种方式获得的供应商会有好几家，企业可根据对欲开发的供应商的各方面要求进行初步筛选，留下 3~5 家供应商进行进一步接触。

4. 初步联系

企业应使用适当的联系方法跟供应商取得联系。一般来说，第一次尽可能采用电话联系方式，跟供应商的相关业务人员清楚地表达与他们联系的目的及自己的需求，并初步了解该供应商的产品。

跟供应商通过电话联系取得初步的信息后，企业应根据筛选出的供应商所在地的远近采取不同的行动。对于距离较近的供应商，企业可以请其来企业面谈，并要求其带上企业简介、相关的样品以增加会谈效果。面谈时不仅要尽可能多地从供应商那里得到信息，同时要将企业对供应商的基本要求及对预购原材料的要求向供应商表达清楚。可以且必要的话，还可以带供应商到生产现场看一看，这样会增加供应商对预购产品的进一步把握。但因涉及技术与工艺保密的问题，带供应商到生产现场参观在很多企业都是被明文禁止的。

如果是远距离供应商，草率地让其千里迢迢赶来显然是不合适的，合适的做法是让供应商用快递将资料和样品寄一些过来，然后通过资料和样品对供应商的实力做一定程度的了解。另外，企业还可以通过访问供应商的网页去了解供应商。

无论供应商是远是近，要求供应商填写一份“供应商调查问卷”是必要的。表 6-2 是一份供应商调查问卷，它被用于在初步联系阶段了解供应商的一些基本情况。

表 6-2　供应商调查问卷

1	企业名称：
2	负责人或联系人姓名：
3	地址：
4	电话：
5	企业成立时间：
6	主要产品：
7	职工总数：
8	年销量/年产值（万元）：
9	生产能力：
10	样机/样品、样件生产周期：
11	生产特点：成批生产□　流水线大量生产□　单台生产□
12	主要生产设备：齐全、良好□　基本齐全、尚可□　不齐全□
13	使用或依据的质量标准： a. 国际标准名称/编号： b. 国家标准名称/编号： c. 行业标准名称/编号： d. 企业标准名称/编号： e. 其他：
14	工艺文件：　齐备□　有一部分□　没有□
15	检验机构及检测设备： 有检验机构及检测人员，检测设备良好□ 只有兼职检验人员，检测设备一般□ 无检验人员，检测设备短缺，需外协□
16	测试设备校准情况：有计量室□　全部委托外部计量机构□
17	主要客户（公司/行业）：
18	新产品开发能力：能自行设计开发新产品□　只能开发简单产品□　没有自行开发能力□
19	国际合作经验：是外资企业□　是合资企业□ 与外资企业合作生产全部/部分产品□　无对外合作经验□
20	职工培训情况：经常、正规地进行□　不经常开展培训□
21	是否经过产品或体系认证：□是　（指出具体内容）　□否
	供方企业负责人签名：

5．初步访厂

这一步骤不一定进行，如果方便且有必要，采购人员在对供应商进行正式审核工厂之前去“踩踩点”还是有益的。因为越来越多的企业的供应商开发工作是由一个包括工程、品质管理人员在内的开发团队去完成的，如果采购人员不提前对供应商的工厂做一个初步了解，万一供应商的实际生产现场很差，采购人员毫无疑问会遭到开发团队其他部门人员的责备甚至责难——他们会认为采购人员在浪费他们的宝贵时间。踩点的目的是要得到一个对该供应商的初步总体印象，这种结果是不精确的，但它会影响采购人员对该供应商是否采取下一步行动的决策。

通过访问建立的供应商卡片如表 6-3 所示。

供应商卡片是采购管理的基础工作，工作人员要把供应商卡片的内容输入计算机，利用数据库进行操作、维护和利用。

表 6-3　供应商卡片

<table>
<tr><td rowspan="6">企业基本情况</td><td>名　称</td><td colspan="5"></td></tr>
<tr><td>地　址</td><td colspan="5"></td></tr>
<tr><td>营业执照</td><td colspan="2"></td><td>注册资本</td><td colspan="2"></td></tr>
<tr><td>联系人</td><td colspan="2"></td><td>部门、职务</td><td colspan="2"></td></tr>
<tr><td>电　话</td><td colspan="2"></td><td>传　真</td><td colspan="2"></td></tr>
<tr><td>E-mail</td><td colspan="2"></td><td>信用度</td><td colspan="2"></td></tr>
<tr><td rowspan="2">产品情况</td><td>产品名</td><td>规　格</td><td>价　格</td><td>质　量</td><td>可供量</td><td>市场份额</td></tr>
<tr><td></td><td></td><td></td><td></td><td></td><td></td></tr>
<tr><td>运输方式</td><td></td><td>运输时间</td><td colspan="2"></td><td>运输费用</td><td></td></tr>
<tr><td>备注</td><td colspan="6"></td></tr>
</table>

6. 报价

初步掌握供应商的基本情况后，采购人员很想知道的就是供应商能够以什么样的价位提供物料，此时再要求供应商报价就比较合适（因为供应商对潜在客户也有了一定的了解）。供应商报价前，最好发一份询价单给所有要报价的供应商，以便让供应商进一步得到该物料的一些基本情况，并可让供应商以相同的报价条件（币种、价格术语、交货地、付款条件等）报出价格，这样对采购人员进行比价非常有利，从而对采购人员的还价提供方便。

7. 正式工厂审核

与供应商议价后，一般可获得采购方基本满意的价格。如果购买的是关键物料，除特殊情况外都要安排正式的工厂审核，以利于采购方更准确、更详细地掌握供应商的工程技术能力、品质保证能力及财务状况等基本信息。采购方的审核人员一般由采购人员、品管人员、工程技术人员等组成，而且各部门人员的工作重点是不一样的。各部门人员审核的内容如表 6-4 所示。

表 6-4　各部门人员审核的内容

<table>
<tr><th>人　员</th><th>审核内容</th><th>审核方式</th></tr>
<tr><td>采购人员</td><td>交货、生产能力、付款、供应商的财务状况等</td><td rowspan="3">审核程序、记录、报表等；生产现场查看；对相关人员提问审核</td></tr>
<tr><td>品管人员</td><td>品质系统、检验人员及检测器具等</td></tr>
<tr><td>工程技术人员</td><td>设备、加工精度、工程能力等</td></tr>
</table>

在工厂审核中，企业既要做到严格把关又不能吹毛求疵，应坚持实事求是的原则，不能拿放大镜去看审核时发现的小问题。事实上，这个世界上很难找出经严格审核却发现不了问题的企业；如果真的没有发现问题，那么只能说明审核人员审核得不仔细。

8．样品认证

如果供应商的产品不能满足使用要求，那么其他方面再好也没有用。要求供应商提供适当数量的样品供检验、装配以确定供应商的产品是否可被接受是开发供应商过程中的一个重要环节。供应商提供样品时应根据产品类别提交下列全部或部分资料：材质证明；安全证明；检验报告（一般包括外观、尺寸、功能等项目）；合格证书。

采购人员收到供应商提供的样品后，一般须将供应商名称及样品的一些基本信息填入一份“样品认证表”中。一些大企业专门设有“样品评估小组”，用来评审样品是否合格。采购人员应及时把样品在检测、装配过程中出现的问题反馈给供应商，以便供应商进行改善。采购人员有时还需要把供应商的工程技术人员和采购方的工程技术人员安排在一起，以便沟通更直接、更有效。最后，采购人员需要对供应商改善后的样品进行再次评估。一般来说，同一产品的送样次数不宜超过 3 次。

9．批量试产

样品通过评审并不代表供应商能够批量供货。一些供应商的样品可能是经过“千挑万选”的，所以样品可以接受并不表示采购人员可以向该供应商下订单。采购方应向供应商索要或订购适当数量的物料以进行批量试产，只有较大数量的样品通过评估，样品评估这个环节才算真正结束。试生产用的第一批订货的数量不宜太大，一般 3 000~5 000 件比较合适，不同的企业对此有不同的规定。

10．正式接纳为合格供应商

如果供应商的工厂审核及样品评估达到采购方的要求，那么该供应商便可被接纳为合格供应商，同时将被加入合格供应商的清单中。合格供应商清单如表 6-5 所示。

11．订单转移

一般来说，开发新供应商有两个原因：

1）现有供应商的综合服务水平不能满足企业的要求，需要开发新供应商来取代现有供应商或给现有供应商施加压力。

2）企业不断开发新产品，现有供应商不能提供新产品所需的原材料或零部件，或者现有供应商的生产能力不够。

表 6-5　合格供应商清单

序　号	供应商名称	采购类别及项目	联系电话	联系人	备　　注

续表

序　号	供应商名称	采购类别及项目	联系电话	联系人	备　　注

制表：________　　　　核准：________

如果目前有供应商在供货，那么新供应商开发成功后就要考虑订单如何分配的问题。一般来说，新供应商的订单以逐步增加为宜，以避免新供应商在磨合期产生的问题影响企业的正常生产。新供应商的供货时间超过 3 个月后，就可将新老供应商在各方面进行比较，综合服务水平高的供应商应得到较多或大部分订单。

在上述一系列步骤中，企业审核和样品评估两个环节最容易出现问题，耗时也最长，所以采购人员应推动企业内部相关部门及供应商及时解决两个环节中出现的问题，以便在预定的日期之前将供应商开发成功。

思考题

某家大型电子企业集团制定了年度供应商实地考察计划，要求每季度对 100 家供应商进行实地考察，这意味着采购部门每年度要拜访 400 次供应商。采购人员对此花费了大量时间，感觉力不从心。

请问：为什么会出现这样的情况？

开发供应商的流程如图 6-1 所示。

6.1.3　供应商选择的步骤

供应商选择是供应链管理中的一个重要决策。一个好的供应商一定拥有制造高质量产品的加工技术，拥有足够的生产能力，以及能够在获得利润的同时提供有竞争力的产品。同时，同一产品在市场上的供应商数目越来越多，供应商的这种多样性使得选择变得更加复杂。所以，企业选择供应商需要一个规范的操作程序。下面是供应链管理下供应商选择的步骤。

1．分析市场的竞争环境和企业的需求特点

这一步的目的在于找到针对哪些产品市场开发供应链合作关系才有效，知道现在的产品需求、产品的类型和特征，以及已确认用户的需求，从而确认供应商评价选择的必要性，同时分析现有供应商的现状，分析、总结企业存在的问题。

2．明确供应商选择的目标

企业选择供应商时必须建立实质性的、实际性的目标。不同企业，其供应商管理目的是不同的，只有明确选择目的，才能更好地选择供应商。其中，降低成本是主要目标之一。

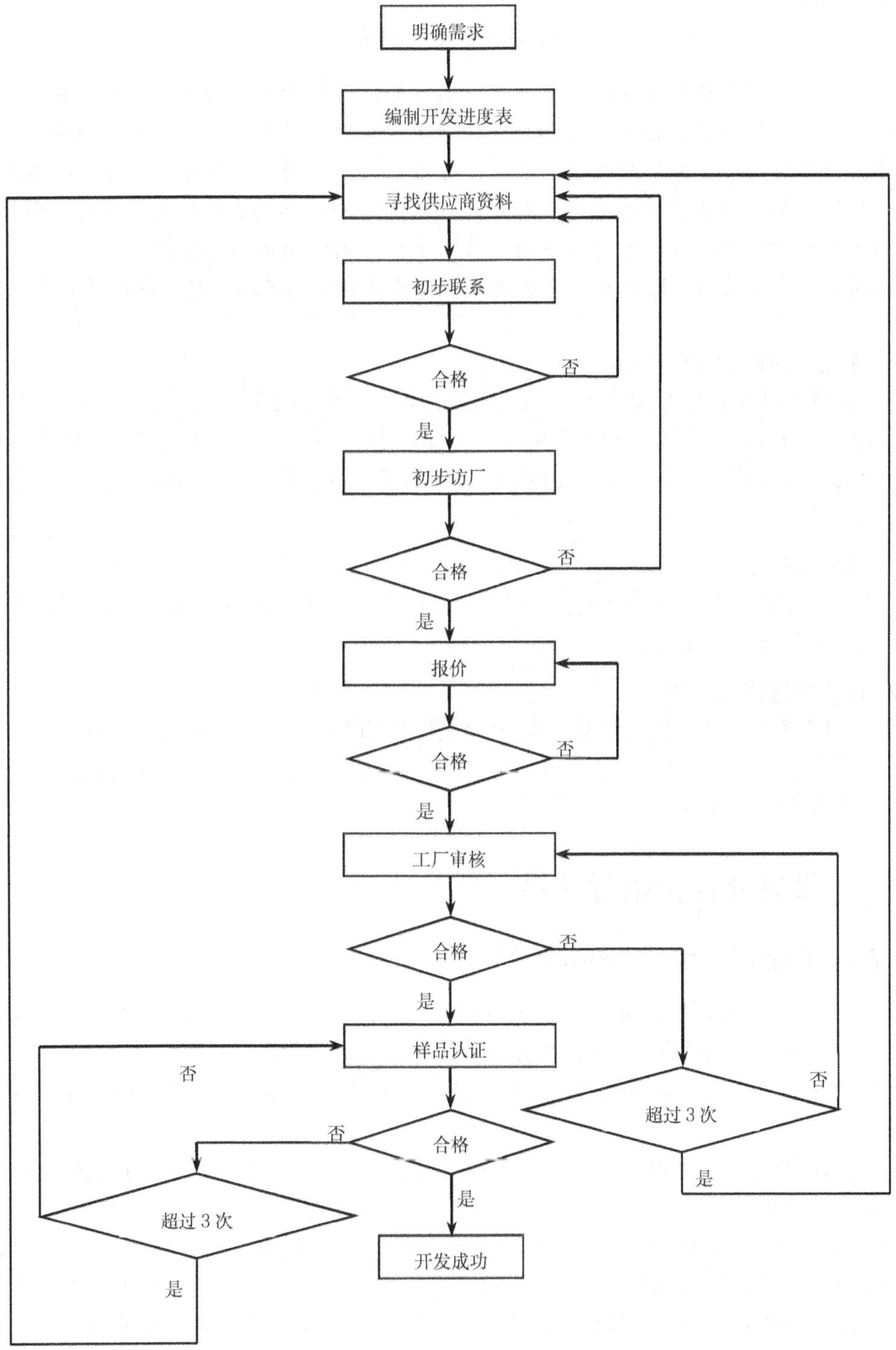

图 6-1　开发供应商的流程

知识链接

雀巢公司的选择

所有咖啡生产企业都曾遇到同样问题：怎样降低不含咖啡因的咖啡生产成本。富有创造性的方法是增加不含咖啡因的咖啡豆的产量，这就是世界一流速溶咖啡制造商——瑞士雀巢食品公司决定采用的方法。雀巢公司与 Forbio 公司——精于生物基因的澳大利亚生物集团公司——合资进行生产，因为 Forbio 公司知道怎样通过改变咖啡的基因长出不含咖啡因的咖啡豆。通过合作，雀巢特许咖啡生产商种植基因已经改变的咖啡豆在市场中取得了独占的地位，Forbio 公司也通过收取特许费得到了属于自己的经济利益。

3. 建立供应商的评价标准

供应商评价的指标体系是企业对供应商进行综合评价的依据和标准，是反映企业本身和环境所构成的复杂系统的不同属性的指标，是按隶属关系、层次结构有序组成的组合。不同行业的供应商评价标准是不一样的，但总体来说主要包括价格、质量、交货期、服务、柔性、信誉等几个方面。

4. 建立评价小组

企业需要建立一个控制和实施供应商评价的小组。评价小组必须同时得到制造商企业和供应商企业领导层的支持。

5. 评价并选择供应商

评价供应商的一项主要工作就是调查、收集有关供应商的生产运作等全方位的信息，并在收集信息的基础上，利用建立好的评价标准对供应商进行评价，最后根据评价结果采用一定的技术方法选择合适的供应商。

6.2 供应商评价指标体系

6.2.1 供应商评价体系的确定原则

供应商的评价、选择对企业来说是多目标的，包含许多可见和不可见的多层次的因素。供应商评价问题涉及因素众多，评价指标既有定性的又有定量的，而且指标权重各不相同。因此，企业有必要建立一套通用的、可扩充的供应商评价指标体系，并且该指标体系应遵循以下几个原则：

1）全面性原则。评价指标体系必须全面反映供应商目前的综合水平，并包括企业发展前景的各方面的指标。

2）科学性原则。评价指标体系的大小必须适宜，即指标体系的设置应有一定的科学性。如果指标体系过大，即指标层次过多、指标过细，势必会将评价者的注意力吸引到细小的问题上；而指标体系过小，即指标层次太少、指标过粗，又不能充分反映供应商的水平。

3）可比性原则。评价指标体系的设置还应该考虑易与国内其他指标体系相比较这一因素。

4）灵活性原则。评价指标体系应具有足够的灵活性，以使企业能够根据自己的特点及实际情况对指标加以灵活运用。

6.2.2　供应商评价体系的标准

在评价与选择供应商的过程中，很重要的一个环节就是合理地选择供应商的评选标准，同时根据供应商的不同目的设置评选标准的不同权重，以保证根据目标选出最适宜的供应商。具体来说，供应商评价体系的标准主要有以下几个。

1．管理能力

对于买方来说，评价供应商的管理能力是很重要的，因为管理决定了供应商的经营活动并影响供应商的未来竞争力。评价管理能力的具体指标包括：

- 经营管理层是否实行长期规划。
- 管理层能否保证全面质量管理及持续完善。
- 管理人员的变动率是否过高。
- 管理层是否具有职业经验。
- 有多少采购专业人士被授予采购经理职位。
- 企业未来的前景如何。
- 管理人员或员工关系如何。
- 管理人员是否为员工提供了培训和发展机会。
- 管理人员是否了解战略资源的重要性。

2．员工能力

对供应商的评价过程需要有非管理层员工的参与。高素质的、稳重的和有上进心的员工可以为企业带来巨大的利益，特别是在劳动力短缺时期。评价员工能力的具体指标包括：

- 员工支持和保证及持续完善质量的程度。
- 员工的全面技术和能力（特别是教育和培训）。
- 员工与管理人员关系的状况。
- 劳动力弹性。
- 员工道德。
- 员工的人事变动率。
- 员工为提高供应商的业绩而做贡献的机会和意愿。

3．成本结构

评价供应商的成本结构需要彻底了解供应商的全部成本，包括直接人工成本、间接人工成本、物料成本、制造或工艺运营成本及总的制造费用成本。了解供应商的成本结构可以帮助买方确定供应商生产项目的效率。

评价过程的初始阶段所面临的主要问题是如何才能收集到成本方面的信息。事实上，收集成本方面的信息是困难的，原因如下：有些供应商可能没有详细地了解自己的成本；有些供应商没有成熟的成本核算体系，不能有效地分摊制造费用于产品或工艺中；有些供应商的成本资料属于高度机密，供应商害怕成本信息的泄露会破坏它的价格策略。由于供应商的这些忧虑，买方经常只能在供应商评价的初始阶段对供应商的成本结构进行大致估计，形成相对的定价模型。其实，只要双方能了解成本因素，以成本为基础的定价方法就能够为双方都带来利益，但这种做法的前提是双方之间要有很高的信任度和责任感。

4．财务能力和稳定性

对潜在供应商财务状况的评估一般发生在评估过程的最初阶段。许多买方认为，财务评估是供应商详细评估之前的必经过程或基本条件。买方可以利用资金比率分析供应商的财务状况。由于在供应链管理的环境下，买方只依赖于很少的供应商满足自己的采购需求，所以必须通过选择那些能够长期保持业务往来的、财务状况良好的供应商降低风险，这是非常重要的。

收集信息的采购人员必须提供及时的、有价值的供应商财务状况的信息。采购经理应该关注这些信息，以便从中寻找可能表明供应商潜在财务困难的信息。如果采购经理认为供应商目前正在面临某种类型的财务危机，则应该在供应商做出解释之后再决定是否采取紧急行动。

主要财务比率指标如表 6-6 所示。

表 6-6　主要财务比率指标

指　标	具体指标	解　释
流动比率	流动比率＝流动资产÷流动负债	＞1
	速动比率＝（现金+应收款项）÷流动负债	≤0.8
运营比率	存货周转率＝销货成本÷平均存货	比较行业平均水平
	固定资产周转率＝销售额÷平均固定资产	比较行业平均水平
	总资产周转率＝销售额÷平均总资产	比较行业平均水平
	应收账款周转天数＝（应收款项×365）÷销售额	比较行业平均水平
获利能力比率	销售净利润率＝税后利润÷销售额	比较行业平均水平
	资产回报率＝税后利润÷总资产	比较行业平均水平
	权益回报率＝税后利润÷权益	越高越好
负债比率	负债权益比率＝总负债÷权益	比较行业平均水平
	流动负债权益比率＝流动负债÷权益	≥1
	利润偿付能力比率＝（税前利润+利息）÷利息	＞3，越高越好

5．工艺和技术能力

供应商评价团队经常包括来自工程和技术领域的成员，目的是便于对供应商的工艺和技术能力做出评价。工艺流程由用来生产产品或交付服务的技术、设计、方法和设备组成。供应商对生产工艺的选择有助于定义它所要求的技术、人力资源技能和资本设备要求。

对供应商技术和工艺能力的评价也应该关注未来的工艺和技术能力，这需要评估供应商的资金设备规划和战略。另外，买方应该对供应商用以研究和发展的资源进行评价，因为这个信息可以表明供应商对未来工艺和技术发展的重视程度。

买方也要对供应商的设计能力进行估计。一个能够减少开发新产品所需时间的方法是，利用能够完成产品设计活动的合格供应商。

6. 是否符合环境规章

如今，人们越来越重视工业对环境的影响。无论是从公共关系还是从潜在责任的角度看，采购方都不希望与环境污染者有联系。评估供应商时常用的环境标准包括环境违规记录的揭发、危险有毒废物的管理、回收管理、ISO 14000 认证及破坏臭氧层物质的控制等。例如，HermanMiller 公司要求其供应商在其生产的产品上标示化学成分，以便回收利用者依据塑料零部件的确切成本进行分类管理。

7. 生产计划和控制体系

生产计划和控制体系是指发布、计划和控制供应商生产过程的体系。其主要内容包括：供应商所运用的物料需求计划体系能否确保所需零部件的可能性；供应商是否将追踪物料和生产周期时间与绩效目标或标准做了比较；供应商的生产计划体系能否支持买方的即时需求；供应商的生产计划和控制体系需要多长的前置时间；供应商即时交付绩效的历史如何；评价生产计划和控制体系的基础是确定供应商已经完成其计划和生产的控制程度。评价原则的基准点是供应商是否拥有一流的物料需求计划体系。

8. 信息体系能力

进行采购的基本条件之一就是买卖双方要有电子交流的能力，即信息体系能力。这里需要借助的信息技术包括 EDI、条形码、ERP、CAD/CAM 等。供应商只有拥有这些技术，才能够保证与买方信息同步、共享，采购才更有效率。

9. 地理位置

供应商的地理位置对库存量有相当大的影响。如果物品价格较高、需求量又大，那么距离近的供应商有利于管理。买方总是期望供应商离自己近一些，或要求供应商至少在当地建立库存。地理位置近，送货时间就短，也就意味着紧急缺货时货物可以快速送到。

10. 更长期的潜在关系

评价供应商时，发展长期的合作伙伴关系已经成为供应链管理环境的要求之一。因此，评价供应商是否具有长期的潜在合作关系就成为供应商评价体系必需的评选标准之一。其具体指标如下：

- 供应商对发展长期合作关系表达出意愿和保证。
- 供应商愿意保证一些资源将不被用于其他客户。
- 供应商愿意参加产品设计。
- 供应商给双方的合作关系带来了益处。
- 出现问题时供应商愿意以谈判方式解决。
- 供应商真正有兴趣共同解决问题。
- 供应商的高级管理人员保证采购过程是战略关系的一部分。
- 买卖双方之间可以做到自由、公开地交换信息。
- 供应商愿意共享未来规划。
- 供应商有迫切的需求信息的机密条款。
- 双方的相对水平如何。
- 供应商对买方的产业和业务了解程度较高。
- 买方愿意与供应商共享成本资料。

6.3 供应商的选择方法

选择供应商的方法很多，归纳起来主要分为两大类：第一类为定性分析选择方法；第二类为定量分析选择方法。

6.3.1 定性分析选择方法

1．直观判断法

直观判断法属于定性选择方法，是指根据征询和调查所得的资料并结合个人的分析判断，对供应商进行分析、评价的一种方法。这种方法的特点在于依赖倾听和采纳有经验的采购人员的意见，或者直接由采购人员凭经验做出判断。这种方法运作简单、快捷、方便，但是缺乏科学性，受掌握信息的详尽程度限制，常用来选择企业非主要物料的供应商。

2．招标法

当采购物资数量大、供应市场竞争激烈的时候，企业可以采用招标法选择供应商。招标法是由采购单位提出招标条件，各投标单位进行竞标，然后采购单位决标，与提出最有利条件的供应商签订协议的一种方法。招标法可以是公开招标，也可以是选择性招标。公开招标对投资者的资格不予限制；选择性招标则由采购单位预先选择若干个供应商，再进行竞标和决标。招标法竞争性强，采购单位能在更广泛的范围内选择供应商，以获得供应条件有利的、便宜且实用的物资。但招标法手续繁杂、时间长，不能适应紧急订购的需要；招标法的订购机动性也较差，订购者有时了解到的信息不够，双方不能充分协商，以致造成货不对路或不能按时到货的情况发生。

3．协商选择法

在可选择的供应商较多、采购单位单一的情况下，也可以采用协商选择方法，即由企业先选出几个供应条件比较有利的供应商，并同它们分别进行协商，然后确定适当的供应商。当采购时间紧迫、投标单位少、竞争程度小、订购物资规格和条件比较复杂时，协商选择法比招标法更为有效。

现将 3 种定性方法的优缺点及适用范围进行分析，如表 6-7 所示。

表 6-7　3 种定性方法比较

方　　法	优　　点	缺　　点	适用范围
直观判断法	直接、简便、快捷	太具主观性，容易导致选择结果的不公正	适用于非主要原材料的合作伙伴
招标法	公平、公正、公开；充分竞争、优中选优；提高质量、降低成本	手续复杂，时间长，不能适应紧急订购的需要，订购机动性差	订购数量大，合作伙伴竞争激烈
协商选择法	订购双方可充分协商，能有效保证货物质量和交货期	选择范围有限，不一定能得到价格最为合理、供应条件最为有利的供应商	采购时间紧、投标单位少、竞争程度小、订购货物规格和技术条件复杂

6.3.2 定量分析选择方法

供应商选择中，最常用的定量方法是线性权重模型。运用这种方法时，首先要确定选择供应商所依据的标准，给每个标准确定一个合适的权重，然后将供应商在各标准上的得分分别乘以该标准的权重，进行综合处理后得到一个总分，最后根据每个供应商的总分进行评价和选择。目前较为先进的定量分析选择方法有以下两种。

1. 采购成本比较法

对质量和交货期都能满足的供应商，进行采购成本的比较分析，选择成本最低的供应商。这里分析的是采购总成本，包括售价、采购费用、运输费用等各项支出的总和。采购成本比较法是指通过计算分析针对各个不同供应商的采购成本，选择采购成本较低的供应商的一种方法。

例如，某企业计划需要采购某种物料 200 吨，甲、乙两个供应商供应的物料质量均符合企业的要求，信誉也比较好。距离企业比较近的甲供应商的报价为每吨 320 元，运费每吨 5 元，订货费用（采购中的固定费用）支出为 200 元。距离企业比较远的乙供应商的报价为每吨 300 元，运费为每吨 30 元，订购费用支出为 500 元。

根据以上资料，通过计算可以得出企业分别从甲、乙两个供应商处进行采购所需支付的成本：

甲供应商：200 吨×320 元/吨+200 吨×5 元/吨+200 元=652 00 元。

乙供应商：200 吨×300 元/吨+200 吨×30 元/吨+500 元=665 00 元。

可见，在交货时间与质量都能满足企业需求的情况下，甲供应商为合格的供应商。

2. ABC 成本法

这是菲利浦·鲁德霍夫（Filip Roodbooft）和约瑟夫·科林斯（Jozaf Konings）在 1996 年提出的基于活动的成本分析法。它是通过计算合作伙伴的总成本来选择合作伙伴的方法。其总成本模型为：

$$S_i^B=(P_i-P_{\min})\times Q+C_j^B\times D_{ij}^B$$

式中 S_i^B——第 i 个合作伙伴的成本值；

P_i——第 i 个合作伙伴的单位销售价格；

$P_{\min}$——合作伙伴中单位销售价格的最小值；

Q——采购量；

C_j^B——因企业采购相关活动导致的成本因子 j 的单位成本；

D_{ij}^B——因合作伙伴 i 导致的采购企业内部的成本因子 j 的单位成本。

这个成本模型用于分析企业因为采购活动而产生的直接和间接成本的大小。企业将选择 S_i^B 值最小的合作伙伴。

6.3.3 定性分析与定量分析相结合的分析选择方法

1. 层次分析法

层次分析法的基本原理是根据具有层次结构的目标、子目标、约束条件等评价方案，采用两两比较的方法确定判断矩阵，然后把判断矩阵的最大特征值所对应的特征向量的分量作为相应的系数，再综合给出各个方案的权重（优先程度）和供应商各自的权重（优先程度），最后通过对优先程度的比较实现对供应商的选择。

2. 人工神经网络算法

人工神经网络算法是通过建立接近于人类思维模式的定性与定量相结合的综合评价选择模型，并学习给定样本模式，获取评价专家的知识、经验、主观判断及对目标重要性的倾向，在对供应商进行综合评价时再现评价专家的经验、知识和直觉思维，从而实现定性分析和定量分析的有效结合，较好地保证供应商选择评价的客观性。

6.4 选定合格供方的定期评价方法

为建立长期合作的供需伙伴关系、稳定供货渠道、增强防御市场变化能力、实现供需“双赢”，企业应定期对供应商进行评价和维护。

6.4.1 对合格供应商实行百分制考核和单项计分制度

单项一般应包含供货合格率、合同执行率、供货价格、资质评估、用户满意度等。具体单项分值所占权重，企业可根据自身要求而定，但不易频繁变换。

6.4.2 对合格供应商进行分类管理

依据物资的品种规格和年终总评分数，企业可以对合格供应商实行 A、B、C 升降 3 级动态管理。其比例可定为 2∶5∶3（也可视企业自身需要调整），即 A 类供应商占 20%，B 类供应商占 50%，C 类供应商占 30%。以综合分数为主要依据分类排名，A 类供应商的后两名（或视参评供应商总数和单位情况而定淘汰名额，下同）降为 B 类供应商，B 类供应商的后两名降为 C 类供应商，C 类供应商的后两名淘汰出合格供应商；反之，B 类供应商的前两名升为 A 类供应商，C 类供应商的前两名升为 B 类供应商，同时不断吸收新的供应商并将其纳入 C 类供应商之中。另外，企业还要建立供应商信息库，将从 C 类淘汰出会去的供应商、前来推销产品的供应商，或从各种渠道了解到的供应商的基本情况、联系方式等，尽可能详尽地纳入供应商信息库。对 A、B、C3 类供应商，企业要实行不同的管理政策。对于 A 类供应商，企业可以在进货量、结算期限上给予一定优惠条件；结于 B 类供应商，维持正常业务关系即可；对于 C 类供应商，要在进货量、结算期限等方面给予必要的约束，也可结合企业自身状况推出合适的激励和约束政策。

6.5 供应商关系管理

供应商管理中，企业必须将供应商关系分为不同的类别。其目的是使企业的有限资源发挥最高的效率。也就是说，企业要根据供应商对本企业的重要程度对其设定优先次序并区别对待，以利于集中精力重点改进、发展对企业最重要的供应商。所以，供应商关系的分类是供应商关系管理的基础。

实际中，传统企业的供应商关系更多地表现为竞争性关系，即企业之间的竞争多于合作，是非合作性竞争。供应链管理环境下的供应商关系表现为一种战略性合作关系，提供一种“双赢”机制。从目前的企业发展情况来看，从传统的非合作性竞争走向合作性竞争、合作与竞争并存是当今企业发展的一个趋势。

6.5.1　供应商关系的发展

采购商和供应商之间的买卖关系可以说是历史悠久的，即从企业成立之初便已存在。供应商与采购商之间的关系随着供需市场的变化而不断演变。

表 6-8 描绘了供应商关系的发展阶段。

表 6-8　供应商关系的发展阶段

	20 世纪 60—70 年代	20 世纪 80 年代	20 世纪 90 年代至今
特征	竞争对手	合作伙伴关系	探索全球平衡
市场特点	供应商众多，且均持有大量存货，买卖双方是竞争对手	供应商有限，且持有存货较少，买卖双方互为伙伴，实现“双赢”	市场国际化，不断调整双方合作伙伴关系，在全球经济中寻求平衡与发展
采购运作	以最低价买到所需产品	• 采购总成本降低 • 供应商关系管理 • 采购专业化 • 整体供应链管理 • 供应商参与产品开发	• 供应商策略管理 • “上游”控制管理 • 共同开发与发展 • 供应商优化 • 信息、网络化管理 • 全球“共同采购”

6.5.2　供应商关系分类

按照与供应商的关系目标分类，企业与供应商之间的关系大致可以分为 5 种：短期目标型、长期目标型、渗透型、联盟型、纵向集成型。

1．短期目标型

短期目标型关系的主要特征是双方之间的关系是交易关系，他们希望彼此能保持较长时期的、稳定的买卖关系，但双方所做的努力只停留在短期的交易合同上，各自关注的是如何谈判、如何提高自己的谈判技巧以不使自己吃亏，而不是如何改善自己的工作以使双方都获利。供应商一方能够提供标准化的产品或服务，保证每一笔交易的信誉，而当买卖完成后，双方关系也就结束了。对双方而言，每次交易只与业务人员和采购人员有关，其他部门的人员一般不参与双方之间的业务活动。

2．长期目标型

企业与供应商保持长期的关系是十分重要的。双方可能为了共同利益而对改进各自的工作感兴趣，并在此基础上建立超越买卖关系的合作。长期目标型关系的特征是从长远利益出发，相互配合，不断改进产品质量与服务水平，共同降低成本，提高供应链的竞争力。同时，合作的范围遍及企业的多个部门。

3. 渗透型

渗透型关系是在长期目标型关系的基础上发展起来的，其管理思想是将对方企业看成自己企业的延伸。为了能够参与对方的业务活动，企业有时会在产权关系上采取适当的措施（如互相投资、参股等），以保证双方利益的一致性，同时会在组织上采取相应的措施，以保证双方派员加入对方的有关业务活动。这样做的优点是可以更好地了解对方的情况——供应商可以了解自己的产品在对方企业是怎样起作用的，这样容易发现改进的方向；采购商可以知道供应商是如何制造产品的，并可以提出相应的改进要求。

4. 联盟型

联盟型关系是从供应链角度提出的，它的特点是从更长的纵向链条上管理成员之间的关系。另外，由于联盟成员增加，往往需要一个处于供应链核心地位的企业出面协调成员之间的关系——这个企业常常被称为“盟主企业”。

5. 纵向集成型

纵向集成型关系被认为是最复杂的关系类型，即把供应链上的成员整合起来，像一个企业一样，但各成员是完全独立的企业，决策权属于自己。这种关系要求每个企业都能充分了解供应链的目标、要求，以便在充分掌握信息的条件下自觉做出有利于供应链整体利益的决策。

6.5.3 供应商的合作伙伴关系

小词典

供应商的合作伙伴关系是企业与供应商之间达成的高层次的合作关系。它是指在相互信任的基础上，双方为共同的、明确的目标而建立起来的一种长期的合作关系。

供应商的合作伙伴关系具有以下几个特点：

- 双方之间是一种长期的、相互依存的关系。
- 这种关系是以合约的形式确定的，且各个层次都有相应的沟通。
- 交易双方有着共同的目标。
- 双方相互信任、公开配合、共担风险。

供应商作为伙伴与对手的对比如表 6-9 所示。

表 6-9 供应商作为伙伴与对手的对比

对比项目	伙　伴	对　手
供应商数量	1 个或多个	许多，使它们互相争斗
关系长短	长期	也许短暂
低价格	适度重要	主要考虑因素
可靠性	高	可能不高
公开程度	高	低
质量	确保供应源；供应商认证	买方观点；可能不可靠

续表

对比项目	伙　　伴	对　　手
业务量	大	也许小，因为供应商多
位置	由于供应与服务必须及时而强调方便	非常分散
柔性	比较高	比较低

企业发展与供应商的长期合作伙伴关系密切相关，具体体现在以下几个方面：

1）通过与供应商建立长期合作伙伴关系，可以缩短供应商的供应周期，提高供应的灵活性。

2）可以降低企业的原材料、零部件的库存水平，降低管理费用，加快资金周转。

3）可以提高原材料、零部件的质量。

4）可以加强与供应商的沟通，改善订单的处理过程，提高材料需求的准确度。

5）可以共享供应商的技术与革新成果，加快产品开发速度，缩短产品开发周期。

6）可以与供应商共享管理经验，提高企业整体管理水平。

表 6-10 描述了美国企业期望通过建立供应商合作伙伴关系所达到的目的。

表 6-10　建立合作伙伴供应商关系的目的

目　的	企业数量百分比（%）
降低库存	76
控制成本	75
保证供应	70
缩短交货周期	67
减少纸面工作	46
改进质量	43
取得技术支持	23

与供应商建立长期伙伴关系首先要得到企业高层领导的重视与支持。企业高层管理者要意识到供应商管理是整个企业业务管理中最重要的组成部分，只有坚定地支持采购等部门发展与供应商的长期伙伴关系，才能开展下一步的具体工作。

知识链接

建立长期伙伴关系的步骤

1）采购部门要在供应市场的基础上会同有关部门对采购物品进行分析分类，根据预先设定的伙伴关系型供应商制定供应商分类模块，确定伙伴型供应商对象。

2）根据对供应商伙伴关系的要求，明确具体的目标及考核指标，制订能达到目标的行动计划。这些计划必须在企业内部相关部门及层次进行充分交流并取得一致，同时要完全取得供应商的认可，并经双方代表签字。

3）通过供应商会议、供应商访问等形式，组织计划实施和进度跟进，内容包括对质量、交货、降低成本、新产品、新技术开发等方面的改进进行跟踪考核，定期检查进度，及时调整行动。

4）在企业内部，通过供应商月度考评、体系审核等机制跟踪供应商的综合表现，及时反馈并提出改进要求。

5）对供应商合作伙伴关系总体计划至少每年检查、调整一次。更重要的是，企业应该将对伙伴型供应商能力的利用纳入企业的中长期战略计划之中。

案例分析

西门子的供应商管理战略

作为全球领先的电子和电气工程公司，西门子高度重视采购工作，并且在全球采购市场扮演着举足轻重的角色。全球经济一体化的发展使得西门子这样的企业都不可能在本企业或本土内生产出所需要的全部零部件。因此，选择并管理好散布于世界各地的供应商是大型跨国企业保证质量和信誉的关键。

供应商与西门子合作能在很大程度上提升它们的价值。如果能够与西门子建立长期的业务联系，这对于供应商来讲是非常有益的。因为与什么样的公司合作能够反映这个供应商是一个什么样的水平。所以，西门子对采购的质量要求非常高，对供应商的要求也非常高。

1. 供应商是伙伴而不是对手

西门子在其供应商管理战略中明确提出“你们的成功就是我们的成功，我们的成功也就是你们的成功”（Your success is our success, Our Success is your success）的口号，将传统意义上企业与供应商之间的那种短期的、松散的、互为竞争对手的关系转变成了长期的、紧密的、互为合作伙伴的关系。西门子将与供应商的关系放在经营战略的高度来考虑是有其实际原因的：原材料、零部件的采购成本，包括对服务的需求，经常超过公司年销售收入的50%，而且这种成本上涨的趋势还在继续，若不及时采取措施降低成本、提高质量，将无法在竞争中立于不败之地。因此，西门子提出供应商管理的目标就是与所有供应商结成战略合作伙伴关系，共同“在中国市场上具有竞争力”。

2. 管理目标战略

在供应商管理的目标上，西门子要求各级供应商必须不断地改进工作，降低运费，缩短订货时间，即时送货；而且必须通过ISO质量认证体系的认证，达到西门子的质量标准和世界级的质量标准，尽量降低失误率。另外，西门子还要求供应商必须与西门子签订严格的质量保证协议。

3. 供应商选择战略

西门子在供应商选择方面的具体目标是，与供应商发展高标准的信任与合作关系，把买卖关系从对手、胜利者—失败者、契约—讨价还价的关系改变为合作的、团队型关系；与供应商建立一种能促进其不断降低成本、提高产品质量的契约关系；与供应商达成长期共识，彼此在物流流程的高度一体化基础上同步展开业务；与供应商之间开放沟通渠道，实现信息共享、共担风险、共享利益；使供应商参与到产品的设计和创新过程中，使每个供应商确实感觉到“西门子的用户就是我的用户、让用户满意是我应尽的责任”。

4．供应商评估战略

供应商的选择依赖于对供应商的全面评估，因此供应商的评估也可以看作供应商选择的核心环节。西门子由采购部、技术部、生产部和质保部联手组成评估小组，制定了正规的评价体系和评价标准，从价格、质量、后勤服务和技术服务等方面对每一个现实的和潜在的供应商进行严格的打分、内部交流及结果比较，将结果作为选择供应商的依据。

5．技术能力评估战略

西门子坚信技术和设计能力的完善是改进和发展产品性能的保障，因此技术能力的评估还要考察供应商是否有对质量不断深入研究和发展的过程，其中尤为重要的是供应商对研究部门的重视程度，因为这关系到西门子的不断升级和换代。

6．价格和成本评估战略

评价内容包括价格行为及政策、降低成本的努力、适应市场和西门子要求的能力，以及服务和支持方面的表现等。

7．质量评估战略

质量评估是从质量性能、质量体系、对质量重要性的认识、合作服务和支持等方面的表现进行考虑的。

8．后勤考察战略

后勤考察主要是对交货方面的评估。及时交货是精益生产的必要条件。同时，为了减少库存，西门子正在努力推行减少批量、频繁的采购，以及实施可靠的交货计划、压缩运转周期、采购高质量供应物料的准时制采购。

9．供应商类型及发展战略

经过严格的评估，所有的供应商被分为 4 类，即良好型供应商、可以接受型供应商、受限制型供应商和终止型供应商。毫无疑问，被评为良好型供应商的是西门子将要与之发展为战略伙伴的供应商，寻找到这样一个供应商也是西门子整个供应商管理战略的灵魂所在。西门子的思路是尽量提高向这类供应商采购的数量，定期进行政策透明的沟通，并随时邀请其参加有关新产品的研制，以便听取和吸收宝贵意见。同时，必要时向此类战略伙伴提供适时的培训和技术支持，还可以考虑帮助关键零部件厂建立自己的供应商管理体系，使西门子从源头就获得比其他竞争对手更具优势的供应体系，真正做到“双赢”、利益共享、责任共担。

思考题

1．你怎样理解案例中“供应商是伙伴而不是对手”这句话？

2．理论结合实际，谈谈西门子是怎样进行供应商管理的？

思考与练习

1．获得供应商开发信息的途径有哪些？
2．简述供应商的开发操作流程。
3．你认为供应商的选择有哪些步骤及应遵循怎样的原则？
4．简述供应商选择的主要方法及各自的特点。
5．供应商关系有哪些类型？它们各自的特点有哪些？
6．如何与供应商建立长期合作伙伴关系？

实训题

实训主题：供应商的选择与评价方法

1．实训目的

（1）掌握供应商的选择与评价的流程。
（2）了解供应商的选择指标。
（3）理解供应商的选择方法。

2．实训组织

在教师的指导下，实地调查学校所在城市的供应商企业，并结合在图书馆、互联网、统计局等查找的资料，集体讨论、分析，最终得出供应商选择的相关数据。

3．实训题目

（1）通过对供应商进行调研与考察，建立有效的供应商档案。
（2）依据收集到的信息，确定供应商评估的参考指标。
（3）根据设定的供应商评估体系标准，设计一个合理的评估计分系统，选出合作伙伴。

第 7 章

采购过程控制

引导案例

戴尔公司的定制化生产模式所带来的成品“零库存”被大家津津乐道。事实上，戴尔公司整体的库存控制不仅包括成品“零库存”，更包括物料的低库存。戴尔公司平均物料库存只有约 5 天，IT 业界与其最接近的竞争对手也有 10 天以上的库存。由于电子产品材料的成本贬值很快，即每周大约就会有 1%的贬值，低物料库存就比竞争对手有大约 8%的价格优势，这得益于戴尔公司的采购策略及对采购过程的控制。事实上，采购计划完成后，采购人员不仅要对物料进行跟单、验收，还要对物料进行合理的库存控制。由此可见，合理的采购过程控制可以大大降低企业的经营成本。

学 习 目 标

重点掌握

- 物料验收的流程
- 物料存货控制方法

一般掌握

- 采购跟单过程
- 物料验收内容

7.1 采购文件和单据管理

以往采购单证的准备和管理是一个很浪费时间的过程。目前，大多数企业为了减少每次采购的书面工作和单证处理数量而简化了单证流动工作，企业将单证流动进行计算机化的方式有：单证生成过程自动化；向供应商传送电子采购单证。其好处包括：

- 从实质上消除了书面工作和书面单证处理。
- 缩短了从发现需求到发送需求再到接收订单之间的时间。
- 改进了企业内部及企业同供应商之间的交流。
- 减少了误差。

但无论是传统采购的单证管理手段，还是现代的电子化单证管理手段，采购订单控制过程中均会涉及以下几种采购单据。

7.1.1 采购通知单与征求建议书

1. 采购通知单

物料采购需求通知的一般方法是以采购通知单为依据，通过电话、口头或基于计算机的方法传递要求。采购通知单的形式很多，但每一份都必须包括：

- 待购物料或服务的说明。
- 数量和期限。
- 估算的单位成本。
- 应支付账款。
- 发出通知单的日期（追查周期的开始）。
- 通知单有效期。
- 负责人签名。

这份文件由需要物料的个人或部门以人工或电子的方式传送给采购部门。需要物料的个人或部门可以建议使用哪一个供应商，但采购部门有最终的决定权。对于常规的现货（Off-the-Shelf）商品，采购通知单可能包括采购部门所需的所有信息。但对技术复杂或非标准的商品进行采购时，除采购通知单外，还需要额外的信息或详细说明，如物料等级、制造方法、具体的标准和承压度等。采购部门通常会以向需求者发出确认信息的形式确认收到采购通知单。确认单可以是一份独立的表格，用于通知需求者采购通知单已收到，准备办理采购；也可以采用采购通知单的复印件，这种确认形式可以对需求者物料需求的细节进行确认。

2. 征求建议书

如果采购通知单所需求的采购项目还没有供货人，采购部门就会从潜在供应商那里获取报价。即采购部门会向供应商发出征求建议书（RTQ），要求他们就采购项目进行报价。RTQ中要留有空间，以便供应商填写详细报价所需的信息，包括产品说明、所需数量、日期、交货地点及买方是否会考虑替代品等。采购部门也可以指明供应商的报价必须到达的日期。供应商填妥报价单，包括名称、联系人、单价、净量及所需的付款条件等，然后送达买方，买方会对不同的报价单进行比较。买方通常至少要获取3份报价。最后，采购部门对这些报价进行评价，挑选出最佳的供应商。

如果待购项目是复杂的，或者新的未经检验的生产过程，采购部门可以通过附加信息或附件向供应商提供帮助，如附上详细的设计图、样品或工艺图等。另外，采购部门还可通过征求建议书初步判断潜在供应商是否有能力生产新的或技术复杂的商品。采购部门在做出详细的竞争性报价要求前必须确定供应商是否有所需的生产能力，然后供应商就可进行进一步的报价，采购部门据此做出评价，决定最佳供应商。

如果采购合同要求买卖双方进行谈判（而不是竞争性报价），采购部门就会向供应商发出一份需求意向书（Request For Proposal，RFP）。在许多公司，即时报价（Real-Time Quantitative，RTQ）和RFP是同义语。但对后者而言，采购项目的复杂性要求供应商的答复中包含价格以外的许多其他信息。

7.1.2　其他采购单据

1．采购订单

采购订单（Purchase Order，PO）有时被称为采购合同，一般在选择供应商后订立采购订单。采购部门拟订采购合同时必须特别注意用词，因为它是具有法律效力的文件。几乎所有的采购订单都包括与违约相关的标准法律条款。采购订单描述了采购的重要信息：数量、物料规格、质量要求、价格、交货日期、交货方式、交货地址、采购订单号码及订单有效期。这些信息，以及采购公司的名称和地址，位于订单的正面。

通常而言，采购订单的背面多会有附加条款的规定，构成订购条件的一部分。其主要内容包括：

1）交货方式。这包括新品交货附带备用零件，以及交货时间与地点等规定。

2）验收方式。这包括检验设备、检验费用、不合格品退换等规定，以及超交或短交数量之处理。

3）罚则。这包括迟延交货或品质不符之扣款、停权处分或取消合约之规定。

4）履约保证金。这包括按合约总价百分之几缴纳，以及退还或没收的规定。

5）品质保证。这包括保用或保固期限、无偿或有偿换修等规定。

6）仲裁或诉讼。这一项规定了买卖双方产生纷争后进行仲裁的地点或诉讼的法院。

7）其他。例如，卖方保证买方不受专利权分割之控诉。

2．订购确定或更改通知单

供应商接受了订单的各项条件后，要向采购方的采购部门发出所谓的“接受函”。这样做的目的是要求采购方对采购订单做出确认，这除了法律上的原因之外，另一个原因是只有采购订单被确认接受之后，采购方才能确信供应商将在要求的日期发货。其内容如表 7-1 所示。

表 7-1　订购确定或更改通知单

□确定通知　　　　□更改通知

原订购日期		订购物品名称			
订购单号码		预定交货日期		更改日期	

未确定事项或拟更改事项

确定或更改内容

其他说明

此致

敬礼

__________公司________部

________公司采购部

3．采购收料单和物料送货验收单

物料运达采购方后，一般由仓库保管部门与物料检验部门对物料进行收料、验收，具体内容如表 7-2 和表 7-3 所示。数量、品质若有不符，则予以退回。

表 7-2　采购收料单

<table>
<tr><td>收　料　日</td><td colspan="2">工程编号</td><td colspan="2">本单编号</td><td>请购部门</td><td colspan="2">订单编号</td></tr>
<tr><td>年　月　日</td><td colspan="2"></td><td colspan="2"></td><td></td><td colspan="2"></td></tr>
<tr><td>会计科目</td><td>品名规格</td><td>项　次</td><td>材料编号</td><td>单　位</td><td>数　量</td><td>单　价</td><td>金　额</td></tr>
<tr><td></td><td></td><td></td><td></td><td></td><td></td><td></td><td></td></tr>
<tr><td></td><td></td><td></td><td></td><td></td><td></td><td></td><td></td></tr>
<tr><td></td><td></td><td></td><td></td><td></td><td></td><td></td><td></td></tr>
<tr><td></td><td></td><td></td><td></td><td></td><td></td><td></td><td></td></tr>
<tr><td></td><td></td><td></td><td></td><td></td><td></td><td></td><td></td></tr>
<tr><td rowspan="3">备注</td><td colspan="3" rowspan="3"></td><td rowspan="2">点　收</td><td rowspan="2">检　验</td><td colspan="2">经办部门</td></tr>
<tr><td>主　管</td><td>经　办</td></tr>
<tr><td></td><td></td><td></td><td></td></tr>
</table>

表 7-3　物料送货验收单

<table>
<tr><td>进料时间</td><td colspan="2">年　月　日</td><td colspan="2">厂商名称</td><td colspan="2">订购数</td><td colspan="3"></td></tr>
<tr><td>料　号</td><td colspan="2"></td><td colspan="2"></td><td colspan="2">交货数</td><td colspan="3"></td></tr>
<tr><td>订单号码</td><td colspan="2"></td><td colspan="2">品名规格</td><td colspan="2">点收数</td><td colspan="3"></td></tr>
<tr><td>发票号码</td><td colspan="2"></td><td colspan="2"></td><td colspan="2">实收数</td><td colspan="3"></td></tr>
<tr><td>检验项目</td><td colspan="2">检验规格</td><td colspan="4">检验状况</td><td colspan="2">数　量</td><td>判　定</td></tr>
<tr><td></td><td colspan="2"></td><td colspan="4"></td><td colspan="2"></td><td></td></tr>
<tr><td></td><td colspan="2"></td><td colspan="4"></td><td colspan="2"></td><td></td></tr>
<tr><td></td><td colspan="2"></td><td colspan="4"></td><td colspan="2"></td><td></td></tr>
<tr><td></td><td colspan="2"></td><td colspan="4"></td><td colspan="2"></td><td></td></tr>
<tr><td></td><td colspan="2"></td><td colspan="4"></td><td colspan="2"></td><td></td></tr>
<tr><td></td><td colspan="2"></td><td colspan="4"></td><td colspan="2"></td><td></td></tr>
<tr><td>检验数量</td><td colspan="2"></td><td>不良数</td><td colspan="3"></td><td colspan="2">不良率</td><td></td></tr>
<tr><td>处理情况</td><td>允　收</td><td></td><td>拒　收</td><td colspan="2">特　采</td><td></td><td>全　检</td><td colspan="2"></td></tr>
<tr><td>备注</td><td></td><td>仓库
主管</td><td></td><td>入库员</td><td></td><td>质量
主管</td><td></td><td>检验员</td><td></td></tr>
</table>

4．供应商信用记录表

物料验收完毕后，验收部门应对供应商的物料完成情况进行汇总，并填写供应商信用记录表（见表 7-4）。采购方可将此表作为对供应商的一种考核依据。

表 7-4　供应商信用记录表

供应商名称	采购日期	采购项目	数　量	金　额	信用记录			损失金额	等 级
					品　质	交　货	短　缺		

主管：________　　　　制表 ：__________

7.2　合同跟踪与物料管理

7.2.1　合同跟踪过程

合同跟踪是采购人员的重要职责。合同跟踪的目的有 3 个：促进合同正常执行、满足企业的物料需求、保持合理的库存水平。在实际订单操作过程中，合同、需求、库存三者之间会产生矛盾，突出表现为合同难以执行、需求不能满足而导致缺料、库存难以控制。恰当地处理供应、需求、缓冲余量之间的关系是衡量采购人员能力的关键指标。合同跟踪过程如图 7-1 所示。

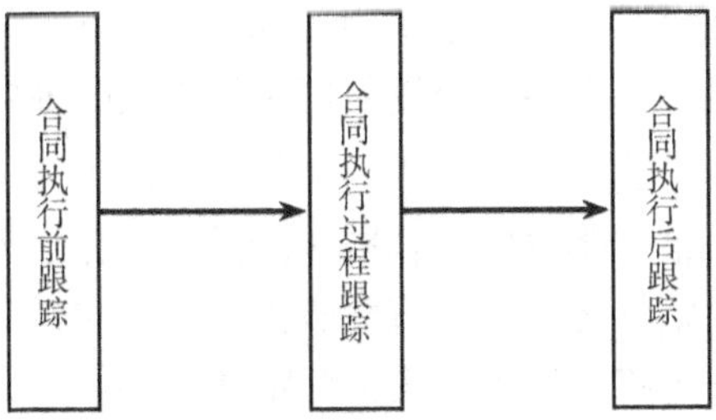

图 7-1　合同跟踪过程

1．合同执行前跟踪

制定完一个订单合同之后，订单人员要及时了解供应商是否接受订单、是否及时签订等情况。

在采购环境里，同一物料往往有几家供应商可供选择，独家供应商的情况很少。尽管每个供应商都有分配比例，但具体操作时很可能会遇到因为各种原因的拒单现象。比如，由于时间变化，供应商可能会提出改变“认证合同条款”，涉及价格、质量、货期等方面。此时，订单人员应充分与供应商进行沟通，确定本次物料可供应的供应商。如果供应商按时签返订单合同，则说明企业对供应商的选择是正确的；如果供应商确定难以接受订单，企业就要在采购环境里另行选择其他供应商，必要时要求认证人员协助办理。与供应商正式签订过的合同要及时存档，以备后查。

2．合同执行过程跟踪

与供应商签订的合同具有法律效力，订单人员应全力跟踪，确定需要变更时要征得供应商的同意，不可一意孤行。合同执行过程跟踪应把握以下事项：

1）明确供应商准备物料的详细过程，保证订单正常执行。不同种类的物料，其准备过程也不同，但总体上可分为两类。一类是供应商需要按照样品或图纸定制的物料。这种物料需要加工过程，周期长、变数多。另一类是供应商有存货的物料。这类物料不需要加工过程，周期短。前者跟踪过程复杂，后者相对比较简单。

2）及时响应生产需求形势。如果市场需求紧急，需要本批物料立即到货，订单人员应马上与供应商协商，必要时可帮助供应商解决疑难问题。保证需求物料的准时供应，常需供应商企业的战略合作伙伴的合作，这时正是需要伙伴出力的时候。市场需求有时会出现滞销，企业经研究决定会延缓或取消本次订单物料供应，订单人员也应尽快与供应商进行沟通，确定其可承受的延缓时间，或终止本次订单操作，并给供应商相应的赔款。

3）慎重处理库存控制。库存水平在某种程度上体现了订单人员的业务水平。既不能让生产缺料，又要保持最低的库存水平，这确实是一个难以对付的问题，订单人员的经验表现在何处，在此便能一见高低。当然，库存问题还与采购环境的柔性有关，这个方面可以反映认证人员的水平。库存问题也与计划人员有关。

4）严格控制物料验收环节。物料到达订单规定的交货地点，对国内供应商而言一般是企业原材料库房，对境外交货而言则是企业国际物流中转中心。境外交货的情况下，供应商在交货前会将到货情况表单传真给订单人员，订单人员应按照原先所下的订单对到货的物品、批量、单价及总金额等进行确认，录入归档，并开始办理付款手续。境外交货的付款条件可能是预付款或即期付款，一般不采用延期付款方式。这种与供应商一手交钱、一手交货的采购方式要求订单人员必须在交货前把付款手续办妥。

3．合同执行后跟踪

收到物料并检验合格后，采购方应按合同规定的支付条款对供应商进行付款，并进行跟踪。订单执行完毕的柔性条件之一是供应商收到本次订单的货款。如果供应商未收到货款，订单人员就有责任督促付款人员按照流程规定加快操作，否则会影响企业信誉。

物料在使用过程中可能会出现问题，偶发性的小问题可由采购人员或现场检验者联系供应商解决，重要的问题可由质检人员会同认证人员共同解决。

7.2.2 物料的验收

1．物料验收的主要工作

1）点收数量。即凭点数或用度量衡器具查明物料的数量。

2）检验品质。即凭经验或用简单的仪器，鉴定或测度物料的外表及内容；或者凭物理试验及化学分析，鉴定或测度物料的性质或成分。

2．物料验收的内容

（1）验收送料文件

企业必须对供应商或货运公司的以下文件进行验证：

1）供应商直接送料文件。供应商装箱清单 2 份，另附公司订单复印件 1 份。

2）货运公司送料文件。货运公司装箱清单 2 份，手持供应商装箱清单 2 份，公司订单复印件 1 份（装在封口信封内）。若货运公司未持供应商装箱清单，则该清单必须附在所送物料包装箱内，货运公司人员由企业管理人员陪同开箱取出，然后由收货员再封箱。

（2）查验订单复印件

收料人员在供应商装箱清单上查验供应商代号和订单编号。查验订单复印件有 2 种方式：

1）由之前打印的“物料订单明细表”查验。

2）由计算机输入供应商装箱清单上所载的订单编号查验。

收料人员还要检查计算机“已发单”档案内同一供应商是否有“退货单”存在，可顺便办理退货取回。

（3）填写收料清单

收料清单详细内容如表 7-2 所示。

（4）验收标签

将打好编号的四联“物料验收标签”贴在供应商的装箱清单上。

- 一份贴于供应商装箱单第一联上或货运公司装箱单上（若经由货运公司）。
- 一份由仓库留底，贴在装箱单的第二联上。
- 一份贴在订单复印件上。
- 一份贴在收货清单上。

装箱单和标签联上需要盖上戳记，内容为“货已收，品质、货品待验”。

（5）发还文件

将装箱单第一联交还供应商或货运公司时，要告知送货者到卸货区等候通知，准备卸货。

3. 物料验收的流程

图 7-2 为某企业采购验收作业流程。

4. 物料验收的要点

要做好验收工作，企业必须执行以下要点：

1）确认供应商。物料来自何处，有无错误或混乱，尤其是向 2 家以上的供应商采购的物料，应分别计算。

2）确定送到日期和验收日期。前者用以确定供应商是否如期交料，以作为延迟罚款的依据；后者用以督促验收时效，避免借故推脱，并作为将来付款期限的依据。

3）确定物料的名称和品质。确定物料是否与合约或订单的要求相符，避免偷工减料、鱼目混珠，必要时可以用检验方法来确定。

4）清点数量。确认实际交料数量是否与运送凭单或订单所载相符。

5）通过验收结果。使用部门据以安排生产进度，采购部门据以结案，会计部门据以登记入账付款或扣款、罚款。

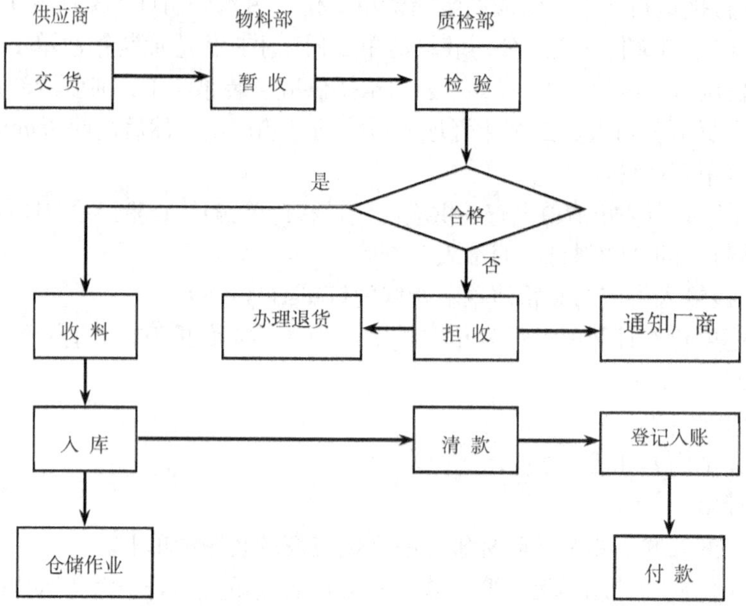

图 7-2　某企业采购验收作业流程

6）处理短损。根据验收结果，若物料发生短损，应立即向供应商要求赔偿，或向运输单位索赔，或办理内部报损手续等。

7）退还不合格品。对不合格品要表示拒收或等修补后再行验收。

8）处理包装材料。对于包装材料的处理，可以加以利用或积存至一定数量后对外出售；对于无法再用或出售的包装材料，最好能由供应商收回。

9）标识已验收物料。对已验收存储的物料必须加以标识，以便查明验收经过及时间，并易于与未验收的同类物料有所区别。

7.2.3　物料存货控制方法

1. 周期采购法

周期采购法以一定期间为周期，循环检查每类或每项物料的存量。其检查周期有 30 天、60 天、90 天等，这要视物料的类别来决定。

一般来说，高价物料或与企业经营有密切关系的物料，应做短期性周期检查；反之，低价值或不重要的物料，做长期性的周期检查即可，因为这种物料会订购较长期间的存量，不至于发生缺料的情形。采用周期采购法，可在每一检查期间发出订购单，使物料存货达到预定或期望的水准。

2. 最低及最高存量法

最低及最高存量法是按物料类别的不同，分别确定最低及最高存量，即为每种物料设定最高存量及最低存量，制定安全限度，以防止物料在采购周期内发生中断。设定最低存量等于设定了采购点，采购的数量通常以使存货达到最高存量为止。最高存量是指在某特定期间内，某项物料存量的最高限度。其表达公式为：

最高库存=一个生产周期的时间×每一计量时间物料需求量+安全库存量

最低存量是指在某特定期间内，为配合生产所需物料的最低限度。其表达公式为：

理想最低存量=前备期间×每一计量时间物料需求量

实际最低存量=前备期间×每一计量时间物料需求量+安全库存量

3．双仓制度

双仓制度是将一项物料划分为正常存量及备用存量的物料存货控制方法。正常存量是收到第一批订货至发出另一批订货期间的使用量。备用存量包含订购日至交货日止的正常使用量及安全存量。

领用物料时，先由第一批正常存量领用，正常存量用完后，第二批物料应已送达备用。领用第二批物料时，就应开出下一批请购单，以免发生缺料的情况。

实施双仓制度时，必须严格执行发料的顺序。双仓制度适用于物料价格低廉而使用量多的情况。例如，ABC 分析中的 C 级物料可采用此方法。

4．ABC 分类法

ABC 分类法是将不同的物料，以其价值的多少和占总成本比例的高低，区分为 A、B、C3 种不同管理重点，并按照物料的不同重点权衡得失，以便实施重点管理与控制的方法。

ABC 原理如表 7-5 所示。

表 7-5　ABC 原理

类　别	划分标准		控制方法	适用范围
	占存储成本比重	占实物量比重		
A	70%左右	不超过 20%	重点控制	品种少，单位价格高的物料
B	20%左右	不超过 30%	一般控制	介于 A 和 C 之间的物料
C	10%左右	不超过 50%	简单控制	品种多，单位价格低的物料

5．经济订货批量法

经济订货批量法（EOQ）是指一次性订购的最经济的数量。这里所说的最经济，是指符合总成本最低的条件。

总成本=存储成本+订购成本+购价

经济订购量计算公式如下：

$$\mathrm{EOQ}=\sqrt{\frac{2DS}{IC}}$$

式中　D——某段期间的需求量；

S——每次订购成本及费用；

I——单位存储成本占商品成本的百分比；

C——物料的单位成本。

例 7-1：假设某企业的年物料需求为 110 单位，每次订购费用为 45 元，每月单位存储成本占商品成本的 15%，物料的单位成本为 10 元。由于存储成本以月计算，故每月平均需求量为 9 个单位（110/12），因此：

$$\mathrm{EOQ}=\sqrt{\frac{2\times 9\times 45}{10\times 15\%}}\approx 23$$

所以，该企业的全年需求计划及订购量如表 7-6 所示。

表 7-6　某企业年度物料需求及订购计划

月　份	1	2	3	4	5	6	7	8	9	10	11	12	合计
净需求		10	10		14		7	12	30	7	15	5	110
计划订购		23			23			23	23		23		115

6．自动采购法

自动采购法就是利用计算机系统输入各种有关的采购资料，当物料分类卡上显示的存量到了最低的采购点时，系统可自动发出载有经济订购量的订单的方法。

物料控制部门必须检查各项物料的预测消耗量及前备期间，设定安全存量、需求量及经济订购量，并且每季或每半年检查一次。

而物料的发出，则利用计算机记录材料卡，当库存量低至设定的订购点时，将材料卡输入计算机并予以分类，然后送到订购人员处，由其发出特定数量的订单。

7.2.4　物料采购点的确定与计算

1．物料采购点的确定因素

当物料存量下降到预定的水准时，就要开始准备采购了，此时采购的基准就是我们常说的采购点。采购点的确定取决于以下 3 个因素：

1）前备时间。即从材料的请购起，经询价、比价、采购、交货、验收等所需的时间。

2）物料需求量。即前备期间内物料的使用量，由每月、每周或每日的物料需要量乘以前备时间而得。

3）安全库存。即为了预防意外之需而保持的最低存量。安全库存的计算，可依据每一计量时间物料需要量乘以前备期间而得。

2．物料采购点的计算公式

采购点=物料需要量（平均销售量×进货期时间）+安全库存量

式中　　安全库存量=平均销售量×保险天数

例 7-2：某商场日平均销售毛巾 50 条，从进货、运输、验收到陈列商品需时 4 天，机动保险天数为 1 天，求该商品的采购点。

解：采购点=（平均销售量×进货期时间）+（平均销售量×保险天数）

=（50×4）+（50×1）=250（条）

答：该商品的采购点是 250 条。

知识链接

某企业的进料验收管理办法

第一条　本公司对物料的验收及入库均依本办法作业。

第二条 待收料。物料管理收料人员接到采购部门转来已核准的“采购单”时，按供应商、物料类别及交货日期分别依序排列存档，并于交货前安排存放的库位以便开展收料作业。

第三条 收料。

1. 内购收料

1）材料进厂后，收料人员必须依“采购单”的内容，核对供应商送来的物料名称、规格、数量、送货单及发票，并清查数量无误后，将到货日期及实收数量填记于“请购单”，办理收料。

2）如果发现所送来的材料与“采购单”上所核准的内容不符，应即时通知采购部门处理，并通知主管。原则上，非“采购单”上所核准的材料不予收；若采购部门要收下该材料，收料人员应告知主管，并于单据上注明实际收料状况，然后与采购部门会签。

2. 外购收料

1）材料进厂后，物料管理收料人员即会同检验单位依“装箱单”及“采购单”开柜（箱），核对材料名称、规格并清点数量，并将到货日期及实收数量填于“采购单”。

2）开柜（箱）后，若发现所载的材料与“装箱单”或“采购单”所记载的内容不相符，则要通知办理进口人员及采购部门处理。

3）若发现所装载的物料有倾覆、破损、变质、受潮等异常时，经初步计算损失将超过5 000元以上者，收料人员应及时通知采购人员，联络公证处前来公证或通知代理商前来处理，并尽可能维持异常状态以利公证作业；若未超过5 000元者，则依实际的数量办理收料，并于“采购单”上注明损失数量及情况。

4）对于由公证或代理商确认、物料管理收料人员开立的“索赔处理单”呈主管核实后，应送会计部门及采购部门督促办理。

第四条 材料待验。进厂待验的材料，必须于物品的外包装上贴材料标签并详细注明料号、品名、规格、数量及入厂日期，且与已检验者分开存储，并规划“待验区”用以区分。收料后，收料人员应将每日所收料品汇总填入“进货日报表”，作为入账清单的依据。

第五条 超交处理。交货数量超过“订购量”的部分应予退回。但按买卖惯例，以重量或长度计算的材料，其超交量的3%（含）以下，由物料管理部门于收料时在备注栏注明超交数量，经请购部门主管（含科长）同意后，方能收料，并通知采购人员。

第六条 短交处理。交货数量未达订购数量时，以补足为原则，但经请购部门主管（含科长）同意者，可免补交；短交若须补足时，物料管理部门应通知采购部门联络供应商处理。

第七条 急用品收料。紧急材料交货时，若物料管理部门尚未收到“请购单”，收料人员应先洽询采购部门，确认无误后方得依收料作业办理。

第八条 材料验收规范。为便于材料检验、收料的作业，质量管理部门应就材料重要性及特性等，适时召集使用部门及其他有关部门，依所需的材料质量制定“材料验收规范”，呈总经理核准后公布实施，作为采购及验收的依据。

第九条 材料检验结果的处理。

1）检验合格的材料，检验人员要于外包装上贴合格标签，以示区别，物料管理人员再将合格品入库定位。

2）不符合验收标准的材料，检验人员要于物品包装上贴不合格的标签，并于“材料检验报告表”上注明不良原因，经主管核实处理对策并转采购部门处理及通知请购单位后，再送回物料管理部门，凭此办理退货，特别采购时则办理收料。

第十条　退货作业。对于检验不合格的材料退货时，应开立“材料交运单”并检附有关的“材料检验报告表”，呈主管签认后，异常材料凭此出厂。

第十一条　实施修正。本办法呈总经理核准后实施，修订时亦同。

思考与练习

1．你认为采购订单的跟踪过程有哪几步？
2．结合实际，简述物料验收的内容及流程。
3．简述物料存货控制的方法及各自的特点。

实训题

实训主题：采购过程控制

1．实训目的

（1）了解采购文件与单据的种类、内容及用途。
（2）掌握物料验收各个环节的要点。
（3）了解企业如何对物料进行存货控制。

2．实训组织

学校或教师组织学生考查学校所在城市的大型制造企业，听取企业相关人士对物料验收、存货控制过程等环节的介绍，并跟踪其作业流程。

3．实训题目

（1）收集企业采购文件与单据样本（如采购通知单、采购订单、收料单、物料验收单等）。
（2）对物料验收、存货控制等环节进行跟踪。
（3）通过调研、体验，设计采购过程控制流程。

第 8 章

采购谈判与合同管理

引导案例

生活中的谈判

一个 10 岁的男孩每天都不肯洗澡，于是妈妈决定和儿子谈谈。妈妈对儿子说："你如果每天洗澡，我就答应你提出的一个要求。"儿子说："那我每天能多和小朋友玩 1 小时吗？"妈妈认为 1 小时太长了，于是说："儿子，你如果每天洗澡，我可以每天让你多和小朋友玩半小时。"儿子答应了。于是，妈妈和儿子各得其所。

点评：妈妈和儿子之间为了取得一致而进行的协商就是一次简单的谈判。谈判是人类社会生活中最常见、最不可或缺的活动之一，也是从别人那里得到你所需的东西的一个基本手段。

学 习 目 标

重点掌握

- 采购谈判的基本内容
- 采购谈判的基本策略和技巧
- 采购合同条款的构成
- 采购合同的管理

一般掌握

- 采购谈判的作用
- 采购优劣势技术分析
- 采购合同的作用

8.1 采购谈判

8.1.1 采购谈判的含义及适用条件

1. 采购谈判的含义

小词典

采购谈判是指企业在采购时与供应商所进行的贸易谈判。

采购谈判是企业为了采购商品，作为买方，与卖方厂商对购销业务的有关事项（如商品的品种、规格、技术标准、质量保证、订购数量、包装要求、售后服务、价格、交货日期与地点、运输方式、付款条件等）进行反复磋商，谋求达成协议，建立双方都满意的购销关系。

2. 采购谈判的目的与特点

（1）采购谈判的目的

1）希望获得供应商质量好、价格低的产品。

2）希望所采购物资能够及时送达。

3）希望获得供应商比较好的服务。

4）希望在发生物资差错、事故及损失时获得合适的赔偿。

5）发生纠纷时能够得到妥善解决，不影响双方的关系。

（2）采购谈判的特点

1）采购谈判是为了获取本单位或部门的所需物资，保障本单位或部门及时持续的外部供应。

2）采购谈判讲求经济效益。谈判中，买卖双方争议最激烈的问题往往是商品的价格问题。采购者当然希望以最低的价格或者最经济的价格获得所需商品。

3）采购谈判是买卖双方通过不断调整各自的需要和利益而相互接近，最终争取在某些方面达成共识的过程。

4）采购谈判蕴含了买卖双方“合作”与“冲突”的对立统一关系。双方都希望最终能够达成协议，这是合作的一面；但双方又希望通过达成协议获得尽可能多的利益，这是冲突的一面。正是由于买卖双方的这种对立统一关系，采购谈判的重要性及在谈判中选用适当策略和技巧的必要性才得以体现。

5）采购谈判中，最终达成的协议所体现的利益主要取决于买卖双方的实力和当时的客观形势。另外，谈判结果还在一定程度上受主观条件的制约，如谈判人员的素质、能力、经验和心理状态，以及双方在谈判中所运用的谈判策略和技巧。

6）采购谈判既是一门科学，又是一门艺术。掌握谈判的基本知识和一些常用策略技巧，能使谈判者有效驾驭谈判的全过程，为己方赢得最大的利益。可见，采购谈判技术是实现采购行为的关键环节。

采购谈判的实际组织实施中，企业要综合考虑采购谈判的上述特点，并结合实际情况，制订合适的谈判计划、方案和策略。

3. 采购谈判的适用条件

1）结构复杂、技术要求严格的成套机器设备的采购，在设计、制造、安装、试验、成本价格等方面需要通过谈判进行详细的商讨和比较。

2）多家供货厂商互相竞争时，通过采购谈判，使愿意成交的个别供货厂商在价格方面做出较大的让步。

3）采购商品的供货厂商不多，但企业可以自制或向国外采购，或可用其他替代商品，这种情况下通过谈判可帮助企业做出有利的选择。

4）需要的商品经公开招标，但开标结果在规格、价格、交货日期、付款条件等方面无一供货厂商能满足要求时，可通过谈判再做决定。但公开招标时，应预先声明开标结果达不到招标要求时，需经谈判决定取舍。

5）需用的商品，原采购合同期满、市场行情有变化且采购金额较大时，可通过谈判提高采购质量。

8.1.2 采购谈判的类型、基本内容和作用

1．采购谈判的类型

企业的采购管理中，采购谈判是一项长期的工作。参照和归纳外资企业的实际操作，按进行谈判时所处的时期不同，采购谈判一般可分为两类。一类是初始采购谈判。初始采购谈判是指企业在为某个采购项目初选供应商时，对于质量、价格、交货和服务等有关条款的具体内容进行协商并签订一系列子合同的过程。另一类是持续采购谈判。持续采购谈判是指企业在合格供应商持续交货的过程中与供应商进行定期洽谈（如一年一次或半年一次），提出变更某些交易条款（如要求该供应商降低销售价格、缩短交货周期或提高质量等级等），并最终达成协议的过程。

2．采购谈判的基本内容

不管是初始采购谈判还是持续采购谈判，按所洽谈事物的性质，采购谈判的基本内容一般可分为 3 大项，如表 8-1 所示。

表 8-1 采购谈判的基本内容

采购谈判内容	具体条款
质量方面	产品的名称规格或图纸、产品所用材料的规格或标准、模具的寿命和产能、包装材料的要求、供应商出厂检验的标准和质量报告内容、采购方进货检验的标准、每批交货允许的次品率、目标次品率、拒收的条件和程序等
交货方面	交货周期、供应商的安全库存量、订单周期、最小订单量、标准包装量、允许的订单数量的变动幅度、运输方式等
价格方面	产品单价货币种类、允许的汇率浮动幅度或汇率换算比例、折扣比例、价格条款、运费、保险费、进口关税、付款条件等

3．采购谈判的作用

从采购谈判的内容中，我们可以看到，企业采购管理系统所进行的采购谈判在帮助本企业实现持续改进、提升顾客服务质量和增强竞争力等方面的战略性目标上起着非常关键的作用。

1）采购谈判使企业和供应商之间明确了材料的质量要求，并得到双方的认同，从而保证了企业将获得质量稳定且可靠的材料以供生产经营之用，同时为企业自己生产合格产品以供应给客户打下了坚实的基础。质量条款中每批交货允许的次品率和目标次品率等指标的设立将极大地促使供应商改进其材料质量，这为本企业产品质量的持续提高铺设了前进道路。

2）采购谈判使企业和供应商就交货要求达成了协议，同时使本企业更清楚地了解供应商的物流操作，从而保证了企业将获得持续稳定的材料供应，使企业避免了可能因材料短

缺而导致停产的风险，为企业持续地满足客户的要求提供了先决条件。设置在物流条款中的供应商的安全库存量、允许的订单数量的变动幅度等内容充分保证了企业进行生产安排的灵活性，以及最大幅度地降低库存的可能性。

3）采购谈判使企业和供应商就材料价格等直接影响成本高低的商业性内容取得了一致，使企业获得了满意的支付价格，从而保证了企业产品成本结构的合理性。采购谈判是实现采购管理对企业利润进行决定性影响的手段，在企业和客户共享采购谈判所带来的成本降低的情况下，企业产品在市场上的价格竞争力将得到大幅度的提高。

8.1.3 采购优劣势技术分析

采购企业必须评估自身与供应商的谈判力量，清楚各自究竟有哪些优势或劣势，这样才能避己之短、扬己之长。买卖双方的优势分析如表 8-2 所示。

表 8-2 买卖双方的优势分析

优势方	具有的优势
买方	• 采购数量占供应商生产能力的比率较大 • 供应商生产能力的成长超过买方需求的成长 • 供应厂商生产能力利用率偏低 • 卖方市场竞争激烈，而买方并无指定的供应来源 • 买方最终产品的获利率高 • 物料成本占产品售价的比率低 • 断料停工损失成本轻 • 买方自制能力高而自制成本低 • 采用新来源的成本低 • 买方购运时间充足，而卖方急于争取订单
卖方	• 采购数量占供应商生产能力的比率较低 • 买方需求的成长超过供应商生产能力的成长 • 供应厂商生产能力利用率较高 • 买方市场竞争激烈，而买方并无指定的供应来源 • 买方最终产品的获利率低 • 物料成本占产品售价的比率高 • 断料停工损失成本重 • 买方自制能力低而自制成本高 • 采用新来源的成本高 • 买方购运时间不充足，而卖方不急于争取订单

观察采购力量与供应力量的对抗情形，自然可以找出机会或弱点，据此就能够制定对付供应商的策略。这种策略将成为采购人员完成采购工作的行动方针。

8.1.4　采购谈判技巧中的“规划”

采购经理的主要工作之一就是降低成本。要降低成本，就必须懂得如何进行成功的谈判。成功的谈判必须有详尽的规划（PLAN）。这个规划由以下 4 个部分构成。

1．预测（Predict）

较好的预测需要包含下列几项内容：

1）对价格的变化要未雨绸缪。充分的准备时间可以让采购企业在谈判时有较佳的选择，并容易采取相应对策。

2）遵循“4 个伙伴”理论。谈判桌上有“4 个伙伴”，它们分别是过去、现在、最近和未来。当一个决策无法同时满足“4 个伙伴”时，则必须权衡得失，使损失降到最低。

3）尽早得到供应商协助。供应商对产品的了解通常比买方多，采购企业可以要求供应商给予技术、管理、财务等方面的协助。

4）进行使用量预测。采购企业需要汇集过去使用量的资料，作为未来订购量的参考。例如，企业可利用 MRP 计算机系统对过去的使用量加以汇总，并预测未来的使用量。有了过去及未来的详细采购资料，采购企业在谈判时就可能得到较大的折扣。

5）掌握特殊重大事件。掌握诸如罢工、天灾、坏天气、关税、法令、运输状况等方面的重大事件，可更准确地预测价格，从而在谈判桌上居于优势。这些重大事件除了从报纸、杂志上收集外，也可由销售人员处得知。

6）注意价格趋势。这包括两个方面的内容：一是过去供应商有多少产品项目价格上涨（何时、上涨幅度、通报形式）；二是比较供应商的价格上涨模式与该产业的模式。

2．学习（Learn）

从所得的信息中学习谈判的问题、对象及内容是谈判成功的关键。信息分为容易得到（少花钱及时间）的信息与不易得到（多花钱及时间）的信息。

（1）容易得到的信息。

1）谈判模式及价格的历史资料。采购企业要从这些信息中找出供应商谈判技巧的趋势及供应商处理上次谈判的方式。

2）产品与服务的历史资料。价格的上涨有时隐含品质及服务水准的降低。工程部门及使用该产品的制造部门不难发现实情，此点可作为谈判的筹码。

3）稽核效果。采购企业可从会计或采购稽核工作中可发现待加强控制之处（如供应商的成本分析常发生错误）。

4）最高指导原则。采购企业可借助企业政策、政府法令和过去发生的先例以增强谈判能力。

5）供应商的运营状况。从销售人员及竞争能力方面可了解供应商的问题与优劣势，知己知彼才能百战不殆。

6）谁有权决定价格。采购企业要汇集价格决策者的个人资料并加以运用，因为卖方通常较容易对陌生人抬高价格。

7）掌握关键原料或关键技术因素。采购企业可以运用“80/20”原理，争取主要、牺牲次要。

8）利用供应商的情报网络。采购企业可以从销售人员处得到一些有价值的资讯，如价格趋势、科技的重要发明、市场占有率、设计的改变等。

（2）不易得到的信息。

1）寻求更多的供应来源（包括海外）。虽然企业仍然向原来的供应商采购，但更多的供应来源可增加企业的议价能力。

2）有用的成本、价格资料与分析。良好的成本—价格分析可提供有效的采购策略，必要时还可借助成本分析师，这是一种投资而非成本。

3）供应商的采价系统。化整为零，按照供应商各部门的日常生产过程推估价格。

4）限制供应商的谈判能力。提供给对方的资讯越少越好，尽量让对方发表高见，然后仔细聆听并从中找出对策。

5）了解供应商的利润目标及价格底线。对于这一信息，采购企业需要耐心地通过各种渠道而求得（谈判过程也是渠道之一）。

3．分析（Analyze）

1）如何还价。利用专业人员从事成本分析，建立议价的底线。

2）如何比价。① 价格分析。相同成分或规格比较其价格或服务。② 成本分析。将总成本分为细项，包含人工、原料、外包、制造费用、管理费用及利润；卖方与买方估计的价差需要双方的讨价还价来达成协议。

3）找出决定价格的主要因素。我个主要因素是人、原料还是外包？这可作为谈判的依据。

4）价格上涨如何影响供应商的边际利润。供应商的成本虽然上涨（如由于通货膨胀），但其价格通常不只反映成本的增加（常有灌水的现象）。

5）实际与合理的价格是多少。

6）对付价格上涨的最好对策。重要的是方法与时机的掌握，这最好有专家协助。

4．谈判（Negotiate）

1）涨价时让销售人员当面提出。通常，书面通知涨价比电话通知容易，而面对面通常是最难于启齿的，所以要耐心地等待销售人员提出涨价后的妥协。

2）双重退避。销售人员报价时，采购方应表示惊讶得难以接受，采购方的老板也应如此，这样才能让对方明白他们无法接受高报价的立场。

3）不要马上谈到正题。不直接切入主题会使卖方承受一股无形的压力而变得焦虑，这样对采购方的谈判较为有利。

4）声东击西。采购方可以先要求对方给一些不是自己真正想要的好处，然后再拿这些交换真正想要的。

5）不要第一次轻易给卖方很大的好处。如果想给对方提供好处，那么最好预留余地以供讨价还价，同时要求对方有所回报。

8.1.5 采购谈判的策略和技巧

在采购谈判中，为了使谈判能够顺利进行并取得成功，谈判者应善于灵活运用一些谈判策略和技巧。谈判策略是指谈判人员通过何种方法达到预期的谈判目标，而谈判技巧是指谈判人员采用什么具体行动执行策略。实际工作中，谈判人员应根据不同的谈判内容、谈判目标、谈判对手等情况选用不同的谈判策略和技巧。

1. 采购谈判的策略

（1）投石问路策略

所谓投石问路策略，就是在采购谈判中，当买方对卖方的商业习惯或有关产品成本、价格等不太了解时，买方主动提出各种问题，并引导对方做比较全面的回答，然后从中获得有用的信息。这种策略一方面可以达到尊重对方的目的，使对方感觉到自己是谈判的主角和中心；另一方面又可以摸清对方的底细，争得主动。

运用该策略，关键在于买方应给予卖方足够的时间并设法引导卖方对所提出的问题尽可能做详尽的正面回答。买方在提问时应注意问题简明扼要、有针对性，尽量避免暴露提出问题的真实目的或意图，这样才能收到预期效果。

当然，这种策略也有不适用的情况。比如，当谈判双方出现意见分歧时，买方使用此策略会让对方感到是故意给他出难题，这样对方就会觉得你没有谈判诚意，谈判也许就不能成功。

（2）避免争论策略

开谈之前，谈判人员要明确自己的谈判意图，在思路上做必要的准备，以创造融洽、活跃的谈判气氛。然而，谈判双方为了谋求各自的利益，必然会在一些问题上发生分歧。此时，双方都要保持冷静，防止感情冲动，尽可能地避免争论。因为争论不休不仅于事无补，而且可能使事情变得更糟。最好的办法是采取下列态度进行协商：

1）冷静地倾听对方的意见。倾听的过程中，即使对方讲出你不爱听的话或对你不利的话，也不要立即打断对方或反驳对方。因为真正赢得优势、取得胜利的方法绝不是争论，所以最好的方法是在对方陈述完毕后，首先表示同意对方的意见，承认自己在某方面的疏忽，然后提出对对方的意见进行重新讨论的建议。这样，重新讨论问题时，双方就会心平气和地进行，从而使谈判达成双方都比较满意的结果。

2）婉转地提出不同的意见。谈判中，即使你不同意对方的意见，也不要直接提出自己的否定意见，否则会使对方在心理上产生抵触情绪，反而千方百计地维持其观点。如果有不同意见，最好的方法是先同意对方的意见，然后再做探索性的提议。

3）分歧产生后，谈判无法进行下去，应立即休会。如果谈判中某个问题成了绊脚石，使谈判无法进行下去，双方为了捍卫自己的原则和利益就会各持己见、互不相让，使洽谈陷入僵局。休会策略为那些固守己见型谈判者提供了请示上级的机会，同时也为己方创造了养精蓄锐的机会。“休会”是国内谈判人员经常采用的基本策略。

（3）情感沟通策略

人都是有感情的，获得感情和欲望的满足是人的一种基本需要。因此，谈判中利用感情因素影响对方是一种可取的策略。例如，可以有意识地利用空闲时间，主动与谈判对方聊天、娱乐、谈论对方感兴趣的问题；也可以赠送小礼物，请客吃饭，提供交通住宿的方便；还可以通过帮助解决一些私人问题，达到增进了解、联系情感、建立友谊的目的，从侧面促使谈判顺利进行。

（4）避实就虚策略

避实就虚策略是指为了达到某种目的和需要，有意识地将洽谈的议题引导到无关紧要的问题上，转移对方的注意力，以求实现自己的谈判目标的一种策略。例如，对方最关心的是价格问题，而己方最关心的是交货时间。这时，谈判的焦点不要放在价格和交货问题上，而应该放在价格和运输方式上。讨价还价时，己方可以在运输方式上做出让步，而作为对方让步的交换条件，则可要求对方在交货时间上做出较大让步。这样，对方满意了，己方的目的也达到了。

（5）先苦后甜策略

例如，供应商想要在价格上有多一些商量的余地，己方可先在包装、运输、交货、付款方式等多个方面提出较为苛刻的方案作为交换条件。讨价还价过程中，己方再逐步地做出让步。鉴于己方的慷慨表现，供应商往往会同意适当地降价。事实上，这些“让步”是你本来就打算给供应商的。但要注意的是，这一策略只有在谈判中处于主动地位的一方才有资格使用。

（6）最后期限策略

处于被动地位的谈判者，总有希望谈判成功的心理。当谈判双方各持己见、争执不下时，处于主动地位的谈判者就可利用这一心理，提出解决问题的最后期限和解决条件。期限是一种时间通牒，可使对方感到若不迅速做出决定，就会失去机会，从而给对方造成一种心理压力——谈判不成，损失最大的还是自己。最后期限压力可以迫使人们迅速做出决策，一旦对方接受了这个最后期限，交易就会很快地顺利达成。

总之，只要谈判人员善于总结、善于观察、善于理论结合实际，就能创造出更多更好的适合自身具体情况的谈判策略，并将之灵活运用在谈判过程中，这样一定能够收到出其不意的效果。

2. 采购谈判的技巧

谈判的技巧包括报价的技巧和还价的技巧。

（1）报价的技巧

谈判中，报价不仅仅是在价格方面提出自己的想法，还泛指谈判双方在洽谈项目中的利益要求，即想要达到的目的。经过摸底，明确了具体内容和范围之后，谈判双方会提出各自的交易条件，表明自己的立场和利益。

谈判双方通过报价表明自己的立场和利益要求。但是，任何一方在阐述自己要求的时候，都不会一下子就把自己的底价透露给对方，而总要打个“埋伏”，给自己留下讨论协商、讨价还价的空间，最终或者以优于底价的条件成交，超过既定目标完成谈判；或者以不低于底价的条件成交，完成谈判的既定目标。所以，报价是有技巧的。

1）报价要果断。报价应该坚定、明确、完整，且不加任何解释和说明。开盘价的报价要坚定、果断，不保留任何余地，而且毫不犹豫。这样做能够给对方留下己方是认真而诚实的印象。要记住，任何欲言又止、吞吞吐吐的行为，必然会导致对方产生不良感觉，甚至产生不信任感，从而扰乱己方所定步骤，对己不利。报价时不要对己方所报价格做过多的说明和辩解，因为对方对己方报价的水分多少都会提出质疑。如果在对方还没有提出问题之前便主动加以说明，则会提醒对方意识到己方最关心的问题，而这种问题有可能是对方尚未考虑过的问题。因此，过多的说明和解释有时会使对方从中找出破绽或突破口，对己方进行猛烈的反击，甚至会使己方十分难堪而无法收场。

2）“低开”策略。“低开”策略也称“开端”法，是指采购方先提出一个低于自己实际要求的谈判点，试图首先击败对手，然后再与其进行真正的谈判，迫使对方让步，达到自己的目的。谈判过程中应根据具体情况看能否运用“低开”策略，同时要防止对手运用这一策略。如果在谈判的开始阶段，对方接受或提出一些违反常态的便宜要求，就要确认对方是否有“低开”的嫌疑，若有就要采取一些破解方法。一般来说，破解此策略的主要对策有：① 要求对方预付定金。② 在洽谈未达成正式协议之前，不要拒绝其他谈判方。③ 要求速战速决。④ 先草签协议，把实质性问题定好。⑤ 如果对方执迷于实施“低开策略”，则可提前点破。最重要的是，谈判时不要低估对手，不要轻易有占小便宜的心理，要明白占小便宜有时会吃大亏。

3）影子报价。影子报价是一方说谎或有意误导对方，从而达到自己的判断目的。例如，买方可以告诉卖方，自己收到另一个供应商的报价，每单位低于 6 美元，如果卖方不对自己的报价做出相应的变动，说明是不想和买方做生意了。卖方也可以使用这种方法。卖方可以通知买方，说另一买方准备以更高的价格采购这些物料（这些物料是稀缺的）。显然，这是一个不道德的、冒险的策略，但如果对方担心丢掉这笔生意，就会在自己期望的成交位置做出相应的让步。反之，如果对方对这种威胁性的报价没有反应，就意味着自己的这一策略失效。

4）探知临界价格。谈判中，采购企业想知道供应商的最低出让价，供应商也想知道采购企业的最高接受价，以便判断出一个双方都接受的临界价格。而要达到这一目的，是要运用一些技巧的。下面的一些技巧能有效地帮助采购企业准确地探知临界价格：① 以假设试探。假设要购买更多或额外的东西，价格是否能降低一些。② 低姿态试探。采购企业先告诉供应商，自己没有那么多钱来购买某些贵重的物料，但出于好奇想知道这些物料现在能值多少钱，没有防备的供应商会毫无保留地说出来。供应商可能没有想到采购企业是真正存心要买这些物料的，不久就来议价了。③ 派别人试探。先让另一个厂家出低价试探供应商的反应，然后自己再出现。④ 规模购买试探。对于只卖少量物料的供应商，采购企业可以提议成批购买。供应商会认为太荒谬，从而说出许多不该说的话，使采购企业知道供应商真正愿意接受哪个价格。⑤ 低价购买试探。采购企业先提出购买品质较差的物料，再设法以低价购买品质较好的物料。⑥ 可怜试探。首先表现出对供应商的产品很感兴趣，但资金有限买不起，看供应商能否出个最低价。⑦ 威胁试探。告诉供应商，要卖就是这个价，否则就算了。⑧ 让步试探。采购企业提议以让步来交换对方的让步，然后再以此为起点继续谈判。⑨ 合买试探。采购企业先问供应商两种物料多少钱，再问其中一种多少钱，然后以这个差价为基础确定另一种物料的价钱。

（2）还价的技巧

报价结束之后，双方就会进入讨价还价的胶着状态，开始一场价格和其他问题的拉锯战。这个过程是漫长而重要的，要求谈判者必须始终保持高昂的热情、冷静的头脑与灵敏的应变能力，当然还要掌握相应的还价技巧。

1）还价要有弹性。价格谈判中，还价要讲究弹性。对于采购人员来说，切记不要漫天还价、乱还价格，也不要一开始就还出了最低价。前者让人觉得是在“光天化日下抢劫”，后者却因失去弹性而处于被动，让人觉得有欠精明，使价格谈判毫无取胜把握。

2）化零为整。报价时，不妨将价格换个说法，化零为整、化大为小，从心理上加重商品价格的昂贵感，给供应商造成很大的压力。这种报价方式的主要内容是换算成大单位的价格，加大计量单位，如“千克”改为“吨”、“两”改为“千克”、“月”改为“年”、“日”改为“月”、“小时”改为“天”、“秒”改为“小时”等。

3）过关斩将。所谓“过关斩将”，即采购人员应善用上级主管的议价能力。通常，供应商不会自动降价，采购人员必须据理力争，但是供应商的降价意愿与幅度会视议价的对象而定。如果采购人员对议价的结果不太满意，则应要求上级主管和供应商议价，此时供应商可能同意提高降价的幅度。这是因为买方提高了议价者的层次，卖方有受到敬重的感觉。若采购金额巨大，采购人员甚至可请求更高层的主管（如采购经理，甚至副总经理或总经理）邀约卖方的业务主管（如业务经理等）面谈，或直接由买方的高层主管与对方的高层主管直接对话，此举通常效果不错。因为高层主管不但议价技巧与谈判能力高超，且社会关系及地位高，甚至与卖方的经营者有相互投资或事业合作的关系，通常只要招呼一声，就可获得令人意想不到的议价效果。

4）压迫降价。这通常是在卖方处于产品销路欠佳或竞争十分激烈，以致发生亏损和利润微薄的情况下，为改善其获利能力而使出的撒手锏。由于市场不景气，故供应商也有存货积压，他们也急于脱手产品，换取周转资金。这时将形成买方市场。采购人员通常会遵照企业的紧急措施，通知供应商自特定日期起降价若干；若原来的供应商缺乏配合意愿，就更换供应来源。当然，这种激烈的降价手段会破坏供需双方的和谐关系；当市场好转时，原来委曲求全的供应商要么“以牙还牙”，抬高售价，要么另谋发展，使供需关系难以维持。

小词典

压迫降价，是指买方占优势的情况下，以胁迫的方式要求供应商降低价格，并不征询供应商的意见。

5）敲山震虎。价格谈判中，巧妙地暗示对方存在的危机，可以迫使对方降价。通过暗示对方不利的因素，使对方在价格问题上处于被动，利于自己提出的价格获得认同，这就是此方法的技巧所在。但运用此方法必须“点到为止”，而且要给人一种“雪中送炭”的感觉，让供应商觉得采购企业并非幸灾乐祸、趁火打劫，而是真心诚意地想合作、想给予帮助。当然，这是有利于双方的帮助，那么还价也就天经地义了。

8.2　采购合同概述

8.2.1　采购合同的特征及分类

小词典

采购合同是指供需双方在进行正式交易前为保证双方的利益，对供需双方均有法律约束的正式协议，有时也称为采购协议。

1．采购合同的特征

1）采购合同是转移标的物所有权或经营权的合同。采购合同的基本内容是出卖人向买受人转移合同标的物的所有权或经营权，买受人向出卖人支付相应货款，因此必然导致标的物所有权或经营权的转移。

2）采购合同的主体比较广泛。从国家对流通市场的管理和采购的实践来看，除生产企业外，流通企业也是采购合同的重要主体，其他社会组织和具有法律资格的自然人也是采购合同的主体。

3）采购合同与流通过程密切相关。流通是社会再生产的重要环节之一，对国民经济和社会发展有着重大影响，重要的工业品生产资料的采购关系始终是国家调控的重要方面。采购合同是采购关系的一种法律形式，它以采购这一客观经济关系作为设立的基础，直接反映采购的具体内容，与流通过程密切相关。

2．采购合同的分类

买卖交易所订立的合同，大多视采购物料的性质及方式而订立不同的合约条款。通常，采购合同的种类如下。

（1）按买卖双方亲疏关系分类

1）现货合同。现货合同是采购中最常使用的合同。它是独立的合同，即每次采购分别订立一个合同。现货采购中，采购方将处于相对有利的地位，直到合同订立为止。不过一旦合同订立，供应商可能只履行合同所约定的直接义务，而不履行其他非合同义务。供应商之所以没有动力履行其他非合同义务，是因为这些现货采购合同不会带来其他后续业务。

2）定期采购合同。定期合同常被看作从一个供应商或多个供应商处反复进行的现货采购。这种情况下，合同没有所谓的“合同期限”。在单独的合同下，每次采购单独处理。因此，统一需求的价格或采购的提前期会随着不同的订单而发生变化。

3）无定额合同。这种合同中，买卖双方协商订立一份协议，这份协议在某段时间内对所有买卖都有效。

4）定额合同。如果买方经常需要商品或服务，那么可以与卖方协商订立一份定额合同，约定在一定时间内，这份合同对双方所有的买卖都有效。

5）合伙合同。所有的合伙人以出资比例分担经营业务的职责，并分享利润。在这种关系基础上，双方建立的合同称为合伙合同。

6）合资合同。合资企业仅是为一个特定的项目而设立的，并不是一种持续的业务关系。基于这种关系所订立的合同称为合资合同。

（2）按成立方式分类

当事人订立合同可以采用口头形式、书面形式和其他形式。

1）合同的口头形式，是指买卖双方只用口头语言表示订立合同，而不用文字表达协议内容的合同形式。

2）合同的书面形式，是指买卖双方以合同书或者电报、电传、电子邮件等各种可以有形地表达所载内容的形式订立合同。

（3）按销售方式分类

1）销售合同。此类合同多为以生产或供应货品的厂商要求而成立的合约。

2）承揽合同。此类合同多为业务推广性质，站在中介的地位促进双方的交易，从中取得佣金。

3）代理合同。这种方式大多仅为代理报价签约，不设立门市且不与买方直接发生交易，仅做服务性工作以促进买卖双方交易，佣金则依约定由买方或卖方支付。

8.2.2 采购合同的构成及条款

1. 采购合同的构成

采购合同一般由头部、正文和尾部构成，如表 8-3 所示。

表 8-3 采购合同的构成

合同构成	主要内容
合同头部	1. 合同名称；2. 合同编号；3. 采供双方企业名称；4. 签订地点；5. 签订时间
合同正文	1. 物料名称和规格；2. 物料的数量、质量、包装条款；3. 价格条款；4. 运输方式；5.支付条款；6. 交料地点；7. 检验条款；8. 保险；9. 违约责任、仲裁；10. 不可抗力
合同尾部	1. 合同份数及生效日期；2. 签订人的签名；3. 采供双方企业的公章

2. 采购合同的条款

采购合同的条款其实就是采购合同正文的内容。

（1）数量条款

数量是指采用一定的度量制度对物料进行量化，以表示物料的重量、个数、长度、面积、容积等。数量条款的主要内容包括交料数量、单位及计量方式。制定数量条款的过程中，必要时还应清楚地说明误差范围。

（2）价格条款

价格是指交易物料每一计量单位的货币数值。价格条款的主要内容包括计量单位的价格金额、货币类型、交货地点、物品定价方式和国际贸易术语（如 FOB、CFI 等）。

（3）质量条款

质量是指物料所具有的内在质量和外观形态的综合，包括各种性能指标和外观造型。条款的主要内容包括技术规范、质量标准、规格和品牌等。采购作业中，采购人员须以最明确的方式界定物料可接受的质量标准。表达物料质量的方式一般有 3 种：

1）用图纸或技术文件界定物料的质量标准。

2）用国际标准、国家标准和行业标准界定物料的质量标准。

3）用样品界定物料的质量标准。当用文字或图示难以表达物料质量时，常用样品表示。样品也可作为物料的辅助性规格，与图纸或技术文件结合使用。

（4）支付条款

支付是指采用一定的手段，在指定的时间和地点，使用确定的方式支付货款。

1）支付手段。支付手段有两种：货币；汇票。一般采用汇票。

2）付款方式。支付方式有两种：银行提供信用方式（如信用证）；银行不提供信用但可作为代理（如直接付款或托收）。

3）支付时间。支付时间分为预付款、即期付款、延期付款。

4）支付地点。支付地点是指付款人或指定银行所在地。

（5）检验条款

采购方对购入的货物进行检验，需要根据货物的生产类型、产品性能、技术条件的不同，采取感官检验、理化检验、破坏性检验等方法。双方应在合同中约定检验的标准、方法、期限及索赔的条件。

（6）包装条款

包装是为了有效地保护物料在运输存放过程中的质量和数量要求，利于分拣和环保，并把物料装进适当容器的操作。

包装条款的主要内容包括以下几个：① 包装材料。② 包装方法。③ 包装标志。④ 包装质量。⑤ 包装材料要求。⑥ 环保要求。⑦ 规格。⑧ 成本。⑨ 分拣运输成本。

（7）装运条款

装运是指把物料装上运载工具并运送到交料地点的过程。装运条款的主要内容包括：① 运输方式。② 装运时间。③ 装运地与目的地。④ 装运方式。⑤ 装运通知。

（8）保险条款

保险条款的主要内容包括确定保险类别及保险金额，以及指明投保人并支付保险费。

（9）仲裁条款

仲裁条款通过仲裁协议得以具体体现。仲裁条款是指买卖双方自愿将其争议事项提交第三方进行裁决的条款。仲裁协议的主要内容包括仲裁机构、适用的仲裁程序、适用地点及裁决效力等。

（10）不可抗力条款

不可抗力是指在合同执行过程中发生的不可预见的、人力难以控制的意外事故（如战争、洪水、台风、地震等），致使合同执行过程被迫中断。遭遇不可抗力的一方可因此免除合同责任。不可抗力条款的主要内容包括不可抗力的含义、适用范围、法律后果、双方的权利义务等。

知识链接

合同的附加条款

1）交货方式。这包括新品交货，以及附带备用零件、交货时间与地点等规定。

2）验收方式。这包括检验设备、检验费用、不合格品的退换等规定，以及超交或短交数量的处理。

3）罚则。这包括迟延交货或品质不符的扣款，以及停权处分或取消合同的规定。

4）履约保证。这包括按合同总价的百分之几缴纳保证金，以及保证金的退还或没收的规定。

5）品质保证。这包括保证期限、无偿或有偿条件等规定等规定。

6）仲裁或诉讼。这包括买卖双方的纷争、仲裁的地点或诉讼的法院等规定。

7）其他。像卖方保证买方不受专利权侵害的控诉条款，都可以加入附加条款。

8.3　采购合同管理

8.3.1　采购合同管理的内容

采购企业与供应商签订采购合同后，并不意味着万事大吉，而是应加强采购合同的管理。采购合同的管理主要包括采购合同的监控、修改、取消及终止等内容。

1．采购合同的监控

采购合同的监控是采购部门的重要工作之一。其目的主要有 3 个：促进合同的正常执行；满足企业的物料需求；保证合理的库存水平。

采购合同的监控过程中应注意以下几点：

1）注意供应商物料的质量和货期的变化情况。需要对合同的条款进行修改的，要及时提醒相关人员办理，以利于采购合同的履行。

2）做好采购合同、各种经验数据的分类保存工作。有条件的企业，可以采用计算机软件管理系统进行管理，将采购合同进展状况录入计算机，借助计算机自动处理系统跟踪合同。

3）尽量多地掌握供应商的历史表现数据。供应商的历史表现数据对采购合同的下达及跟踪具有重要的参考价值，因此采购人员应注意利用供应商的历史情况决定对其实施的办法。掌握供应商历史表现数据的多少是衡量采购人员经验水平的一个指标。

2．采购合同的修改

采购合同的修改，必须由企业或供应商任何一方提出并经双方同意。

（1）国内采购合同的修改

国内采购合同的修改最常用的方式有交货日期的修改及价格的修改两种，通常见于以下几种情况。

1）合同签订后，供应商因受不可抗力影响，生产设备受损或停工待料，无法于预定进度内完工交料，且供应商又不愿接受违约罚款的损失，经企业同意可以延期交货。这种情况下，修改合同的文件视为合同附件之一。

2）生产过程中，基于实际需要，供应商的物料组成部分应增加或修改，但供应仍由原供应商提供，此时可协调修改合同价格。此项追加或修改物料的约定也视为合同附件之一。

3）由于工资及物料价格上涨，按采购合同约定的价格，供应商无法履行交货义务，而解约重购对双方均属不利，此时可协调修订合同价格。

（2）国外采购合同的修改

国外采购合同的修改一般有 3 种常见形式，如表 8-4 所示。

表 8-4 国外采购合同的修改形式及原因

常见修改形式	原　因
装运期的修改	通常由供应商提出。由于原料短缺、延误生产或其他原因，供应商无法于约定日期内将货品装运，来函要求企业修改装运日期
船运改空运	供应商延迟交货的特殊急需货品（如某机器的重要零件、医疗用品）、季节性销售货品等，以及涉及时效性货品，必须改用空运者
一次装运改为分批装运	由于制造日程或船只舱位问题，供应商无法一次将货品装运完成，要求企业允许分批装运

3. 采购合同的取消

采购合同的取消有 3 种情形，如表 8-5 所示。

表 8-5 采购合同的取消形式及原因

取消形式	原　因
因违约而取消合同	供应商违约，如所交物料不符合规格或不能按规定日期交货而取消合同；企业违约，如不依约定开出信用证而取消合同。两者皆属不正常取消合同
因需求变更由企业要求取消合同	因市场不景气，企业临时决定取消部分物料的采购而取消合同，但供应商因而遭受的损失应由企业负责赔偿 若以信用证方式付款并证明供应商收到信用证若干日起为交货时间，则信用证尚未开出前合同并未具体生效，故企业因需求变更而在尚未开出信用证之前要求终止合同无须负任何赔偿责任
供需双方同意取消合同	由于天灾人祸或不可抗力因素，经调查确实无能力履约，经双方同意取消合同，双方均不负赔偿责任

4. 采购合同的终止

为维护采供双方权益，合同中应说明终止的措施。合同的终止一般有以下两种情形：

1）合同因期间届满而终止，但规定有效期间者，不另外记载合同终止日期。例如，国内的制造工程合同，合同到期则合同自动消失，但承包商（卖方）对该工程的保修责任不因合同的终止而消失。

2）合同因解除条件的具备、法定解除权的行使或约定解除权的行使而终止。

知识链接

采购合同终止说明

1）在合同有效期内，除合同另有规定外，经双方同意，可终止合同。否则，视实际需要，可要求对方赔偿损失。

2）企业因供应商所交物料有瑕疵，可解除合同或请求减少价金。但其解除权或请求权于物料交付后 6 个月内不行使而消失。

3）信用证规定单据提示的有效期限届至，而供应商仍不能在有效期限内提供物料装运文件并办理押汇手续，企业可以不同意延期为由终止合同，且无须负担任何责任。

8.3.2 采购合同管理的范围及环节

1. 采购合同管理的范围

合同管理中需要对以下领域进行定义并加以控制：时间进度；预算分配；合同变化；数据管理系统（如果应用了）；数据或硬件的结构变化；质量。

1）合同管理过程中，所有项目进度必须细化并确定，包括对成功完成项目很关键的里程碑式的工作。例如，承包了一个建设项目的采购者必须确定所有工作完成的日期，因为打好地基之前无法筑墙、完成主要结构后才能开始电工方面的工作等，如果缺乏计划，则整个工程很可能不能按时完工。对任何大项目而言，道理都是一样的。因此，应该建立计划和控制图表，同时规定各个里程碑式的工作完成的最后日期。

2）为每项活动做预算，确保留出一定的储备，以应对不可避免的变化和无法预料的问题。制定预算时，应该对以前的每个季度重新回顾一下，必要时还应进行调整。另外，如果出现工作领域或部门的转换，则必须重新分配预算，同时密切跟踪预算，采取书面报告形式，确保及时发现产生的问题。如果忽视了问题，在采取有效措施之前，问题可能已经蔓延、扩散了。

3）对管理者来说，建立一套严密的管理体系来控制合同变化是非常重要的。这一体系必须能及时、恰当地发现每个变化，还应规定具体的指令（如控制变化的水平、谁有操作权限、所涉及的成本、对所有需要的小组成员恰当地反馈信息）。

4）如果所管理的合同包括数据，那么还必须跟踪数据的传送和配置。管理大量的数据需要利用转折点和一个好的报告系统。

5）质量保证是管理合同的另一个重要方面。来自质量保证部门的恰当报告和部门人员在领导班子会议上的陈述就是指令。在质量领域的问题数量过多将引起进度推延及成本恶化，所以对这一领域必须认真加以管理，以防对其他经营领域产生负面影响。

2. 采购合同管理的环节

合同管理由采购管理专职人员操作，具体包括以下几个环节。

1）计划审查。即审查采购计划是否在规定的时间内转化成了订单合同。

2）合同审批。即审查合同号、数量、单位、单价、币种、发运目的地、供应商、到货日期等。

3）合同跟踪。即检查采购合同的执行情况，对未按期到货的合同研究对策、加强监督。

4）缺料预测。即与计划人员一起操作，根据生产需求情况，推测可能产生缺料的物料供应合同，研究对策并实施。

5）合同变更。根据实际采购情况，妥善处理合同变更、合同提前终止、合同纠纷等事宜。合同纠纷的解决办法如下：① 买卖双方协商解决。② 第三方调解解决。③ 仲裁机构仲裁解决。④ 司法机关组织诉讼解决。

8.3.3　争议与索赔的处理

1．争议与索赔概述

采购过程中，买卖双方之间往往会因彼此的责任和权利问题产生争议，并由此引发索赔、理赔、仲裁及诉讼等。为了减少争议的产生，并能在争议发生后获得妥善的处理和解决，买卖双方通常都会在签订合同时对违约后的索赔、免责事项等内容事先做出明确规定。这些内容反映在合同中就是违约责任条款。

采购业务中，妥善处理争议和索赔是一项重要工作。索赔一般有 3 种情况：

- 买卖双方间的贸易索赔。
- 向承运人的运输索赔。
- 向保险人的保险索赔。

2．违反合同的责任区分

采购合同履行过程中，采购商品未能按合同要求送达买方时，首先应分清是供方责任还是运输方责任，以便认清索赔对象。

1）违反采购合同的责任。违反采购合同时，供需双方的主要责任如表 8-6 所示。

2）违反货物运输合同的责任。当商品需要从供方所在地托运到需方收货地点时，如果未能按采购合同要求到货，应分清责任在于货物承运方还是托运方，具体如表 8-7 所示。

表 8-6　供需双方违反采购合同的责任

责任方	承担责任内容
供方	① 商品的品种、规格、数量、质量和包装等不符合合同的规定，或未按合同规定日期交货，应偿付违约金、赔偿金。 ② 商品错发到货地点或接货单位（人），除按合同规定负责运到规定的到货地点或接货单位（人）外，并承担因此而多支付的运杂费；如果造成逾期交货，应偿付逾期交货违约金。
需方	① 中途退货应偿付违约金、赔偿金。 ② 未按合同规定日期付款或提货，应偿付违约金。 ③ 错填或临时变更到货地点，应承担由此多支出的费用。

表 8-7 违反货物运输合同的责任

责任方	承担责任内容
承运方	① 不按运输合同规定的时间和要求发运，偿付托运方违约金。 ② 商品错运到货地点或接货人，应无偿运到合同规定的到货地点或接货人。如果货物运到逾期，应偿付逾期交货的违约金。 ③ 运输过程中商品的灭失、短少、变质、污染、损坏，按其实际损失（包括包装费、运杂费）赔偿。 ④ 联运的商品发生灭失、短少、变质、污染、损坏，应由承运方承担赔偿责任的，由终点阶段的承运方按照规定赔偿，再由终点阶段的承运方向负有责任的其他承运方追偿。 ⑤ 在符合法律和合同规定条件下的运输，由于下列原因造成商品灭失、短少、变质、污染、损坏的，承运方不承担违约责任：不可抗力，如地震、洪水、风暴等自然灾害；商品本身的自然性质；商品的合理损耗；托运方或收货方本身的过错。
托运方	① 未按运输合同规定的时间和要求提供运输，应偿付承运方违约金。 ② 由于在普通商品中夹带、匿报危险商品，或者错报笨重货物重量等导致商品摔损、爆炸、腐蚀等事故，应承担赔偿责任。 ③ 罐车发运的商品，因未随车附带规格质量证明或化验报告，造成收货方无法卸货时，需偿付承运方卸车等费用及违约金。

3）已投财产保险时，保险方的责任。对于保险事故造成的损失和费用，保险方在保险金额的范围内承担赔偿责任。被保险方为了避免或减少保险责任范围内的损失而进行的施救、保护、整理等所支出的合理费用，依据保险合同规定偿付。

3. 索赔和理赔的注意事项

索赔和理赔既是一项维护当事人权益和信誉的重要工作，又是一项涉及面广、业务技术性强的细致工作。因此，提出索赔和理赔时，必须注意以下问题。

1）索赔的期限。索赔的期限是指争取索赔一方向违约一方提出索赔要求的期限。关于索赔期限，合同法中有规定的必须依法执行；没有规定的，应根据不同商品的具体情况做出不同的规定。如果逾期提出索赔，对方可以不予理赔。通常，农产品、食品的索赔期限短一些，一般商品的索赔期限长一些，机器设备的索赔期限则更长。

2）索赔的依据。提出索赔时，索赔一方必须出具因对方违约而造成企业损失的证据（保险索赔另外规定）。当争议条款为商品的质量条款或数量条款时，该证据要与合同中的检验条款相一致，同时出示检验出证机构的文书。如果提出索赔时证据不全、不足或不清，以及出证机构不符合规定，都可能遭到对方的拒赔。

3）索赔额及赔偿办法。关于处理索赔的办法和索赔的金额，除了个别情况外，通常在合同中只做一般的笼统规定，而不做具体规定。因为违约的情况较为复杂，当事人在订立合同时往往难以预计。当事人双方应根据合同规定和违约事实，本着平等互利和实事求是的精神，合理确定损害赔偿的金额或其他处理的办法（如退货、换货、补货、整修、延期付款、延期交货等）。

4．经济仲裁

小词典

经济仲裁是指经济合同的双方发生争议时，若通过协商不能解决，当事人一方或双方自愿将有关争议提交给双方同意的第三者，由其依照专门的裁决规则进行裁决。裁决的结果对双方都有约束力，双方必须遵照执行。

采购方与供应方发生纠纷且需要仲裁时，可按照一般的仲裁程序到相应的受理机构提出仲裁申请。仲裁机构受理后，经调查取证，先行调解；如调解不成的，进行庭审，开庭裁决。

案例分析

中国某进出口公司与日本某株式会社的谈判

日本某株式会社（以下简称日方）生产的农业加工机械正是中国机床工厂急需的关键性设备。几年前，为了进口这些设备，中国某进出口公司（以下简称中方）的代表与日方在上海进行了一场艰苦的谈判。

按照惯例，日方代表先报价，他们狮子大开口，开价 1 000 万美元。中方谈判代表事先做了精心的准备，充分掌握了与谈判标的有关的种种情报，知道日方的报价大大超出了产品的实际价格，便拒绝说："根据我们对同类产品的了解，贵公司的报价只能是一种参考，很难作为谈判的基础。"

日方代表没有料到中方会马上判断出价格过高，有点措手不及，便答非所问地介绍其产品的性能与质量。中方代表故意用提问法巧妙地拒绝道："不知贵国生产此类产品的公司一共有几家，贵公司的产品价格高于贵国××牌的依据是什么？不知国际上生产此类产品的公司一共有几家，贵公司的产品价格高于××牌的依据又是什么？"

中方代表的提问使日方代表非常吃惊，日方主谈笑着打圆场，做了一番解释，同意削减 100 万美元。中方主谈根据掌握的交易信息，并且以对方不经请示就可以决定降价 10%的让步信息作为还价依据，提出 750 万美元的还价，但马上遭到了日方的拒绝。谈判陷入了僵局。

为了打开谈判的局面，说服日方接受中方的要求，中方代表郑重地指出："这次引进，我们从几个国家的十几个公司中选中了贵公司，这已经说明了我们对成交的诚意。"接着，中方代表以掌握的详细情报为依据，开始摆事实讲道理："你们说价格太低，其实不然。虽然贵公司比澳大利亚的价格稍低一点，但由于运费很低，所以总的利润并没有减少。"

中方代表侃侃而谈。面对中方的准确情报，日方代表哑口无言，不知说什么才好。为了帮助日方代表下决心，中方代表拿出了撒手锏——制造竞争："更为重要的是，××国、××国出售同类产品的几家公司，正在等待我方的邀请，迫切希望与我方签订销售协议。"说完，中方主谈随手将其他外商的电邮递给了日方代表。

在中方代表的强大攻势面前，日方代表不得不败下阵来，他们为中方所掌握的详细情报和坦诚的态度所折服，感到中方的还价有理有据、无可挑剔，最终只好握手成交。

在这场激烈的交锋中，中方代表之所以能够获得极大的成功，关键在于他们掌握了大量而详细的“与谈判标的有关的情报”，并巧妙地运用这些情报为谈判服务。

思考题

1．中方在谈判前做了哪些准备工作？

2．中方代表在谈判过程中使用了哪些谈判技巧？

思考与练习

1．结合实际，谈谈谈判中可运用的谈判技巧有哪些？

2．你认为采购合同的作用及主要条款有哪些？

3．简述采购合同管理的过程。

实训题

实训主题：采购谈判技巧

1．实训目的

（1）了解采购谈判条款的具体内容。

（2）掌握采购谈判的技巧。

2．实训组织

在教师指导下，将班级学生分成6~8人为一组的谈判项目小组，并确定负责人。教师选择2~3个类型的产品作为谈判的样本对象。小组成员通过充分讨论后，统一认识、统一口径、统一谈判标准，最后选出2~3人负责最后的谈判。

3．实训题目

（1）收集资料，全面了解所要谈判产品的信息（主要是产品质量、交货及价格条款）。

（2）对谈判进行详尽的规划（可以分预测、学习、分析与谈判4个部分进行）。

（3）总结谈判的规律性、技巧性，确定谈判的技巧与方法。

第 9 章

采购成本控制

引导案例

胜利油田每年的物资采购总量约为 85 亿元人民币，涉及钢材、木材、水泥、机电设备、仪器仪表等 56 个大类，12 万项物资。行业特性的客观条件给企业采购的管理造成了一定的难度，然而最让中国石化胜利油田有限公司副总经理裘国泰头痛的却是其他问题。

胜利油田目前有 9 000 多人在做物资供应管理，庞大的体系给采购管理造成了许多困难。胜利油田每年采购资金的 85 亿元中，有 45 亿元的产品由与胜利油田有各种隶属和姻亲关系的工厂生产，很难将其产品的质量和市场同类产品比较，而且价格一般要比市场价格高。同样，胜利油田使用的大多数涂料也是由下属工厂生产的，一般只能使用 3 年左右，而市面上一般的同类型涂料可以用 10 年。

点评：目前，中国许多企业的产品销售成本中，采购成本占到 60%左右。可见，采购环节管理水平的高低对企业的成本和效益影响非常大。采购成本的下降不仅体现为企业现金流出的减少，而且直接体现为产品成本的下降、利润的增加及企业竞争力的增强。运用科学的采购理论方法进行采购决策，可以提高决策的科学性、准确性，降低采购成本，提高企业的效益。

学 习 目 标

重点掌握

- 学习曲线
- ABC 成本法
- 价值分析法

一般掌握

- 采购成本构成

9.1 采购成本分析

9.1.1 采购成本构成

商品的采购成本不仅仅是指采购物料的价格，还包括采购活动的成本费用（包括取得商品的费用、采购业务费用等），以及因采购而带来的库存持有成本及因采购不及时而带来的缺货成本。

1. 物料成本

物料成本是指由于购买材料而发生的货币支出成本。物料成本总额取决于采购数量和单位。它的计算公式为

物料成本=单价×数量+运输费+相关手续费、税金

物料成本中，最需要考虑的是物料的价格。可以说，物资采购控制的核心是采购价格的控制，降低采购成本的关键也是控制采购价格。控制采购价格、降低采购成本，应该从以下几个方面做起。

（1）正确选择供应商

市场经济条件下，大部分物资都是多家经营的，因此正确选择供应商对降低物料采购成本就显得相当重要。

企业选择了合适的供应商后，还要规范供货渠道和采购行为，并加强对供应商的管理。

（2）开辟降低供货成本的新途径

长期以来，物资采购管理形成了供应物资质量越高越好、数量越多越好、时间越早越好、价格要求不严的传统思路。随着社会主义市场经济的建立和发展，物资采购已走向市场。物资采购对企业经济效益的影响越来越大，要求物料采购不仅保证质量、及时供应，而且低价。下面简单介绍几种降低物料采购成本的方法。

1）比价采购。比价采购就是选择 3 个以上的供应商进行报价，通过货比三家，在保证供货质量、数量、时间和售后服务的前提条件下，选择综合价格最低的供应商即价廉物美的供应商作为订货对象。

2）压价采购。压价采购就是利用买方市场的优势，在供货标准不变的条件下，迫使原供货渠道降低价格供应，以达到降低进货成本的目的。

3）招标采购。按照《中华人民共和国招标投标法》关于招标采购的有关规定，组织物资采购的招投标通过多次报价，当众开标，评标专家综合评价后选择价格、性能比最优的投标方案中标。实际上，招标采购也是比价采购的一种，只不过比价形式更为透明和规范。采用公开招标的方式可以利用竞标人的竞争心理，使竞标人之间相互压价，企业则从中选出价格最低的供应商。

（3）选择先进的技术，实现采购过程的专业化分工

企业应实现采购过程的专业化分工，将采购的物流环节交由专业化的部门或第三方物流企业来完成，采用条形码技术、GPS 技术、GIS 技术、射频技术等先进技术，以最大限度地降低运费。

2. 订购成本

订购成本是指向供应商发出采购合约订单的成本费用。具体来说，订购成本是指企业为了实现一次采购而开展的各种活动的费用，如办公费、差旅费、邮资、电报电话费等支出。订购成本中有一部分与订购次数无关，称为订购的固定成本，如常设采购机构的基本开支等；另一部分与订购的次数有关，称为订购的变动成本，如差旅费、邮资等。更详细

地说，订购成本包括与下列活动相关的费用：

- 检查存货水平。
- 编制并提出采购申请。
- 对多个供应商进行调查比较，选择最合适的供应商。
- 填写并发出采购单。
- 填写、核对收货单。
- 结算资金并进行付款。

3. 商品持有成本

商品持有成本是指为保持商品而发生的成本。它可以分为固定成本和变动成本。固定成本与存货数量的多少无关，如仓库折旧、仓库员工的固定月工资等；变动成本与商品持有数量的多少有关，如物料资金的应计利息、物料的破损和变质损失、物料的保险费用等。这里重点介绍变动成本的构成及其所占比例。

商品持有成本一般用所占平均物料价值的百分比表示。例如，假定持有成本为 20%、年度物料成本为 1 000 万元的企业，其平均物料持有成本为 200 万元。虽然维持成本的计算方法显而易见，但要确定适当的持有成本百分比并不简单。商品年度持有成本一般在 20%左右，但它的范围可以在 9%~50%变化，这具体取决于企业的存货政策。持有成本构成的百分比和范围如表 9-1 所示。

表 9-1　持有成本构成的百分比和范围

要　素	平均数（%）	范围（%）
资本成本	15.00	8~40
税金	1.00	0.5~2
保险	0.05	0~2
陈旧	1.20	0.5~2
储存	2.00	0~4
总计	19.25	9~50

4. 缺货成本

采购成本中另一项主要成本是因采购不及时而造成的缺货成本。缺货成本是指由于物料供应中断而造成的损失，包括停工待料损失、延迟发货损失和丧失销售机会损失（还应包括商誉损失）。如果损失客户，还可能为企业造成间接或长期损失。

（1）保险存货及其成本

许多企业都会考虑保持一定数量的保险存货作为缓冲，以防在需求或提前期方面的不确定性。保险存货太多意味着多余的库存，而保险存货不足则意味着断料、缺货等。企业保持保险存货是为了在需求率不规则或不可预测的情况下有能力供应。准备这些保险存货是要不失时机地为生产及内部需要服务，以保证企业的长期效益。保险存货的持有成本的计算与前文所述一样，但保险存货的风险更大，比周转存货的储存成本要高。

（2）延期交货及其成本

延期交货可以有两种形式：缺货可以在下次规则订货中得到补充；利用快速运输方式

解决延期交货问题。如果客户愿意等到下一个周期订货，那么企业实际上没有什么损失。但如果经常缺货，客户可能就会转向其他企业。如果缺货延期交货，那么就会发生特殊订单处理和送货费用。相较而言，延期交货的特殊订单处理费用要比规则补充的普通处理费用高。由于延期交货经常是小规模装运，送货费率相对要高，而且延期交货可能需要长距离运输，另外可能需要利用快速、昂贵的运输方式运送延期交货的货物，因此延期交货成本可根据额外订单处理费用和额外运费来计算。

（3）失去客户的成本

尽管一些客户可以允许延期交货，但是仍有一些客户会转向其他企业。当一个企业没有客户所需的货物时，客户就会从其他企业订货。这种情况下，缺货导致失去客户，对于企业的直接损失就是利润损失。这样，可以通过计算这种货物的利润乘上客户的订货数量来确定直接损失。

1）除了利润的损失，还包括当初负责这笔业务的销售人员的人力、精力浪费。这就是机会损失。

2）很难确定一些情况下的失销总量。例如，许多客户习惯电话订货，这种情况下客户只是询问是否有货，而未指出要订货多少。如果这种产品没货，那么客户就不会说明需要多少，对方也就不会知道损失的总量。

3）很难估计一次缺货对未来销售的影响。

9.1.2　影响采购成本的主要因素

采购成本由多个方面构成，影响采购成本的因素也很多，包括采购次数、采购批量大小及采购价格的高低。同时，采购成本还受企业采购战略、企业产品成本结构、供应商成本结构、供应商采购谈判能力等方面的影响。但是，影响采购成本最重要和最直接的因素还是采购的批量、批次、价格及谈判能力。

1. 采购批量和采购批次

如同批发和零售的价格差距一样，材料采购的单价与采购的数量成反比，即采购的数量越大，采购的价格使采购单价大幅度降低，也使各企业的采购费用相应降低。因此，采购批量和采购批次是影响采购成本的主要因素。

2. 采购价格及谈判能力

采购过程中，企业谈判能力的强弱是影响采购价格高低的主要原因。当前，随着社会主义市场经济体制的深入，不同市场形态在供应、需求等方面的要素也不同，企业在实施采购谈判时必须分析所处市场的现行态势，并有针对性地选取有效的谈判议价手法。例如，根据市场形态呈现卖方市场、中性市场和买方市场等不同情况，企业可以分别采取“忍”、“等”、“狠”不同的议价策略，以获取达到降低采购价格的目的。

9.1.3　学习曲线

1. 学习曲线的含义

学习曲线是分析采购成本、实施采购降价的一个重要工具和手段。学习曲线最早由美国航空工业提出。它反映重复生产许多产品时，那些产品的单位成本随着数量的增多呈规律性递减趋势。需要说明的是，这种单位产品价格成本的降低与规模效益并无任何关系，它是一种学习效益。这种学习效益是指某产品在投产的初期由于经验不足，以及产品质量保证、生产维护等需要较多的精力投入以致带来较高的成本，而且随着累计产量增加和管理渐趋成熟，所需的人、财、物力逐渐减少，工人的技能越来越熟练，产品的质量也越来越稳定，前期生产期间的各种改进逐步见效，因此成本不断降低。其主要表现为：

1）随着生产的进行和产量的增加，工人工作越来越熟练，生产效率不断提高。

2）生产过程中的产品报废率、返工率逐渐减小，产品的缺陷不断降低。

3）随着产量的不断增加，原材料的采购成本不断降低。

4）经过前期阶段的学习，设备的效率及利用率显著提高。

5）生产批次不断优化，设备的设定、模具的更换时间不断缩短。

6）价值工程中各价值分析的作用随着工人生产的熟练程度而日益提高，所需的培训及生产维护费用不断减少。

2．学习曲线的模型

学习曲线反映累计产量的变化对单位成本的影响，累计产量的变化率与单位工时或成本的变化率之间保持一定的比例关系。学习曲线如图 9-1 所示。

一个曲率为 80%的曲线意味着如果生产的产品的累计量翻倍时，生产一个单位的产品所要求的时间只需原始时间的 80%。某产品学习曲线效益如表 9-2 所示。

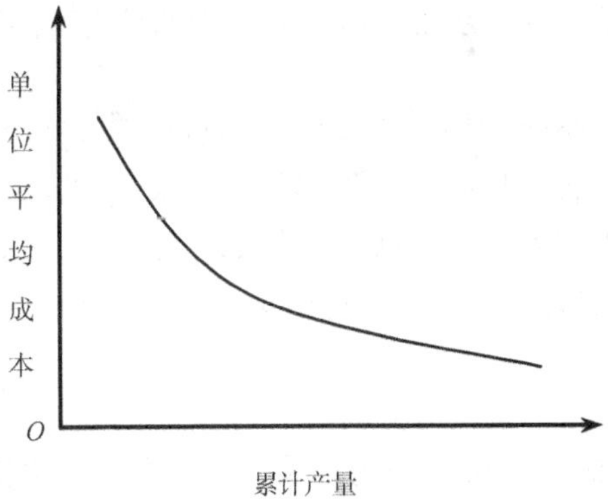

图 9-1　学习曲线

表 9-2　某产品学习曲线效益（80%学习曲线）

累计生产量	某单件产品所要求的时间
1 000	20
2 000	16
4 000	12.8
8 000	10.24
16 000	8.2

学习曲线说明当一个特定产品的累计生产量翻番时，生产该产品所要求的平均时间会比前期所要求的时间少。通过预计供应商的学习曲线，采购企业能与供应商协商未来的价格降低问题。

3．学习曲线的表达式

计算总直接人工小时 L 的公式：

$$L=y(x)=ax^{1-b}$$

式中　L——总直接人工小时；

x——累计产量；

a、b——系数。

总直接人工小时（或总成本）随累计产量的增加以递减的比率增加。

4．学习曲线的应用条件

并非所有流程或产品都能从学习中获得利益或得到改善。实际上，不正确的应用会导致企业大大低估生产成本。学习曲线的应用是有条件的，它首先要满足两个基本假设：一是生产过程中确实存在着“学习曲线”现象；二是学习曲线的可预测性，即学习曲线是有规律的。因此，只有特定条件下才能运用学习曲线方法。这些特定条件如下：

1）供应商使用一种新的生产流程或第一次生产一种产品。

2）产品生产初期人员相对稳定。

3）所收集的成本和劳动力数据必须准确，尤其在生产初期。

4）产品需要很高的直接人工成本。

9.2 ABC 分类法

9.2.1 ABC 分类法的原理

ABC 分类法由意大利经济学家 Villefredo Pareto 首创。1879 年，Pareto 提出了著名的“二八”定律：社会财富的 80%掌握在 20%的人手中，而余下的 80%的人只占有 20%的财富。这种“关键的少数和次要的多数”的理论，被广为应用到社会学和经济学中，并被称为 Pareto 方法。后来，Pareto 方法不断应用于管理的各个方面。1951 年，管理学家戴克将其应用于库存管理，并命名为 ABC 分类法。

事实上，经济管理中也存在着许多类似情况。企业的采购活动中，一般只有少数物料采购量很大，因而占用较多的资金；从年需求量来看，只有少数物料的年需求量非常大而种类少，种类比较多的其他物料的年需求量却较小或者重要性较小。例如，在百货公司的许多种商品销售中，为数不多的一些商品的销售额却占总销售额的大部分。

9.2.2 ABC 分类法的标准

ABC 分类法的标准是每种物料每年采购的金额，即该品种的年采购量乘上它的单价。将年采购金额最高的划归 A 类，次高的划归 B 类，低的划归 C 类。具体划分标准及各种物料在总采购金额中应占的比重并没有统一的规定，这要根据各企业、各车间物料的具体情况和企业经营者的意图来确定。但是，根据众多企业多年运用 ABC 分类法的经验，一般可按各类物料在总采购金额中所占的比重划分 A、B、C 的类型，参考数字如表 9-3 所示。

表 9-3　库存物料 ABC 分类比重

类　别	年采购金额百分比（%）	品种数百分比（%）
A	60~80	10~20
B	15~40	20~30
C	5~15	50~70

由以上分析可以知道，占用大部分采购金额的 A 类物料，其数量所占的百分比却很小。因此，运用 ABC 分类法，可以使采购人员弄清楚物料采购的基本情况，分清哪些物料是 A

类、哪些是 B 类、哪些是 C 类，从而采取不同的策略进行成本控制。对 A 类物料，企业必须集中力量进行重点成本控制；对 B 类物料，一般进行常规成本控制；对 C 类物料，进行一般成本控制即可。

制定 ABC 三类物料的区分标准的步骤如下：

1）先计算每种物料在一定期间（如一年内）的采购金额。其计算方法是单价乘以采购数量。

2）再按采购金额的大小顺序，排出其品种序列。采购金额最大的品种为顺序的第一位，依此类推。然后，计算各品种的采购金额占总采购金额的百分比。

3）最后，按采购金额大小的品种序列计算采购额的累计百分比。我们把占采购金额累计 70%左右的物料作为 A 类，把占余下的累计 20%左右的物料作为 B 类，把除以上两种之外的物料作为 C 类。例如，某企业的物料总数为 3 421 种，其采购金额（P）、按采购金额大小的品种序列、占总采购金额的百分比、累计百分比等如表 9- 4 所示，其 ABC 分类如表 9-5 所示。

表 9-4　以采购金额排列的物料类别

采购金额（P）的分类（万元）	品种数（种）	品种累计数（种）	占总品种数的百分比（%）	占总品种百分比的累计数（%）	采购金额（万元）	采购金额累计数（万元）	占采购总金额的百分比（%）	占采购金额百分比的累计数（%）
$P>6$	260	260	7.6	7.6	5 800	5 800	69	69
$5<P\leqslant 6$	68	328	2	9.6	500	6 300	6	75
$4<P\leqslant 5$	55	383	1.6	11.2	250	6 550	3	78
$3<P\leqslant 4$	95	478	2.8	14	340	6 890	4	82
$2<P\leqslant 3$	170	648	5	19	420	7 310	5	87
$1<P\leqslant 2$	352	1 000	10	29	410	7 720	5	92
$P\leqslant 1$	2 421	3 421	71	100	670	8 390	8	100

表 9-5　ABC 分类

分　类	品种数（种）	占全部品种的百分比（%）	采购金额（万元）	占采购总金额的百分比（%）
A	328	9.6	6 300	75
B	672	19.4	1 420	17
C	2 421	71.0	670	8

由表 9-5 可以看出，3 421 种物料中，采购金额占采购总金额 75%的，是只占全部品种 9.6%的 328 种，作为 A 类；B 类物料年采购金额在 1 万～5 万元，占采购总金额的 17%，占全部品种 19.4%的 672 种；C 类有 2 421 种物料，它的采购金额合计只占总采购金额的 8%，而品种却占全部的 71%。具体的计算过程中，我们可以用电子计算机的多重循环程序设计进行自动分类排序计算。

9.2.3 ABC 分类控制的准则

对采购物料进行 ABC 分类之后，采购人员便应根据企业的经营策略对不同类别的采购物料进行不同的管理，以便有针对性地对采购成本进行控制、降低经营成本。

1．A 类物料的控制准则

A 类物料在品种数量上占 15%左右，但它们所占的金额却是相当大的。对整个企业来说，自然应该千方百计地降低它们的采购量（对商业部门来说，则是增加它们的销售额）。而对于采购人员来说，除了应该协助企业降低它们的采购量（或增加其销售额），还要在保障供给的条件下尽量降低它们的库存额、减少占用资金、提高资金周转率。A 类物料消耗金额高，提高其周转率能获得较大的经济效益。但是，A 类物料又恰恰是企业的重要物料，不但不能增加其库存额，还要加以降低，这就会增加缺货风险，增加影响生产与经营的风险。加强控制 A 类物料的目的，就是要靠管理的力量，使库存量降低却又能保障供给。事实上，只要采用适当的策略，严密监管 A 类物料库存量的变化情况，在库存量降低到报警点时立即采取必要而积极的措施，这样是可以防止缺货的。

采购人员可以从以下几个方面加强对 A 类物料的控制。

1）勤采购，最好买了就用，用了再买。这样库存量自然会降低，资金周转率也就会相应提高。当然，绝大多数情况下都是采购一批物料，保证一段时间的供给，然后再买。对 A 类物料来说，原则上应该尽可能降低一次采购的批量。

2）勤发料，每次的发料量应适当控制。减少发料批量，可以降低二级库的库存量，也可以避免以领代耗的情况。当然，每次发料的批量应满足工作的方便与需要。

3）与需用部门勤联系，了解需求的动向。企业要对自己的物料需求量进行分析，弄清楚哪些是日常需要，哪些是集中消耗（如基建项目、技改专用项目的用料量集中发生、批量很大，而且用料时间是可以预知的）。因为后者是大批量的冲击需求，企业应掌握其需求时间，需要时再进货，不要过早进料而造成积压；企业要掌握生产或经营中的动态，了解需求量可能发生的变化，使库存量满足这种变化；企业还要与需用部门协同研究物料代用的可能，尽量降低物料的单价。

4）恰当选择安全系统，使安全库存量尽可能减少。恰当选择报警点，严密监管库存量变化，当库存量降低到报警点时，要立即行动，采取预先考虑好的措施，以免发生缺货。首先应与供应商联系，了解下一批供货什么时候可以到达，数量有多少；然后计算缺少的数量，并通过各种渠道（如补充订货、互相调剂、求援、请上级公司帮助解决等）解决缺额量。另外，还要与供应商密切联系，提前了解合同执行情况、运输方式的可能性等，并协商各种紧急供货的互惠方法，包括经济上的补贴办法。

2．C 类物料的控制准则

C 类物料与 A 类物料相反，其品种数目众多，而所占的金额则相对较少。品种如此之多，如果像 A 类物料那样加以控制，费力大、经济效益却不高，这是不合算的。C 类物料的成本控制原则与 A 类物料相反，不应投入过多的控制力量，宁肯多储备一些，少报警，以便集中力量控制 A 类物料。C 类物料所占金额非常少，所以多储备并不会占用太多资金。

多年来已不采购的物料不属于 C 类物料，应视作积压物料。这部分库存，除其中某些品种因其特殊作用仍必须保留外，应该清仓处理，避免积压。

3．B 类物料的控制准则

B 类物料的状况处于 A 类物料和 C 类物料之间，因此其控制方法也处于 A、C 两种物料的控制方法之间。B 类物料一般采用通常的方法加以控制，或进行常规方法管理。

每类物料的成本控制准则如表 9-6 所示。

表 9-6　ABC 分类采购成本控制表

分类 / 控制方法 / 控制类别		A	B	C
定额的综合程度		按品种，甚至按规格决定	按大类品种决定	按该区总金额决定
定额的查定方法	消耗定额	技术加算法	现场查定法	经验估计法
	周转库存定额	按库存论不同条件下的数学模型计算	按库存论不同条件下的数学模型计算	经验统计法
检查		经常检查	一般检查	以季或年度检查
统计		详细统计	一般统计	按金额统计
管理		严格管理	一般管理	金额总量管理
安全库存量		很低	较大	允许较高

9.2.4　ABC 分类控制的几个问题

采购人员在对 ABC 3 类物料进行采购成本控制时还必须注意几个问题，即单价的影响问题和物料的重要性问题，以及其他一些追加的问题。

1．单价的影响

如前所述，ABC 分类标准一般以物料的年采购金额为标准。年采购全额为单价与年采购量的乘积。年采购金额相同的两个品种，其中一个可能年采购量大但单价小；另一个可能年采购量小却单价大。两者的成本控制策略应略有区别：单价很高的物料在成本控制上要比单价较低的物料严格，因为单价高，存量略增一点，所占用的金额便会急剧上升。凡单价高的品种，对其进行成本控制时应有特殊要求：与需用部门密切联系，详细了解使用方向、需用日期与数量，准时组织采购，控制库存量，力求少积压；同时，与需用部门研究替代品的可能与方法，尽量少用高价物料。

2．物料的重要性

进行 ABC 分类时只考虑采购金额的多少是不够的，还必须以考虑物料的重要性作为补充。物料的重要性包括以下 3 个方面。

1）缺货会造成停产或严重影响正常生产。

2）缺货会危及安全。

3）市场短线物料缺货后不易补充。

采购人员不应把 ABC 分类与物料的重要性相混淆，它们具有以下不同的意义：

1）A 类物料固然重要，但其重要首先在于它们的年采购金额相当高，而且部分 A 类物料具有缺货会影响生产、危及安全或不易补充的性质，然而也有一部分 A 类物料不具备这些性质；而某些 B 类或 C 类物料虽然年采购金额并不高，但却具有缺货会影响生产、危及安全、不易补充等性质。因此，B 类和 C 类物料完全可能是重要物料。

2）对于 A 类物料，采购人员的成本控制策略是降低安全系数、适当压缩存量、用加强管理的办法降低由此造成的风险。但对于重要物料，采购主管的策略则是增加安全系数、提高可靠性、辅以加强管理。

3．其他问题

采用 ABC 分类法将物料分成若干人为的类别之前，还要考虑除财务因素以外的其他因素。追加的考虑事项可能会强有力地改变物料的分类及成本控制方式。这些重要因素可能：

- 采购困难问题（前置时间长而不稳定）。
- 可能发生的偷窃。
- 预测困难问题（需求量变化大）。
- 储存期限短（因为会变质或陈旧）。
- 仓储容量需求太大（体积非常大）。
- 物料在经营上的急需情况。

9.3 价值分析法

9.3.1 价值分析概述

1．价值分析的产生

价值分析（Value Analysis，VA）职能是 1947 年由美国通用电气公司（General Electric Co.）所创。该公司采购部主任 L. D. Miles 一直从事价值分析研究和技术训练推广工作。由于对价值科学方面的研究和贡献，他被誉为“价值分析之父”。1952 年，L. D. Miles 举办的“价值分析”研讨会引起了美国企业界的重视，于是价值分析的研究工作得以推广。

价值分析成为降低成本的快捷方式，特别受到了美国企业界的重视。1959 年，美国在华盛顿成立了美国价值分析协会。该协会借助相互切磋的形成促使价值分析工作得到了发展。当时，美国的 *PDR—CHASING* 杂志发表了西电公司因利用价值分析节省了 1.5 亿多美元的文章，价值分析才开始引起世界各地企业界的重视。

2．价值分析的含义

价值分析以降低成本为目的，致力于产品功能分析的有组织与有系统的群体合作的创造性活动。价值分析是研究产品材料、劳务成本与功能，在不影响原有品质或效能的条件下，通过改进设计、改善制造方法、变更对供应商的要求条件等，达到降低成本的组织化与制度化的一种活动。价值分析不是过去那种简单降低成本的方法，而是加强成本意识、减少不必要的成本以提高其使用价值的方法。换句话说，价值分析就是以最必要的成本，实现产品所必须保持的功能、品质及价值，并设法扩大产品现有的价值的一种活动。这里所说的价值，是指企业产品的价值。价值分析的作用就是以最低的成本发挥产品的主要功能。表示价值的公式如下：

价值=品质÷价格或价值=功能÷成本

那么，如何提高产品的价值呢？根据上面的公式，我们可以采取以下策略：

1）提高功能，降低成本，大幅度提高价值。

2）功能不变，降低成本，提高价值。

3）功能有所提高，成本不变，提高价值。

4）功能略有下降，成本大幅度降低，提高价值。

5）适当提高成本，大幅度提高功能，提高价值。

9.3.2　价值分析法在采购中的应用

早在 20 世纪 40 年代，美国通用电气公司的采购人员 L.D.Miles 就成功解决了短线物资的代用问题，随之创立了价值分析学说。对在物资采购中所遇到的问题，根据价值分析的原理进行研究与实践，L.D.Miles 发现价值分析可以有效地应用于物资采购中。

正确选购物资是企业合理使用物资、降低产品成本的先决条件，而要做到正确地选购物资，就必须对采购物资进行价值分析，以最低的成本费用获取所需物资。价值分析的目的就是尽力降低成本费用。我们知道，不论是直接成本还是间接成本，采购成本都是影响企业经营、参与市场竞争、谋求利润的一大因素。同时，采用价值分析有利于降低物资的使用费用。购置费用容易引起人们的重视，而使用费用往往被忽视。例如，有的物资购置费用低，但使用费用却比较高，价值分析则要求整个寿命周期内的费用降到最低限度。

以往，企业面对经济萧条时，为了追求利润和降低成本，采购物资时经常使用的方法是通过采购人员的强势或谈判能力，尽量压低卖方的要价，进而达到降低成本的目的。近几年，经济、社会环境的变化不仅使企业经营成本大幅度提高，而且导致了企业经营管理的巨变，因此只凭以往的强势行为已无法达到降低采购价格与生产成本的目标。或许有些采购人员仍然抱着以往的强势采购观念（例如，卖方是靠买方企业生存的，只有杀价才能买到低价货物），所以企业必须意识到，这种类型的采购人员将是影响企业成长和发展的重要祸源之一。目前国内外很多企业的采购策略都是采用价值分析方式。

9.3.3　价值分析的过程

1．价值分析法的特征、程序及思想

（1）价值分析法的特征

1）以顾客为中心，即以市场或买主需要为依据。

2）运用功能中心的研讨方式，以成本分析达到节省成本的目的，但它是从产品设计的构想出发并以确保功能为前提的。

3）以团队合作的方式，凝聚了设计、生产、品质管理、采购人员的智慧。

（2）价值分析法的程序

价值分析法的工作程序主要包括 3 个过程（分析、综合和评价）、2 个步骤（基本步骤与详细步骤）及 1 项质询（针对产品的功能、价值、成本等进行的质问）。

（3）价值分析法的思想

价值分析法的思想体现在它与一般降低成本方法的差异上。价值分析法与一般降低成

本方法的差异如表 9-7 所示。

表 9-7　价值分析法与一般降低成本方法的差异分析

价值分析法	一般降低成本的方法
以功能为中心	以采购品或材料为中心
团队组织共同努力	以采购单位为主，情报及创意不定
注重功能性研究/设计构想	以成本分析为中心，节约采购成本
通过团队任务编组与分工发挥、增加配合优势	因本位观念太重，导致力不从心
成本可以明显降低	降低成本的目标不易明确

2. 价值分析法实施的步骤

1）选定对象。即以采购物品中最主要的、影响最大的物品（按 80/20 原则确定）为对象。

2）成立价值分析改善小组。以采购为核心，召集设计、生产、质管、采购及提供零部件或模具等人员共同组成。

3）收集、分析所选对象的情报。

4）拟订降低采购成本的战略方案，以正确掌握价值分析的目的及功能。

5）拟订具体实施计划，即改善方案。

6）展开改善方案。

7）确认效果，即确认具体改善方案及其成效。

8）新方案变更（标准化）与跟催。

案例分析

从采购入手降低成本

除中国大陆宜家的价格表现略为偏高外，在全球其他市场，宜家一直以优质低价的形象出现，这得益于宜家经济的采购策略。宜家在为产品选择供货商时，首先会从整体上考虑总体成本最低，即计算产品运抵各中央仓库的成本作为基准，再根据每个销售区域的潜在销售量选择供货商，同时参考质量、生产能力等其他因素。由于宜家绝大部分的销售额来自欧洲和美国，所以一般只参考产品运抵欧洲和美国中央仓库的成本。

宜家在全球拥有近 2 000 家供货商（其中包括宜家自有的工厂），供应商会将各种材料由世界各地运抵宜家全球的中央仓库，然后从中央仓库运往各个商场进行销售。这种全球大批量集体采购方式可以取得较低的价格，挤压竞争者的生存空间。

同宜家的大批量采购相比，复制者无法以相同的低价获得原材料，所以产品定位要低于宜家的价格，就只有偷工减料或者降低生产费用，然而降低生产费用的空间不会太大。因为宜家供货厂家由于订单的数量大，其单位生产费用、管理费用已经相当低了，且宜家在价格上所加的销售费用、管理费用也不会太高。如果没有足够的利润空间，复制者也就没有了原动力，偷工减料的产品也就无法长期同宜家竞争。

思考题

试分析宜家是如何控制和降低采购成本的?

思考与练习

1．试述采购成本的构成。

2．什么是学习曲线？采购人员为什么要了解学习曲线？

3．什么是 ABC 分类法？简要说明 ABC 分类法的分类标准。

4．什么是价值分析法？价值分析法的特征是什么？

实训题

实训主题：采购成本控制

1．实训目的

（1）能够正确分析采购成本的构成。

（2）能够恰当运用 ABC 分类法及价值分析法分析采购成本。

（3）能够提出恰当的采购策略。

2．实训组织

按教学班级，将学生分成数个小组，在教师指导下统一相关标准。各小组对有关超市或其他采购部门进行调查，了解采购成本方面的相关资料。然后，以小组为单位对所收集的资料进行分析并组织研讨，在充分讨论的基础上形成小组的课题报告。

3．实训题目

（1）对相关采购部门采购物料种类、数目、成本等方面的资料进行调查并做相应记录，以便为采购成本分析做相应的准备工作。收集资料时，主要根据采购部门的实际项目开展活动，任课教师调控整个过程。

（2）各小组对所收集的采购信息进行分析、讨论，了解所调查采购部门采购成本的构成，并将所学的两种成本分析法适当地加以应用，最后提出合适的采购策略。

第10章

采购绩效评价

引导案例

Y公司是一家知名的黄金生产企业，注册资本1亿元人民币，现有职工2万人。由于历史的原因，公司在经营管理上存在着计划经济体制的痕迹，公司自身的管理理念滞后，管理体制不正规，现代企业制度也没有真正建立起来。特别是在人力资源管理方面，公司没有一套行之有效的人力资源管理体系，缺少现代的激励、考核措施。

公司的高层领导也意识到了这些问题，并陆续邀请了几家咨询服务机构为企业把脉，制定公司的中长期发展战略，用现代企业制度对公司进行组织机构重组。尤其是在人力资源管理方面，公司下大力气转变以往的“人才上不去，庸才下不来”的状况，在公司内部以岗位责任制为基础，采取积分制绩效考核手段，基于以绩效考核为核心的集团内部人员流动机制，建立了一套人力资源考核管理体系。然而在具体实践过程中，公司负责人力资源的经理却遇到许多困扰。这大致可以归纳为以下几个方面：

1）年初的绩效考核工作计划做得很好，可是实施过程中却“雷声大，雨点小”，各部门的考核者乐于充当好好先生，应付了事，大大有悖于绩效考核的初衷。

2）考核过程中，公司员工缺少参与的积极性，抵触情绪很强，不少员工甚至质疑绩效考核是否就是通过反复地填表、交表来挑员工的毛病。

3）人力资源部门的负责人反映，考核的过程烦琐，经常耽误正常的工作时间，推行过程中往往又因为得不到高层的足够支持而阻力重重。

4）考核过程和结果的公正性难以保证，大多数员工对考核的结果都心怀不满，怨声四起，同事的关系也往往因考核而变得紧张，不利于公司日常工作的开展。

点评：所有企业和部门都需要评估体系来指导和评价绩效，但是在开发复杂的绩效衡量和考核系统方面，采购部门一直落后于其他部门。然而，随着采购部对绩效评价重要性认识的提高及执行人员对此方面关注的加强，情况正在改变。

学　习　目　标

重点掌握

- 采购绩效评价的指标及标准
- 采购绩效评价的方式
- 标杆管理的相关内容

一般掌握

- 采购绩效和采购绩效评价的概念
- 采购绩效评价的目的及影响因素
- 参与采购评价的人员

10.1　采购绩效评价概述

10.1.1　采购绩效和采购绩效评价的概念

采购绩效主要用来衡量采购部门的目标达成情况及采购部门的工作表现。采购工作在一系列的作业程序完成之后，是否达到了预期的目标，企业对采购的商品是否满意，这是需要经过考核评价之后才能下结论的。采购绩效评价就是建立一套科学的评估指标体系，以全面反映和检查采购部门的工作实绩、工作效率和效益。

对采购绩效的评价可以分为对整个采购部门的评价和对采购人员个人的评价。对采购部门绩效的评价可以由企业高层管理者进行，也可以由外部客户进行；而对采购人员的评估常由采购部门的负责人来操作。对采购绩效的评价是围绕采购的基本功能进行的。采购的基本功能可以从两个方面进行描述：一方面，把所需的商品及时买回来，保证销售或生产的持续进行；另一方面，开发更优秀的供应源，降低采购成本，实现最佳采购。

10.1.2　采购绩效评价的目的

许多企业与机构现在仍然把采购人员看成行政人员，对他们的工作绩效还是以“工作品质”“工作能力”“工作知识”“工作量”“合作”“勤勉”等一般性的项目进行考核的，使采购人员的专业功能与成果未受到应有的尊重与公正的评价。实际上，若能对采购工作进行正确、有效的评价，通常可以达到下列目的。

1）能够确保采购目标的实现。各企业的采购目标各不相同，且往往各有侧重。例如，政府机构的采购侧重“防弊”，采购作业以“如期”“如质”“如量”为目标；企业采购则注重“兴利”，采购工作除了维持正常的产销活动外，还非常注重成本的降低。特别是在企业采购中，各企业要针对自己的主要采购目标对涉及时间期限、质量规格、物流服务、组织效率等方面的指标加以评估，以促进目标的实现。

2）能够为改进绩效提供依据。绩效评价制度，可以为衡量采购目标是否达成提供客观的标准，也可以确定采购部门目前的工作表现。建立一套完善的绩效评价机制，有利于及时发现和总结采购过程中的问题，从而兴利除弊，使采购工作按照计划顺利地进行。

3）有利于下一步工作的展开。有了工作经验的不断积累和总结，日后制订采购工作计划时便能更加有的放矢，及时防止突然事件发生。如果以此为基础进一步形成一套及时纠正错误、改进工作流程的机制，那么整个采购部门的工作将形成良性循环。

4）能够使采购工作更加透明。采购绩效评价信息的共享有利于采购部门与设计、仓储、销售、售后等其他部门的沟通和合作。另外，如果将定期的采购计划和执行评估作为销售、售后等部门的一份宣传资料，则可以让客户清楚地看到企业是如何对原材料和商品采购进行严格把关的，还可以让客户提供一些建设性意见，使日后的采购工作不断改进，而改进的过程又可以反映在评估结果中让客户监督、核实。

5）能够作为评价部门和采购人员工作状况的参考，产生良好的激励效果。采购工作绩效评价显然能够清楚地反映采购部门和采购人员的工作表现，一方面可以将采购部门的绩效彰显出来，另一方面可以成为人事考核的参考资料。同时，采购部门人员也将更清楚地了解自己的工作状态和工作效率，及时总结采购工作中的不足与成绩，从而产生更高的工作热情。

6）能够有效促进部门之间的沟通。采购部门的绩效受其他部门能否配合的影响，故采购部门的职责是否明确，表单、流程是否简单、合理，付款条件及交货方式是否符合公司管理制度，各部门的目标是否一致，均可通过绩效评价来判定，并可以改善部门之间的合作关系，增进企业整体的运作效率。例如，企业可以通过分析那些需要特别检查的发货单，使付款程序得到合理的安排，从而增进采购部门与管理部门之间的协调。

7）可以服务于对某个供应商绩效的评价。采购部门是直接与供应商接触的部门，对其工作绩效的评价显然要涉及与供应商合作的具体情况，这有助于评价某个供应商作为合作伙伴的可靠性。

总之，采购绩效的有效评价有利于采购部门及时发现问题并改进工作，从而降低采购过程中产生的成本费用，减少采购货物废品的数量，进一步提高采购部门的绩效和采购部门在公司的地位。

10.1.3 影响采购绩效评价的因素

企业之所以实行绩效评价，是因为企业越来越强调对过程的监控。企业通过对行动过程中各项指标的观察与评估，可以保证战略目标的实现。影响采购绩效评价的一个重要因素是，管理人员如何看待采购业务的重要性及采购业务在企业中所处的地位。早在 1962 年，美国的海斯（Hayes）和雷纳德（Renard）就指出，管理人员对采购业务的不同期望将对其所采用的评价方法和技术产生重要影响。

关于对采购业务的 4 种管理观点及相应的绩效评价依据如下：

1）采购业务被看作一种业务管理活动。根据这种观点，评价采购业务的绩效主要取决于与现行采购业务有关的一些参数，如订货量、订货间隔期、积压数量、现行市价等。

2）采购业务被看作一种商业活动。这种观点把采购业务看作一项商业活动，管理人员主要关注采购所能实现的潜在节约额。采购部门的主要目的是降低价格以减少成本的支出，采购时要关注供应商的竞争性报价，以便获得一个满意的价位。用以评价采购工作绩效的主要参数是采购中的总体节约量（通常用每一产品组和每一客户表示）、市价的高低、差异报告、通货膨胀报告等。

3）采购业务被看作综合物流的一部分。管理人员知道追求低价格有不利的一面，即可能导致次优化决策，太关注价格还会因小失大。降低产品的价格通常会使供应商觉得产品的质量可能会降低，并会降低供应的可信度，因此管理人员要向供应商介绍产品质量改进目标，尽量确保到货时间并提高供应商的供货可信度。

4）采购业务被看作一项商业策略。这种观点认为，采购业务对于决定公司的核心业务及提高公司的竞争力将产生积极的作用。这种情况下，管理人员评价采购绩效主要考虑以下几个方面，即基本供应量的变化数量（通常是减少量）、新的潜在（国际）供应商（订有合同的）数量，以及已实现的节约额等。

表 10-1 概括了管理层对待采购的几种态度及相应的采购绩效评价依据。

表 10-1　管理层对采购及相应的绩效评价依据的几种看法

管理层观点	采购业务的等级地位	绩效评估依据
把采购看作一种管理业务	在组织中的地位低	订单数量、订单累计额、供应到货时间管理、授权、程序等
把采购看作一种商业活动	向管理人员报告	节约额、降价程度、通货膨胀报告、差异报告等
把采购看作综合物流的一部分	采购和其他与材料相关的业务构成统一的整体	节约额、成本节约额、货物供应可靠程度、废品率、供应到货时间的缩短量等
把采购看作一项战略性经营职能	采购者进入高级管理层	应有成本分析、早期介入的供应商数量、自制还是购买决策、供应额的减少量等

另外，对工业企业的一项调查结果表明，不同企业在生产经营类型、管理风格、组织结构、委托采购方面的不同，也会影响采购绩效评价的评价体系和效果。

10.2　采购绩效的具体评价

10.2.1　采购绩效评价指标

采购绩效可以用采购的数量、质量、价格、时间和效率几个指标进行评价。

1. 数量指标

采购人员常常为争取数量折扣以达到降低价格的目的，但却可能因此导致库存过多，甚至发生呆料、废料的情况。数量绩效就是用来评估这方面的工作效果的。其具体指标包括：

1）储存费用指标。这一指标用来衡量现在存货利息及保管费用与正常存货利息水平及保管费用之差额。

2）呆料、废料处理损失指标。这一指标用来衡量处理呆料、废料的收入与其取得成本的差额。存货积压利息及保管费用越大，呆料、废料的损失越高，显示采购人员的数量绩效越差。不过，此项数量绩效有时会受公司营业状况、物料管理绩效、生产技术变更或投机采购的影响，所以原因并不一定全归咎于采购人员。

2. 质量指标

质量指标主要衡量供应商所提供的产品的质量情况及供应商的整体质量水平，包括产品质量水平和供应商质量体系。

1）产品质量水平（来料质量水平），包括批次质量合格率、货物免检率、货物抽样检查缺陷率、返工率、退货率、原材料配件等在线报废率、对缺陷货物的处理时间等指标。

2）供应商质量体系，包括通过国际质量体系认证的供应商比例、实行质量免检的货物比例、货物免检的供应商的比例、免检货物的价值比例、实施 SPC 的比例、SPC 控制的货物数比例等，还包括根据本企业的产品要求进行专项质量改进的供应商数目及比例、参与本企业专项质量改进的供应商数目及比例等。

3．价格指标

价格指标是企业最重视的绩效衡量标准，也是企业最常见的绩效衡量标准。通过价格指标，企业可以衡量采购人员议价能力及供需双方势力的消长情形。采购价格指标通常有以下 4 种。

1）实际价格与标准成本的差额。实际价格与标准成本的差额是指企业采购商品的实际价格与企业事先确定的商品采购标准成本的差额。它反映企业采购过程中实际采购成本与采购标准成本的超出或节约额。

2）实际价格与过去移动平均价格的差额。实际价格与过去移动平均价格的差额是指企业采购商品的实际价格与已经发生的商品采购移动平均价格的差额。它反映企业采购过程中实际采购成本与过去采购成本的超出或节约额。

3）使用时的价格与采购时的价格之间的差额。使用时的价格与采购时的价格之间的差额是指企业使用材料时的价格与采购材料时的价格的差额。它反映企业采购材料时是否考虑市场价格的走势。如果企业预测未来市场的价格走势是上涨的，则企业应该在前期多储存材料；如果企业预测未来市场的价格走势是下跌的，则企业不应该多储存材料。

4）将当期采购价格与基期采购价格的比率和当期物价指数与基期物价指数的比率相比较。该指标是动态指标，主要反映企业采购物资价格的变化趋势。

4．时间指标

时间指标用于衡量采购人员处理订单的效率，并对供应商的交货时间进行控制。延迟交货固然可能造成缺货现象，但是提早交货也可能导致买方负担不必要的存货成本和提前付款的利息费用。其具体指标包括：

1）紧急采购费用指标。这一指标用来紧急运输方式（如空运）与普通运输方式费用的差额。

2）停工待料损失指标。这一指标用来由于停工而造成的损失。

事实上，除了以上所显示的两项直接损失费用外，还有许多间接损失。例如，经常停工待料造成的顾客订单流失、员工离职及恢复正常作业的机器必须做的各项调整（包括温度、压力等）；紧急采购会使价格偏高、品质欠佳，也会产生为赶进度而产生的额外费用。这些费用和损失，都未估算在此项绩效指标之内。

5．效率指标

效率指标是涉及采购组织与管理的指标，是与采购能力相关的指标。

1）采购部门人员，主要包括采购部门人数、采购人员年龄、采购人员工作年数、采购人员受教育程度、培训计划与实施情况、人才流失率等。

2）采购管理，主要包括采购人员的时间结构（在办公室处理事务时间、在外访问供应商时间及各项时间的比例）、采购部门人员的考勤、采购部门人员的薪酬制度等，还包括供应商管理的各项指标。

以下指标同样可以衡量达成采购目标过程中各项活动的水准和效率：采购金额；采购金额占销售收入的百分比；订购单的件数；采购部门的费用；新厂商开发个数；采购完成率；错误采购次数；订单处理的时间。

10.2.2 采购绩效评价标准

各项指标的评价可以用过去的指标做对照，也可以以行业平均水平为尺度，还可以选择一个目标企业的指标作为评价的基础。具体来说，采购绩效常见的评价标准有以下几种。

1．历史绩效

选择公司过去的绩效作为评价当前绩效的标准，这是可行、有效的做法，尤其适合那些处于起步和发展阶段的企业。使用这种标准要求采购业务没有发生战略性变化，采购部门组织结构稳定，人员及其职责也没有发生重大变动。

2．行业平均绩效

如果同行业中的其他公司在采购组织、职责及人员等方面与本企业相似，则可与其绩效进行比较，以辨别彼此在采购工作成绩上的优劣。同时，这些企业往往是本企业的竞争对手，它们之间既可以开展竞争也可以相互促进和激励。

3．预定标准绩效

一些企业，由于种种原因，过去的绩效难以获得准确数据或采购业务发生了较大的变化，则可以使用标准绩效作为衡量基础。标准绩效的设定一般要注意以下 3 个方面。

1）固定的标准。标准绩效的指标设立后不能轻易变动，至少在一段时期内尤其是一个采购项目期内不能变动。

2）有挑战性的标准。标准绩效不能是一套平均水平上的指标，而要有一定的难度，要经过采购部门人员的努力才能完成。这样的标准才能激励工作热情，促进采购目标的实现。

3）可实现的标准。可实现的标准是指在现有内外环境和条件下经过努力确实可以达到的水平。标准设定过高，一方面会增大采购部门和人员的压力，另一方面会降低激励效果。因此，企业通常依据当前的绩效设定可实现的标准。

4．标杆绩效

标杆绩效的核心是比较和以提高为目的的学习，通过以外部绩效高的公司为标准，比较和分析这些标准及其实践经验，用来改善自己的工作过程，使自己慢慢接近甚至超过标准。

10.2.3 参与采购绩效评价的人员

参与采购绩效评价的人员不仅包括采购部门的主管，还包括财务部门的人员、生产部门的人员、供应商甚至专家顾问。

1．采购部门的主管

采购部门的主管是整个采购工作的直接部署者和执行者，对于所有采购工作任务和环节的情况都非常了解，包括人员的分配、员工的工作状态、各项工作的执行过程及出现的问题等，且所有工作任务的指派或工作绩效的优劣均在其直接督导之下，因而采购主管是最有资格负责采购工作绩效评价的人。采购主管负责采购绩效评价，可注意到采购人员的各种表现，还可兼收监督与训练的效果。

2．财务部门的人员

采购金额占企业支出的比例非常高，如大型设备的采购、主要原材料的长期采购、项目采购等都需要花费大量的采购金额。采购成本的节约，对于企业利润的贡献相当大，尤其在经济不景气时对资金周转的影响更大。财务部门对资金的流入流出会进行全盘掌控，因而能够从资金周转方面对采购部门的工作绩效进行评价。

3．生产主管部门或工程指挥部门的人员

对于设备采购、原材料和零配件采购及项目采购等，采购货物的质量、数量、时间对企业生产的顺利进行、最终产品的品质等都有影响，因而生产主管部门或工程指挥部门也要参与采购工作绩效的评估。

4．供应商

供应商是采购过程中与企业采购部门合作最多、最频繁的一方，对于采购部门的运作方式、工作状态自然有较为真实、详细的了解。因而，有些企业会通过正式或非正式渠道，向供应商探询其对于采购部门或人员的意见，以了解采购部门或人员的工作情况，间接地评价采购绩效。

5．专家顾问

为了避免企业各部门之间的本位主义或门户之见，同时为了让评估更为客观、权威，企业可以聘请相关的采购专家或管理顾问，针对整个采购制度、组织、人员及工作绩效，做客观的分析与建议。

10.2.4 采购绩效评价方式和方法

1．采购绩效评价方式

采购绩效评价方式可分为定期评价及不定期评价。

1）定期评价。定期评价主要是指和公司年度人事考核同步进行的对采购人员工作情况的评估。一般而言，定期评价以工作人员的工表现作为考核内容，包括对工作态度、合作精神、工作能力、学习能力、忠诚度、积极性等进行评价，但它对采购人员的激励及工作绩效之提升并无太大作用。若能以目标管理的方式，即从各种工作绩效指标中选择当年度重要性比较高的项目作为目标，年终按实际达成程度加以考核，则必能提升个人或部门的采购绩效。在采购人员自我评价的基础上，采购部门要在月末或年末定期对各项采购任务的完成情况进行统计汇总，完成整个部门的阶段性绩效评估。由于使用这种方法会使人们刻意追求考核目标的提高而忽略其他方面，因此它对目标选择全面性的要求比较高。

2）不定期评价。不定期评价是指跟踪特定的采购项目，由项目执行人自己根据具体情况的变化而随时进行的评估。一项采购任务完成以后，采购人员本身就要对该项采购任务的完成情况做一个总结和评估。同时，不定期的绩效评价会以特定项目方式进行。例如，公司要求某项产品的采购成本降低 8%，设定的期限一到，立即评估实际成果是否高于或低于 8%，并就此成果给予采购人员适当的奖惩。因此，此种评价方式对采购人员的士气有相当大的提升作用。这种评价方式特别适用于新产品开发计划、资本支出预算、成本降低专项方案等。

2．采购绩效评价方法

采购绩效评价方法直接影响评价计划的成效和评价结果的正确与否。常用的评价方法有 3 种。

1）直接排序法。直接排序法中，主管按绩效表现从好到坏依次给员工排序。这种绩效表现既可以是整天绩效，也可以是某项特定工作的绩效。

2）两两对比法。两两比较法指在某一绩效标准之上，把每一位员工都与其他员工相比较以判断谁更好，并记录每一位员工和任何其他员工比较时被认为更好的次数，再根据次数的高低给员工排序的一种评价方法。

3）等级分配法。等级分配法能够克服上述两种方法的弊端。运用这种方法时，评价小组或主管要先拟定有关的评价项目，再按评价项目对员工的绩效做出粗略的排序。

10.3　采购绩效的改进

10.3.1　改进采购绩效的途径

随着大部分产品进入微利时代及中国加入 WTO，国内企业将与国外企业在同样的游戏规则下展开竞争，优胜劣汰将不可避免。在这种大背景下，采购部门所承担的责任越来越重，这就迫使采购人员想方设法提高绩效。同时，具有丰富经营知识和经营经验的专家会深入经营现场与采购人员密切配合，运用科学方法，根据一定的指标体系，对商品采购绩效做出定量评价或确有论证的定性分析，以便企业对商品采购活动进行改进。下面具体介绍几种改进采购绩效的途径。

1．营造良好的工作氛围

如果采购组织内部存在剧烈的矛盾，采购人员与供应商之间互相不信任、缺乏合作诚意，使采购人员无法将全部精力投在工作上，这样就会降低采购的绩效。因此，对任何采购组织（包括供应商），融洽、和谐、流畅的工作气氛是搞好各项工作的基础。

2．强化内部管理

管理的根本是管人。员工是一个企业最宝贵的资产。与其他部门相比较，采购部门对人的依赖性更大，采购工作的大部分内容是人与人的交往。

从管理角度提升商品采购绩效，主要应做好以下几个方面的工作。

1）在企业内建立合格的采购队伍（团队），并提供必要的资源。

2）选聘合格人员担任采购人员，并给予必要的培训。

3）给采购部门及采购人员设立有挑战性但又可行的工作目标。

4）对表现突出的采购人员给予物质及精神上的奖励。

3. 加强与供应商的合作

供应商的表现对采购绩效有着很大的影响，而供应商与采购商的关系又在很大程度上制约着采购绩效的提升。通过加强与供应商的合作，能够有效地改进采购绩效。与供应商联手实现降低商品采购成本的途径有：

- 与供应商共同制订可行的成本降低计划。
- 与供应商签订长期的采购协议。
- 让供运商参与到产品设计中去。

4. 充分运用科学技术

企业在采购过程中要充分运用科学技术改进采购绩效。例如，电话、传真、信函等传统通信技术虽已被使用了几十年甚至上百年，但今天仍在发挥着重要作用。

10.3.2 标杆管理

1. 标杆管理的含义

对于那些意识到采购管理重要性的企业，尝试更为科学、系统的采购管理方法，对整个采购活动甚至整个供应链条进行规范和改造，采购工作的绩效往往能够得到更为明显的提高。这里将重点介绍提高采购绩效的一种非常重要的方法：标杆管理方法。

标杆管理，又叫基准化管理。它的核心是比较和以提高为目的的学习，通过以外部绩效高的公司为标准，比较和分析这些标准及其实践经验，改善自己的工作过程，使自己慢慢接近甚至超过标准。企业可以将标杆管理作为进行采购工作绩效评价的工具，通过资料收集、分析比较、跟踪学习、机制改造等一系列过程，将企业的实际情况与基准化企业的指标进行量化比较，分析这些基准化企业达到最优绩效的途径和原因，明确本企业在行业中所处的地位，并在此基础上改进自己的采购策略，从而有效地促进采购绩效的提高，实现企业的战略优化，提高企业的竞争力。

2. 标杆管理的类型

依照作为标杆的对象的不同，可以将标杆管理分为以下几类。

1）内部基准化标杆管理。这是在企业内部实行的较为简单的一种管理方式。它主要适用于某部门绩效高于其他部门的组织。这种方式一般是将某个绩效较高的部门作为基准，分析其业务流程和工作方式的优越性，从而推进其他部门的绩效提高。由于获取信息较容易，而且部门之间使用统一的会计原则和绩效考评标准，因而这种方法比较容易实施。

2）竞争对手基准化标杆管理。这种基准化是与提供相同产品或服务的竞争对手进行的。这种方式的优点是，竞争对手往往和本企业有类似的过程，提供相似的产品，在相同的市场竞争，受相同的外部因素影响。但这一方式也存在一些问题，如在数据信息的机密与敏感性上常常会产生很多问题，使得期望的合作伙伴可能会感到自己受到了威胁。因此，这种标杆管理方式下，想要获得竞争者的信息是比较困难的。

3）广泛基准化标杆管理。这是基准化的最普遍形式。它以某个行业的领先者或有着类似成长过程的优秀企业为基准，比较分析企业自身与其管理模式和决策制定等方面的差距，获得绩效改进依据。此种方式下选定的企业不一定是同行的企业，所以企业自身没有竞争压力，可以避免第二种类型的基准化存在的潜在问题。但运用这种标杆管理方法并不简单，因为它需要在非竞争对手中挑选出具有类似过程的企业，特别是对领导者而言，没有敏锐的洞察力是很难完成的。

4）流程基准化标杆管理。这是以最佳的工作流程为基准的标杆管理方式。例如，选择某些优秀企业科学的采购流程作为基准，将本企业的相应指标与其进行对比分析，找出并弥补差距。

5）战略基准化标杆管理。战略基准化是对不同公司的战略进行基准化（如分析产品、市场、总体战略、投资水平等），以其为参考，制定自己企业的相关战略。

3. 实施标杆管理的过程

虽然基准化的类型很多，实施的具体步骤和描述方式等存在一些不同之处，但基本的步骤还是相似的。其大体步骤如下：

1）选择采用标杆管理的领域。采购中，几乎所有能被评估的活动都可以使用标杆法，如未完成交货量、退货率、生产中断次数及未支付价格指数等。

2）选择基准点。这个步骤解决的问题是应该以谁为标杆。标杆的对象可以是多种多样的，如以企业内部某绩效高的部门为标杆。有一个显而易见的方法可以确定最佳做法，那就是向供应商打听谁是他们的良好的合作伙伴。企业也可以对那些成功的组织（使用人们普遍接受的市场份额或盈利状况指标来评价）进行分析，考察它们的采购运作方式，确定标杆。一些工业观察家或专业机构也可以为我们提供正确的建议。

3）获得信息。大部分有用的信息都可以从公共信息领域获得。管理杂志和贸易出版社也出版了大量相关信息。此外，一些成功的企业或行业协会会乐意与他人分享信息。如果竞争对手对标杆法感兴趣则更好，因为信息交流对双方都有好处。

4）分析数据。标杆法并不是为了信息本身而关注信息的，因此不仅要收集所需要的信息，还要充分地对信息进行分析比较。通常，统计数据、比率及其他一些“硬”信息要比看法或奇闻之类的信息更具价值。

5）利用信息。一般来说，企业如果发现竞争者在某个活动领域的表现优于自己，就应该着手赶上或超过它们。这就需要企业制定出自己的绩效标准，并设计出适当的方法来达到这些标准。当然，这样做也意味着需要使用大量的资源，也要求高层管理者积极支持标杆法。企业不能把标杆法仅仅作为一种重要的采购管理方法来运用，而要把标杆法作为组织的一项政策，否则标杆法就不会发挥它应有的作用。

如今，竞争性标杆法也正在成为另一种应用越来越广泛的评价方法。这个方法的基本做法是，相关的某个公司及其他一些公司共同把数据递交给一个中立的第三方组织，由这个中立的组织制作一张绩效等级排名表，但是表中不列出相关组织的名称。这种方法在电子工业中得到了广泛的应用。

案例分析

对集中采购机构进行绩效考核必须面对的问题

虽然各地开展考核工作还存在一定的障碍，但考核工作是必需的。要将考核评价作用落到实处，必须面对以下存在的问题：

1）基础工作不足。绩效考核工作理念主要来源于公司管理。从管理系统运行设计学的角度来说，运行设计主要分为 3 个阶段：工作设计、保障设计、改进设计。目前，我国政府采购的基础性工作还存在较多问题，这成为阻碍考核效果发挥的一个重要障碍。

2）考核内容片面。从许多省市考核工作中发现，内容片面的问题比较突出。对任何机构的考核，不但要包括经济指标，还要包括社会指标。目前，考核内容缺少了社会指标。

3）法律法规缺位。虽然《集中采购机构监督考核管理办法》对考核内容、考核方式、考核要求、责任追究等做了详细规定，但各地集中采购机构操作薄弱环节各不相同，集中采购规模大小有别，一个规定不能解决全部问题。

4）滥用考核权。再好的考核评价体系也须由人来执行，这要求考核小组成员具有高尚的职业道德和公平公正的精神操守。具体考核工作实践中，不排除存在政府采购监管部门人员滥用权利、掺和个人主观情感好恶的现象，其直接后果是导致被考核者“沉默不语”。

5）监管方力量不足。目前，我国政府采购监督管理部门人员配备普遍不足，某些地方甚至省一级政府采购监管部门的人员编制也只有三五个人，这样的人力别说是开展考核工作，即便日常监管都力不从心。

6）考核主体不全。考核小组的人员主要是政府采购监督管理部门的工作人员和纪检监察部门人员，这导致考核主体力量薄弱。究其原因，集中采购机构属于事业单位，对它们的考核不但要检查业务的开展情况，也要考核廉政工作情况。

7）结果无关痛痒。西南某市集中采购机构的主管单位是机关事务管理局，政府采购监管部门对它们进行考核后定级为优秀。虽然“成绩”很优秀，但由于集中采购的主管部门并不是财政部门，考核的结果也只能展示“优秀”而已，对于提薪提职等并无实质性的作用。这个优秀和不及格没有多大区别。

8）面子关难过。目前，各地的考核程序无外乎先组成考核小组，让集中采购机构根据发放的表格进行自评，然后考核小组听取集中采购机构的汇报，随后对被考核机构进行打分。由于考核部门平时来往频繁，工作人员相互之间比较熟悉，碍于面子和人情，检查工作可能只是蜻蜓点水，不能深入。

除了以上问题外，考核工作还存在考核水平不高、权责不对等的问题。

思考题

结合案例中考核评估中出现的问题，你认为绩效评价应该重视什么？达到什么目的？

思考与练习

1．试述采购绩效评价的目的。

2．试述采购绩效的衡量指标体系，思考为什么选定这些指标。

3．采购绩效评价的标准主要有哪些?

4．试述标杆管理的分类，并简要阐述标杆管理的实施过程。

实训题

实训主题：采购绩效评价

1．实训目的

（1）了解采购绩效评价的概念与目的。

（2）能够正确运用各种指标对采购绩效进行正确的评价。

（3）能够提出改进采购绩效的方法。

2．实训组织

将教学班级分成数个小组，每个小组以 6~8 人为宜，小组成员要合理分工。在教师统一指导下，各小组对有关采购部门（如超市）进行调查，了解采购绩效方面的相关资料，并以小组为单位进行研讨、分析，在充分讨论基础上形成小组的课题报告。

3．实训题目

（1）分析与采购相关的人员及物料采购绩效方面的内容，了解企业采购部门如何进行采购绩效的评价。需要注意的是，调查过程中应尽量避免与被调查采购部门的需要发生冲突，教师可予以指导、调控。

（2）对所收集的采购绩效评价方面的资料进行分析、讨论，并依据各种指标对所调查采购部门的绩效情况进行恰当的评价，最后观察能否进一步改进采购绩效。

第 11 章

采购管理的发展趋势

引导案例

第二次世界大战结束不久，汽车工业中统治世界的生产模式是以美国福特制为代表的生产方式。这种生产方式以流水线形式，少品种、大批量生产产品。当时，大批量生产方式代表先进的管理思想与方法，专用设备、专业化大生产是降低成本、提高生产率的主要方式。丰田汽车公司从成立到1950年的十几年间，总产量甚至不及福特公司 1950 年一天的产量。丰田汽车公司参观了美国的几大汽车厂之后发现，采用大批量生产方式降低成本仍有进一步改进的余地。然而，日本企业面临需求不足与技术落后等严重困难，加上战后日本国内资金严重不足，故难有大量的资金用以保证日本的汽车生产能达到有竞争力的规模，因此丰田公司的管理者认为在日本进行大批量、少品种的生产方式是不可取的，而应该考虑一种更能适应日本市场需求的生产组织策略，于是他们找到了一种生产方式：JIT 及时生产方式，又称看板生产方式。后来，丰田公司崛起，西方企业家普遍认为其取胜的基础就是在生产中采用了 JIT 管理思想。目前，JIT 管理思想已被应用于很多领域，即除 JIT 生产外，还有 JIT 采购、JIT 运输、JIT 储存等。

点评：随着企业采购的发展，采购方式、方法越来越多样化，一些新型的采购管理形式随之出现，如战略采购、JIT 采购、电子采购、国际采购等。

学 习 目 标

重点掌握

- 采购管理几种发展趋势的概念
- 战略采购的几种方式
- JIT 采购管理的几种方式

一般掌握

- 国际采购的发展趋势
- 采购外包的管理流程
- 电子采购的优势

11.1　战略采购

1. 战略采购的基本概念

战略采购是一种有别于常规采购的思考方法，它与普遍意义上的采购是有区别的：前者注重的要素是“最低总成本”，而后者注重的要素是“单一最低采购价格”。简而言之，战略采购是以最低总成本建立服务供给渠道的过程，而一般采购是以最低采购价格获得当前所需资源的简单交易。

战略采购的确能带来各种近期和长期的利益。比如，战略采购在价格方面节省了不少，而且立刻就可见到效益，但这并不是战略采购的唯一贡献。战略采购还可以使企业通过与供应商建立联盟，缩减新产品的开发成本和时间。实施战略采购并不需要大的投资，因为多数情况下，战略采购所带来的节余完全可以抵消所需投资，而且绰绰有余。因此，一般情况下，企业实施战略采购的第一年就能很快带来显著收益。事实上，一些世界 500 强的公司通过战略采购方法有效地改变了企业的财务状况，优化了供货商组合，对于提高企业的竞争力发挥了重要的作用。

2. 战略采购的原则

1）考虑总体成本。这就是最低总成本原则。战略采购的基本出发点——成本最优往往被许多企业的管理者误解为价格最低，即只要购买价格低就好，很少考虑使用成本、管理成本和其他无形资本。采购决策依据的就是单次购置价格。例如，购买一台复印机，采购的决策者如果忽略了采购过程发生的电话费、交通费、日后维护保养费用、硒鼓纸张等消耗品情况、产品更新淘汰因素等而只考虑价格，采购的总体成本实际上是没有得到控制的。采购决策影响着后续的运输、调配、维护、调换乃至产品的更新换代，因此必须有总体成本考虑的远见，必须对整个采购流程中所涉及的关键成本环节和其他相关的长期潜在成本进行评估。

2）在事实和数据信息基础上进行协商。这是坚实谈判的基础。战略采购过程不是对手间的谈判，而应该是一个商业协商的过程。协商的目的不是一味地比价压价，而是基于对市场的充分了解和企业自身长远规划的双向沟通。这个过程需要通过总体成本分析、第三方服务供应商评估、市场调研等活动为协商提供有力的事实和数据信息，帮助企业认识自身的议价优势，从而掌握整个协商的进程和主动权。

3）双赢理念。采购的终极目标是建立双赢的战略合作伙伴关系。双赢理念一般很少被用在采购中，更多的企业管理者更喜欢单赢，喜欢在采购的过程中充当刀俎的角色，而将对方视为鱼肉。事实上，双赢是“放之四海而皆准”的真理，它在战略采购中也是不可或缺的因素，许多发展势头良好、起步较早的企业一般都建立了供应商评估与激励机制，通过与供应商长期稳定的合作，确立双赢的合作基准，取得了非常好的效果。要知道，现代经济条件下的市场单靠一两家企业是很难撑起的，各企业之间必须讲求“服务、合作、双赢”的模式，互为支持、共同成长。

4）相互制衡。这是双方合作的基础。企业和供应商本身存在一个相互比较、相互选择的过程，双方都有其议价优势。如果对供应商所处行业、业务战略、运作模式、竞争优势、长期经营状况等有充分的了解和认识，企业就可以帮助自身发现机会，在互赢的合作中找到平衡。现在，越来越多的企业在关注自身所在行业发展的同时，开始关注第三方服务供应商相关行业的发展，考虑如何利用供应商的技能降低成本、增强自己的市场竞争力和满足客户需求。

3．实施战略采购的几种方式

（1）集中采购

通过采购量的集中来提高议价能力，降低单位采购成本，这是一种基本的战略采购方式。目前虽有企业通过建立集中采购部门进行集中采购规划和管理，以期减少采购物品的差异性，提高采购服务的标准化，减少后期管理的工作量，但很多企业在发展初期是因为采购量和种类较少而进行集中采购的，而随着企业的集团化发展，采购上会出现分公司各自为政的现象，这在很大程度上影响了采购优势。因此，坚持集中采购方式是企业经营的根本原则之一。

（2）寻找上游供应商

通过扩大供应商选择范围引入更多的竞争、寻找上游供应商等降低采购成本是非常有效的战略采购方法，不仅可以帮助企业找到最优的资源，还能保证资源的最大化利用、提升企业的水准。

（3）优化采购流程

制定明确的采购流程有助于企业实现对采购的控制，通过控制环节（要素）避免漏洞，实现战略采购的目的。优化采购流程可采用的方法包括：货比三家引入竞争，发挥公开招标中供应商间的博弈机制，选择最符合自身成本和利益需求的供应商；通过电子商务方式降低采购处理成本（交通、通信、运输等费用）；通过批量计算合理安排采购频率和批量，降低采购费用和仓储成本；对供应商提供的服务和产品进行“菜单式”购买。

需要注意的是，供应商提供的任何服务都是有价格的，只不过这些价格是通过直接或间接的形式包含在总价格中的。企业可以通过“菜单式”购买，选择所需的产品及服务，这种办法往往能更有效地降低整体采购成本。

（4）实现产品、服务的统一

采购时，企业就要充分考虑未来储运、维护、消耗品补充、产品更新换代等环节的运作成本，致力于提高产品和服务的统一程度，减少差异性带来的后续成本。这是技术含量更高的一种战略采购，是整体采购优化的充分体现。

采购产品差异性所造成的无形成本往往为企业所忽略，这就需要企业决策者的战略规划和战略采购部门的执行连贯性。

战略采购是企业采购的发展方向和必然趋势。企业创业之初，由于采购量和种类的限制，战略采购的优势并不明显，但在企业向更高层次和更大规模发展的过程中，其优势会日益明显。有远见的企业应该在发轫之初就有组织地构建战略采购框架，实施战略采购。

11.2　JIT 采购

1. JIT 采购的基本概念

JIT 采购也叫准时采购，是由 JIT 生产的管理思想演变而来的，是一种先进的采购模式。它是指在恰当的时间、恰当的地点，以恰当的数量、恰当的质量提供恰当的物品的一种采购方式。这是一种理想的物资采购方式，它的极限目标是原材料和外购件的库存为零、缺陷为零。

JIT 采购是企业内部 JIT 系统的延伸，是 JIT 系统循环的起点，是实施 JIT 生产经营的必然要求和前提条件，是为了消除库存和不必要的浪费而进行的持续性改进。进行准时化生产必须有准时的供应，因此 JIT 采购是准时化生产管理模式的必然要求。它和传统的采购方法在质量控制、供需关系、供应商的数目、交货期的管理等方面存在不同，其中关于供应商的选择（数量与关系）、质量控制是其核心内容。根据 JIT 采购原理，一个企业只有在需要的时候才把需要的物资采购到需要的地点，这种做法使 JIT 采购成为一种节省而有效率的采购模式。

2. JIT 采购的特点

JIT 采购和传统的采购方式有许多不同之处，主要表现在如下几个方面。

（1）供应商的数量不同

JIT 采购采用较少的供应商，甚至单源供应。传统的采购模式一般是多头采购，供应商的数目相对较多。理论上讲，采用单供应源比多供应源具有价格优势：一方面，管理供应商比较方便，也有利于降低采购成本；另一方面，有利于供需之间建立长期稳定的合作关系，所采购的物资在质量上比较有保证。但是，采用单一的供应源也有风险，如供应商可能因意外原因中断交货及供应商缺乏竞争意识等。

实际工作中，许多企业也不是很愿意成为单一供应商的。原因很简单，一方面，供应商是具有独立性较强的商业竞争者，不愿意把自己的成本数据披露给用户；另一方面，供应商不愿意成为用户的一个产品库存点。实施 JIT 采购，需要减少库存，但库存成本原先在用户一边，现在转移到了供应商一边。

（2）供应商的选择标准不同

传统的采购模式中，供应商是通过价格竞争进行选择的，供应商与用户的关系是短期的合作关系，企业发现供应商不合适时可以通过市场竞标的方式重新选择供应商。但在 JIT 采购模式中，由于供应商和用户是长期的合作关系，供应商的合作能力将影响企业的长期经济利益，因此企业对供应商的要求比较高。选择供应商时，企业需要对供应商进行综合的评估。评价供应商时，价格不是主要的因素，质量才是最重要的标准。这种质量不单指产品的质量，还包括工作质量、交货质量、技术质量等多方面内容。高质量的供应商有利于建立长期合作的关系。

（3）交货准时性的要求不同

JIT 采购的一个重要特点就是要求交货准时，这是实施精细生产的前提条件。交货准时取决于供应商的生产与运输条件。对供应商来说，要使交货准时，可从以下几个方面着手：

① 不断改进企业的生产条件，提高生产的可靠性和稳定性，减少延迟交货或误点现象。作为准时化供应链管理的一部分，供应商同样应该采用准时化的生产管理模式，以提高生产过程的准时性。② 重视运输问题。物流管理中，运输问题是一个很重要的问题，它决定准时交货的可能性。特别是全球的采购系统，其运输过程长，而且可能要先后经过不同的运输工具、需要中转运输等，因此企业要进行有效的运输计划与管理，使运输过程准确无误。

（4）信息交流的需求不同

JIT 采购要求供应与需求双方信息高度共享，保证供应与需求信息的准确性和实时性。由于双方的战略合作关系，企业在生产计划、库存、质量等各方面的信息都可以与供应商及时进行交流，以便出现问题时能够及时处理。

（5）采购批量的策略不同

小批量采购是 JIT 采购的一个基本特征。JIT 采购和传统采购模式的一个重要不同之处在于，准时化生产需要减少生产批量，因此采购物资也应采用小批量办法。当然，小批量采购自然会增加运输次数和成本，这对供应商来说是很为难的事情，特别是供应商在国外等远距离的情形下，实施 JIT 采购的难度就更大。解决这个问题的办法是，通过联合运输、代理运输等方式，或尽量使供应商靠近企业。

传统采购与 JIT 采购的不同如表 11-1 所示。

表 11-1　传统采购与 JIT 采购的比较

项　　目	传统采购	JIT 采购
供应商的数量	数量较多，多头采购	较少的供应商，单源供货
供应商的选择标准	通过价格竞争选择，短期合作	质量是最重要标准，长期合作关系
交货准时性的要求	无特殊要求，不耽误生产	要求交货准时
信息交流的需求	一般无共享	双方信息高度共享
采购批量的策略	大批量订货，价格折扣	小批量采购

3. 实施 JIT 采购的优点

1）实施 JIT 采购可以大幅度地减少原材料等物资的库存。美国著名的惠普公司在实施 JIT 采购模式 1 年后，其库存降低了 40%。而据国外专业机构测算，40%的降幅只是一般水平，有些企业的降幅甚至达到 85%。生产企业库存的降低有利于减少流动资金的占用、加速流动资金的周转，同时有利于节省原材料等库存物资占用的空间，从而降低库存成本。

2）实施 JIT 采购可以提高采购物料的质量。企业采用 JIT 采购时，由于库存很少甚至没有库存，一旦采购回来的物料质量有问题，就会影响生产的顺利进行。为了保障企业生产经营的顺利进行，采购物料的质量必须从根源上抓起。为从根源上保障采购质量，供应商则要参与制造商的产品设计与制造过程。

3）实施 JIT 采购可以降低原材料等物资的采购价格。由于供应商和制造商的密切合作及内部规模效益与长期订货的共同影响，使得制造商购买的原材料等物资的价格得以降低。例如，生产复印机的美国施乐（Xerox）公司通过实施 JIT 采购使该公司采购物资的价格下降了 40%~50%。

4）实施 JIT 采购不仅可以节约采购过程所需的资源（包括人力、资金、设备等），而且可以提高企业的劳动生产率，增强企业的适应能力。例如，惠普公司实施 JIT 采购后，劳动生产率较实施前提高了 2%。

4．JIT 采购的实施方法及关键

作为一种成熟的采购模式，JIT 有着自己的实施方法。我们下面主要介绍它的实施方法及关键。

（1）JIT 采购的实施方法

1）创建 JIT 采购班组。世界一流企业的专业采购人员有 3 个责任：寻找货源、商定价格、发展与供应商的协作关系并使之不断改进。因此，专业化的高素质采购队伍对实施 JIT 采购至关重要。企业首先应成立两个班组：一个是专门处理供应商事务的班组。该班组的任务是认定和评估供应商的信誉、能力，与供应商谈判并签订准时化订货合同，以及向供应商发放免检签证等，同时负责供应商的培训与教育。另一个班组是专门消除采购过程中的浪费的班组。该班组人员对 JIT 采购的方法应有充分的了解和认识，必要时接受培训。如果这些人员本身对 JIT 采购的认识和了解都不彻底，那么也就不可能指望供应商的合作了。

2）制订计划，确保 JIT 采购有计划、有步骤地实施。制定采购策略，包括改进当前的采购方式、减少供应商的数量、正确评价供应商、向供应商发放签证等内容。这个过程中，企业要与供应商一起商定 JIT 采购的目标和有关措施，保持经常性的信息沟通。

3）精选少数供应商，建立伙伴关系。选择供应商应从以下几个方面考虑：产品质量、供货情况、应变能力、地理位置、企业规模、财务状况、技术能力、价格、与其他供应商的可替代性等。

4）进行试点工作。先从某种产品或某条生产线试点开始，进行零部件或原材料的准时化供应试点工作。试点过程中，取得企业各个部门的支持是很重要的，特别是生产部门的支持。通过试点，总结经验，为正式实施 JIT 采购打下基础。

5）搞好供应商的培训，确定共同目标。JIT 采购是供需双方共同的业务活动，单靠采购部门的努力是不够的，需要供应商的配合。供应商只有对 JIT 采购的策略和运作方法有了认识和理解，才能提供必要的支持和配合，因此企业需要对供应商进行教育培训。通过培训，大家取得一致的目标，相互之间就能够很好地协调，做好采购的准时化工作。

6）向供应商颁发产品免检合格证书。JIT 采购和传统采购方式的不同之处在于买方采购产品不需要较多的检验手续。这就需要供应商提供百分之百的合格产品，做到这一要求即发给免检证书。

7）实现配合准时化生产的交货方式。JIT 采购的最终目标是实现企业的生产准时化，因此企业要实现从预测的交货方式向准时化适时交货方式转变。

8）继续改进、扩大成果。JIT 采购是一个不断完善和改进的过程，需要在实施过程中不断总结经验教训，从降低运输成本、提高交货的准确性和产品的质量、降低供应商库存等各个方面进行改进，不断提高 JIT 采购的运作绩效。

（2）JIT 采购的关键

实施 JIT 采购的过程中，要注意 JIT 采购的关键。

1）与供应商的关系。JIT 采购成功的关键是与供应商建立伙伴关系，而最困难的问题是缺乏供应商的合作。供应链管理所倡导的战略伙伴关系，为实施 JIT 采购提供了基础性条件。因此，实施 JIT 采购，供应链管理模式比传统管理模式更加有现实意义和可能性。

2）选择供应商。难找到“好”的合作伙伴是影响 JIT 采购的第二个重要因素。如何选择合适的供应商、选择得是否合适，成了影响 JIT 采购的重要条件。传统的采购模式下，其企业之间的关系不稳定，具有风险性，影响了合作目标的实现。供应链管理模式下，其企业是协作性战略伙伴，因此为 JIT 采购奠定了基础。

3）对供应商的激励。缺乏对供应商的激励是影响 JIT 采购的另一个因素。要成功地实施 JIT 采购，企业必须建立一套有效的供应商激励机制，使供应商和企业一起分享 JIT 采购的好处。

4）企业内部与企业间的合作。JIT 采购不单是采购部门的事情，企业的各部门和各企业都应为实施 JIT 采购创造有利的条件，为实施 JIT 采购做出共同努力。

11.3 电子采购

1. 电子采购的基本概念及特点

电子采购就是用计算机系统代替传统的文书系统，通过网络支持系统完成采购工作的一种业务处理方式。电子采购也称网上采购，它的基本工作都是在网上进行的，如在网上寻找供应商、在网上寻找商品、在网上洽谈贸易、在网上订货甚至在网上支付货款。电子采购在本质上比一般的电子商务和一般性的采购有了更多的概念延伸，它不仅要完成采购行为，而且要利用信息和网络技术对采购过程的各个环节进行管理，有效地整合企业的资源，帮助供应双方降低成本，提高企业的核心竞争力，是企业采购电子化和企业运营信息化不可或缺的重要组成部分。

在国外，电子采购已经引起了企业界的足够重视，实施电子采购也已成为建立企业竞争优势所不可或缺的手段。电子采购的发展对全球经济的影响巨大。

2. 电子采购的优势

作为一种具有发展潜力的采购方式，电子采购从根本上改变了商务活动的模式。它不仅将间接商品和服务采购过程自动化，极大地提高了采购效益，降低了采购成本，而且使企业在一定程度上避免了因信息不对称而导致的资源浪费，有利于社会资源的有效配置，便于企业以更具战略性的眼光进行采购。

电子采购给企业带来的优势主要体现在以下几个方面。

1）节省了采购时间，提高了采购效率。采购企业一般通过电子采购交易平台进行竞价采购。从采购企业竞价采购项目正式开始至竞价结束，一般只需要 1～2 周，较传统招标采购节省了 30%～60%的采购时间。

2）使采购成本显著降低。据美国全国采购管理协会称，使用电子采购系统可以为采购企业节约大量成本。采用传统方式生成一份订单所需要的平均费用为 150 美元，使用基于 Web 的电子采购解决方案则可以将这一费用减少到 30 美元。企业通过竞价采购商品的价格平均降幅为 10%左右，最高时可达 40%。通用电气公司估计，运用电子采购将每年节约 100 亿美元的采购成本。

3）优化了采购及供应链管理。电子采购管理提供了有效的监控手段。很多大型企业和企业集团都会面临这样的矛盾：企业规模大、部门多；采购物资种类庞杂、需求不定；严格监控必然导致效率低下；反之则管理混乱。电子采购在提高效率的同时可使各部门甚至个人的任何采购活动都处于实时监控之下，有效地堵住了管理漏洞，减少了采购的随意性，变事后控制为过程控制。电子采购还提高了企业的供应链管理水平，这是因为电子采购的计划性加强、周期缩短，货物能够根据计划时间更准确地到达现场，实现零库存生产。

4）加强了对供应商的评价管理，使交易的透明度增加，减少了暗箱操作。电子采购扩大了供应商资源，因为采购信息的公开化吸引了更多的供应商。供应商的静态数据库的建立为企业采购提供了方便的查询手段，能够帮助企业及时准确地了解供应商的变化，同时为供应商选择提供了决策支持。信息的公开化同时实现了公开、公平、公正的规范化采购。通过公平竞争，市场可以形成良性循环，所带来的影响往往是连带性的和多方面的。

5）增强了服务意识，提高了服务质量。质量可靠的原材料、零部件是企业产品质量的基本保证。电子采购杜绝了人情、关系、回扣等因素的影响，促进了供应商的公平竞争。对供应商管理的完善也促使供应商更加重视质量和服务管理，以免在企业的供应商档案管理里留下不好的记录。

3．电子采购的模式

电子采购是在网络平台上进行的，不同的公司可以根据自己的网络环境选用合适的模式。电子采购的模式主要有以下 3 种。

1）卖方一对多模式。这种模式下，供应商在网上发布其产品的在线目录，采购方通过浏览取得所需的商品信息，做出采购决策，下订单，并确定付款和支付方式。其模式如图 11-1 所示。

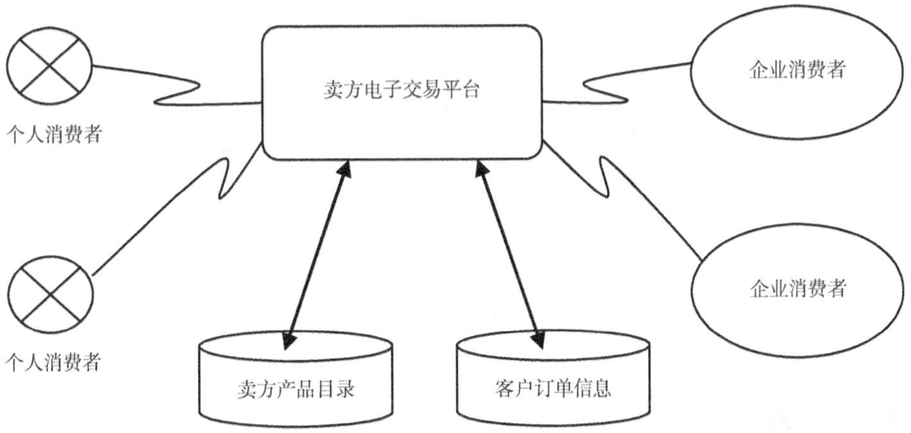

图 11-1 卖方一对多模式

2）买方一对多模式。这是指采购方在网上发布所要采购产品的信息，供应商在采购方的网站发布自己的信息以供采购方评估，并通过采购方网站与采购方进行进一步的信息沟通，完成采购业务的全过程。其模式如图 11-2 所示。

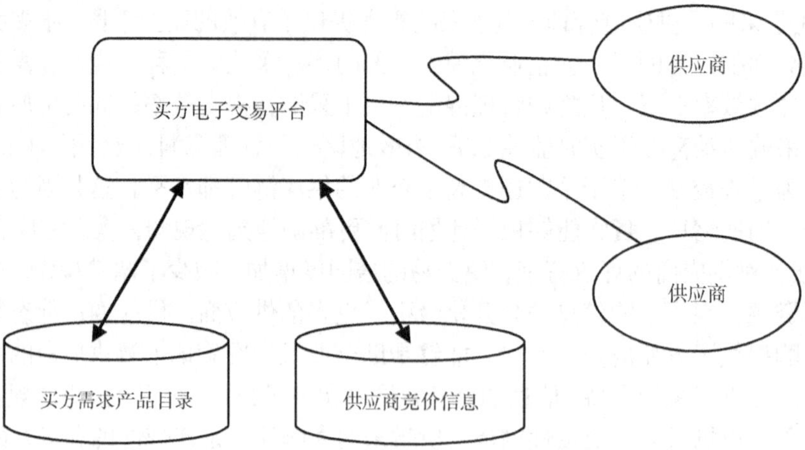

图 11-2　买方一对多模式

3）第三方系统门户模式。门户是企业在互联网上的平台。第三方系统门户网站通过独立门户这样一个专门的网站，让多个买方和卖方能够在网上相遇，并进行各种商业交易。其模式如图 11-3 所示。

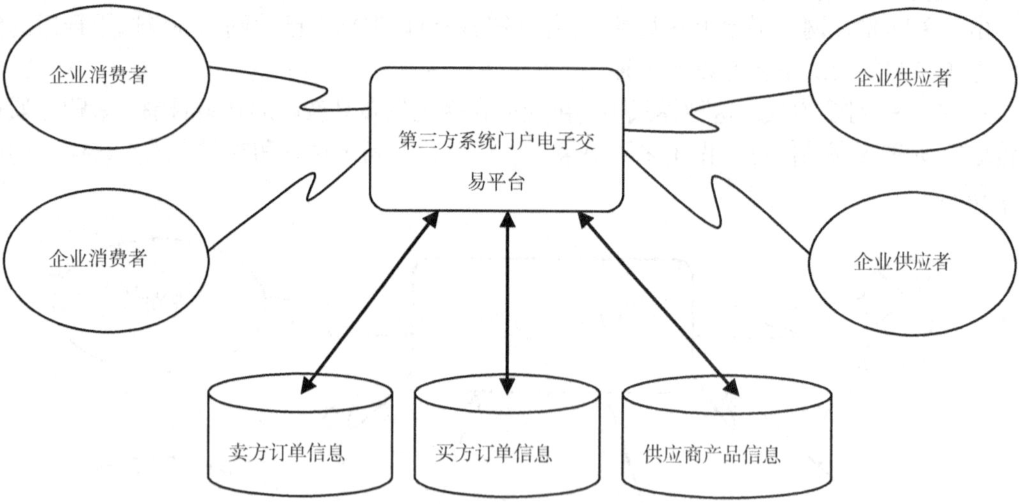

图 11-3　第三方系统门户模式

知识链接

海尔的电子采购

有了 BBP 采购平台(电子商务采购平台)，海尔的供应商均在网上接收订单，并通过网上查询计划与库存状态，及时补货，实现 JIT 供货；供应商还可在网上接收图纸与技术资料，使技术资料的传递时间缩短了 1 倍。另外，海尔与招商银行联合，与供应商实现网上货款支付（实现网络结算的供应商占 70%～80%），这一方面使付款及时率与准确率均达到 100%，另一方面使供应商每年可节约上千万元费用。电子采购不仅使海尔供应商的网络能力迅速提高，而且实现了公平、公开、公正的招标原则，提高了招标过程的透明化，而且使海尔广纳全球网络资源，提升了企业的核心竞争力。

4．电子采购的实施条件和流程

（1）电子采购的实施条件

企业实施电子采购需要有相应的硬件和软件系统。电子采购硬件系统目前主要包括 4 个。

1）网上市场信息发布与采购系统。这个系统主要依靠目前的数据库技术、EDI 技术和计算机网络技术的支持。企业可以通过内部网与互联网的集成，发布市场信息并实施采购。若企业没有内部网，但有一个可以对外发布信息的互联网站，也可以进行简单的市场信息发布与采购。

2）电子银行结算与支付系统。企业需要金融电子化技术的支持来完成电子银行的结算与支付。银行在企业间的交易中起着重要的作用，它们处理业务的效率将直接影响企业的资金周转。

3）进出口贸易大通关系统。在全球贸易的背景下，企业的采购活动可能涉及全球各个地方，尤其是电子采购下的全球采购离不开通关系统。

4）现代物流系统。现代物流系统是保证货物及时、准确地运送到指定地点的重要条件。离开了物流系统，企业就无法及时生产或及时销售，进而影响企业的利润。

电子采购所需要的软件系统主要是指对电子采购的执行者的要求，培训是不可缺少的，很多企业是在系统开发完成之后才对使用者进行培训的。事实上，国内外成功电子采购的案例表明，事先对使用者提供充分的培训是电子采购成功的一个关键因素。培训内容不仅要包括技能方面的知识，更重要的是要让员工了解将在什么地方进行制度改革，以便将一种积极的、支持性的态度传递给员工，这有助于减少未来项目进展的阻力。

标准的企业电子采购对于企业的要求也不同于个人网上采购，它需要认证、数据交换、即时结算、保证信誉与供应等。企业采购要远比个人采购复杂，涉及的安全风险问题也大得多。在进行合同传递、订购款项支付过程中，网上信息是否可靠、真实是企业十分关心的问题，因此认证问题就变得非常重要。因为信息失真会给交易双方带来风险，甚至带来重大的经济损失。

当前的电子采购处在快速的成长阶段，许多企业和公司出于自身业务的急剧成长或竞争需要，纷纷对电子采购进行了大量的投资。这些投资包括对企业原有的 ERP 系统进行改造或自行构建新的商务系统。电子采购是大势所趋，无订单采购和无票据自动结算将是电子采购的最佳形式。

（2）实施电子采购的一般流程。

1）提供培训。任何一个新系统的实施都离不开熟练的技术人员和操作人员，正如我们在上面介绍的一样，事先对使用者提供充分的培训是电子采购成功的一个关键因素。

2）建立数据源。建立数据源是为了在互联网上实现采购与供应管理的功能而积累数据。其内容包括供应商目录、供应商的原料和产品信息、各种文档样本、与采购相关的其他网站、可检索的数据库、搜索工具等。

3）成立正式的项目小组。项目小组需要由高层管理者直接领导，其成员不仅包括项目实施的整个进程所涉及的各个部门的人员（如信息技术、采购、仓储、生产、计划等部门的人员），而且包括互联网服务商、应用服务提供商、供应商等外部组织的成员。每个成员都要对方案的选择、风险、成本、程序安装和监督程序运行的职责分配等进行充分的交流和讨论，以取得共识。实践证明，事先做好组织上的准备工作是保证电子采购顺利实施的前提。

4）广泛调研，收集意见。为实施电子采购系统，企业应广泛听取各方面的意见，包括具有技术特长的人员、管理人员、软件供应商等。同时，企业要借鉴其他企业行之有效的做法，在统一意见的基础上制定和完善有关的技术方案。

5）建立企业电子采购网站。在企业电子采购系统的网站设置电子采购模块，以使整个采购过程中管理层、相关部门、供应商及其他相关内外部人员始终保持动态的联系。

6）测试所有功能模块。电子采购系统正式应用之前，必须对所有的功能模块进行测试。因为如果任何一个功能模块存在问题，都会对整个系统的运行产生很大的影响。

7）培训使用者。对电子采购系统的实际操作人员进行培训也是十分必要的，这样才能保证电子采购系统得以很好地实施。

8）发布信息。利用电子商务网站和企业内部网收集企业内部各个单位的采购申请，并对这些申请进行统计整理，形成采购招标计划，然后在网上进行信息发布。

11.4 国际采购

1. 国际采购的基本概念及特点

（1）国际采购的基本概念

国际采购是指利用全球的资源，在全世界范围内寻找供应商，寻找质量最好、价格最合理的产品（货物与服务）的采购方式。拿汽车行业来说，一辆汽车的发动机是德国本土制造的，而电气设备是马来西亚产的、轮胎是日本产的、汽车的座椅是中国台湾产的等，这就是国际采购。

（2）国际采购的特点

1）追求更低的成本。国际采购最大的特点就是追求更低的成本。这一点在亚洲地区体现得非常明显：较低的劳动力成本吸引了从服装到计算机、从消费品到工程设备的各种制造企业。

2）具有跨地域性。国际采购的跨地域性，使得订货、备货、制造和运输的时间都被延长。与国内采购相比，国际采购涉及更多的关节，如储运中心、港口、班轮、海关及质量检验。有研究表明，国际物流在整个供应链中占货物总成本的 2%～5%，但所花费的时间却占 30%~50%。

3）过程复杂，难度较大。不同国家和地区的运输能力、社会条件、自然环境、运作模式等物流条件不同，使得国际采购过程更加复杂、难度更大。例如，受到经济条件制约，西方企业在亚洲地区会发现，它们无法找到和使用在本国常见的多联运输方式，很多转运工作依然需要手工操作，而且物流追踪很困难，因为承运人无法提供准确的信息。

4）要求先进的技术和设施与传统“门到门”运输不同，国际采购包含更多的内容（物料流动、资金管理、风险控制、战略合作等），因此要求有更先进的技术和设施的支持。近些年发展起来的集装箱班轮运输 EDI 系统和代码管理是目前国际物流活动中比较重要的技术条件。

2．国际采购的趋势

（1）供需双方实现信息共享

由于供需双方建立起了一种长期的、互利的战略伙伴关系，因此供需双方可以及时地把生产、质量、服务、交易期的信息实现共享，使供应商严格按要求提供产品与服务，并根据生产需求协调供应商的计划，以实现 JIT 采购，最终使供应商进入生产过程与销售过程，实现双赢。零缺陷供应商战略是目前跨国公司采购与供应链管理中的共同战略，是指尽量追求完美的供应商。这个供应商可以是生产商，也可以是分销商。企业选择供应商时也要考核这个供应商所在地的环境，即我们常说的跨国采购的 4 个基本要素：价值流、服务流、信息流与资金流。

1）价值流。价值流代表产品和服务从资源基地到最终消费者的整个过程中的价值增值性流动，包括多级供应商对产品和服务的修改、包装、个别定制、服务支援等增值性活动。

2）服务流。服务流主要指基于客户需求的物流服务和售后服务系统，即产品和服务在多级供应商、核心企业及客户之间高速有效的流动，以及产品的逆向流动（如退货、维修、回收、产品召回等）。

3）信息流。信息流是指通过建立交易信息平台，保证供应链成员间关于交易资料、库存动态等信息的双向流动。

4）资金流。资金流主要是指现金流动的速度及物流资产的利用率。

（2）采购方式由单一化到多元化发展

传统的采购方式与渠道比较单一，但目前正在迅速向多元化方向发展，全球化采购也正在与本土化采购相结合。跨国公司生产活动的区域布局更加符合各个国家的区域比较优势，而其采购活动也表现为全球化的采购，即企业以全球市场为选择范围，寻找最合适的供货商，而不是局限于某一地区。

（3）采购模式由传统采购到电子商务采购转变

传统采购模式的重点在于如何与供应商进行商业交易，特点是比较重视交易过程中供应商的价格比较，通过供应商的多头竞争，从中选择价格最低的作为合作者。而电子商务采购迅捷准确，信息具有开放性，除了能够提高采购效率外，还可以加强同供应商的交流合作，及时了解供应商信息，调整采购活动。

（4）采购目的由为库存而采购转为为订单而采购。在商品短缺的情况下，为了保证生产，企业必然会为维持库存而采购，但在如今供大于求的状态下，为订单而采购则成了一条铁的规律。市场经济条件下，大库存是企业的万恶之源，零库存或少库存成了企业的必然选择。制造订单是在客户需求订单的驱动下产生的；然后，制造订单驱动采购订单，采购订单再驱动供应商提供货物。这种准时化的订单驱动模式可以准时响应客户的需求，从而降低库存成本，提高物流的速度和库存周转率。

（5）普遍注重采购商品的社会责任

据统计，全球超过 200 家跨国公司已经制定并推行公司社会责任守则，要求供应商和合约工厂遵守劳工标准，安排公司职员或委托独立审核机构对其合约工厂定期进行现场评估，即我们常说的工厂认证或验厂。其中，家乐福、耐克、锐步、阿迪达斯、迪斯尼、美泰、雅芳、通用电气等超过 50 家公司已经在中国开展社会责任审核，有些公司还在中国设立了劳工和社会责任事务部门。根据专家估计，目前中国沿海地区已经有超过 8 000 家企业正在接受这类审核，超过 50 000 家企业将随时接受检查。

3. 国际采购的流程

进行国际采购时，企业通常遵循一定的流程，如图 11-4 所示。尽管不同企业进行全球采购时执行的流程顺序可能有所差异，但想要成功地进行全球采购，企业必须遵循这些流程国际采购流程如图 11-4 所示。

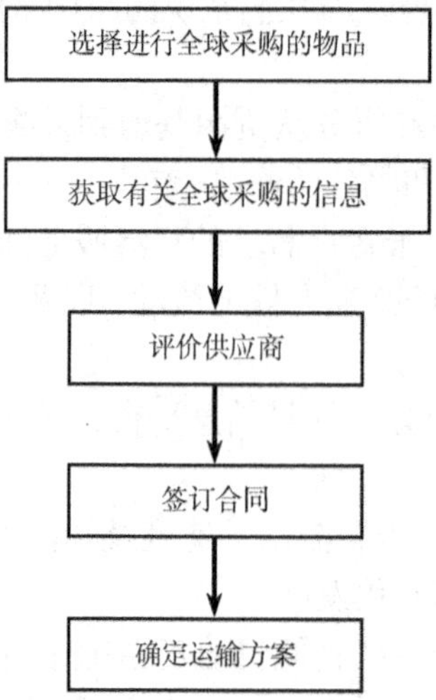

图 11-4　国际采购流程

（1）选择进行全球采购的物品

对于那些不熟悉全球采购的企业来讲，第一次进行全球采购是一个学习的过程。国外购买的最初目标可以影响整个全球采购过程的成功与否。几乎所有能在当地采购的产品都可以通过全球采购来获得，尤其是基本的日用品。企业应该选择质量好、成本低、便于装运且无风险的商品进行国外采购。

下面是有关进行全球产品采购的一些参考方法：

- 选择对现存操作并不重要的产品，如日用品或具有多种采购来源的产品。
- 选择标准化产品或者说明书易懂的产品。
- 选择购买量大的产品，以检验全球采购的效果。
- 选择能够使公司从长期采购中获得利益的产品。
- 选择那些需要较为标准化设备的产品。

在采购这些产品中积累了足够的经验时，企业就可以进行其他种类产品的全球采购了。

（2）获取有关全球采购的信息

确定了需要进行全球采购的物品之后，公司就要进行收集和评价潜在供应商信息的工作，或者识别能够承担该任务的中介公司。如果企业缺乏全球采购的经验、与外界联系较为有限或获得的信息有限，那么获取有关全球采购的信息对于这些企业而言可能就比较困难。获取采购信息可以参考国际工业厂商名录作为企业确定潜在供应商或中间商的最初途径。工业厂商名录会随着互联网的发展而迅速增加，它是产业供应商或区域供应商信息的一个主要来源。数以千计的企业名录可以帮助企业识别潜在的供应商。

（3）评价供应商

无论是采购企业还是外国代理机构进行全球采购，企业评价国外供应商的标准都应该与评价国内供应商的标准相同。

（4）签订合同

确定了合格的供应商之后，采购企业下一步的工作就是征求供应商的建议书。如果国外供应商并不具备竞争力（通过评价建议书来确定），那么采购人员则会选择国内供应商；如果国外供应商能够满足采购企业的评价标准，那么采购企业就可以与供应商磋商合同条文了。无论与哪个供应商合作，采购企业都要在合同的整个有效期内对供应商进行持续的绩效考察。

（5）确定运输方案

在采购品和供应商都确定之后，企业接下来的工作就是安排货物的运输。由于国际运输的距离远，复杂性也强，运输在采购中所占时间和费用都远高于国内采购。因此，企业必须选择合理的运输方式，制订经济有效的运输方案，将采购品运送到指定地点，满足生产和经营的需要。

11.5　采购外包

1. 采购外包的基本概念及发展

所谓外包（Outsourcing），是指企业整合、利用其外部最优秀的专业化资源，达到降低成本、提高效率、充分发挥自身核心竞争力、增强企业对环境的应变能力的目的的一种管理模式。最为流行的外包服务形式主要包括 IT 资源外包、客户服务中心外包、营销外包、人力资源管理外包、应收账款外包等。

然而，曾经被认为是企业核心竞争力的供应链管理过程（如存货管理、物流服务、产品制造，甚至产品设计和客户服务）现在也可以外包了。目前，采购外包已经成为商务流程外包（BPO）的必然延伸。实际上，企业在较大的 BPO 项目中的外包采购已经有好多年了，如旅行社一直在为企业客户管理旅行资源并采购旅行服务。现在，大多数工业产品分销商在“一体化供应”关系的安排下管理着客户所有的采购开支，合同制造商（CM）则常常以客户的名义协调和管理整个供应关系网络。近年来，基于网络的采购技术（电子采购、网上征招供应商、反向拍卖及网上交易所）和价值分析工具的发展，为监测和管理采购外包提供了必要的可行性和有效的控制手段。

2．实施采购外包的优点

由于各种原因，在许多企业中，采购变成了一项运行效能低下的资产。因为采购流程的缺陷和不良的采购支出，企业每年要白白损失几十亿美元，这是一项巨大的浪费。鉴于此，许多企业开始把次优的采购活动和不能很好控制的采购项目交给高度专业化的 PSP（采购服务供应商）。事实上，采购外包有不少优点是自身采购所达不到的。

（1）采购外包可以帮助企业降低成本

PSP 之所以能够如此大幅度降低采购成本，主要是因为它们具有丰富的产品采购经验和市场专业知识，以及成熟的采购流程和持有众多客户聚集起来的采购批量。

PSP 要为众多的客户服务，这种规模经济性使它们能够采用最新的技术和设备，并把这些基础设施的使用成本分摊给所有的客户，结果就能以比大多数企业自己做效率更高和成本更低的方法运作某些采购流程，如合同工的招聘、低货值商品采购的执行和管理等。

因为 PSP 自己管理流程并拥有运作流程所需的资源和资产，所以将采购外包的企业就能够以非常小的风险获得上述所有的好处。因此，采购外包应当被看成一种将产生固定成本的固定资产转变成产生可变的并能够迅速改变和调整以满足客户动态需求的流动资产的经营战略。

据 Aberdeen 咨询公司的研究，那些将特定的采购流程或采购项目外包的企业，其物料获得成本平均降幅达 10%～25%。有时，特定采购项目的采购成本降幅可达 30%。可见，采购外包在降低成本方面成效巨大。

（2）采购外包可以帮助企业获得流程和专业知识支持

降低成本并不是采购外包的唯一好处。PSP 能够向客户提供一流的采购技术，以及有效地开发和利用这些技术的方法。而且，PSP 能够提供广泛的产品专业知识，在更大范围内寻找合适的供应商，并具有丰富的供应商管理经验。

PSP 能够利用以往的采购自动化调配经验和方法进一步优化采购成本和缩短采购周期，大多数 PSP 还提供改进谈判、供需双方磨合和合同一致性审核等计划和策略帮助。有研究表明，企业每单采购平均要支付 40 ~ 80 美元的交易成本，还要花费 1 个多月的时间完成对账付款，而将这些流程自动化可以降低一半的成本，同时可以将支付周期缩短到几天。

不良采购支出的另一个主要原因是，许多企业缺乏足够的寻找货源和管理特定采购项目的专业知识和策略，不少案例分析也说明了这一点。一项对美国和欧洲企业寻找货源的实证研究发现，一般企业应用策略采购的项目还不到采购总支出的一半。

由此可见，即使最大的企业，也都可以在某些商品的寻货和采购流程管理中借助外部专家的知识和技术。这尤其对间接物料和服务的采购有利，因为间接物料和服务的采购支出要占到企业总支出的 30% ~ 60%，大多数企业从来就没有很好地控制这一部分采购支出，而通过采购外包却可以很好地控制这一部分采购支出。

（3）采购外包可以帮助企业培养核心竞争力

采购外包能够让企业专注于主业，培养企业的核心竞争力，如设计新产品、开发和服务新客户。采购外包特别可以使企业避免为那些既非战略又非资源保证的采购项目建立和维护一个现代化基础设施的负担。把次优的采购活动交给第三方完成能够帮助企业在特定领域迅速获得更大的效益。

任何一项活动都有它的利与弊。采购外包的缺点就是失去了采购的控制权、外包决策的可逆性差、存在道德风险、合同成本增加、服务质量的管理成本增加，并且要制定激励采购服务提供商降低采购成本的措施。此外，采购外包经常会导致大批员工被解雇。但对企业总体而言，实行采购外包还是利大于弊的。

3．采购外包管理流程

采购外包管理流程的模型由 4 个步骤组成：内部高标定位分析、外部高标定位分析、合同谈判和外包管理。采购外包管理流程如图 11-5 所示。

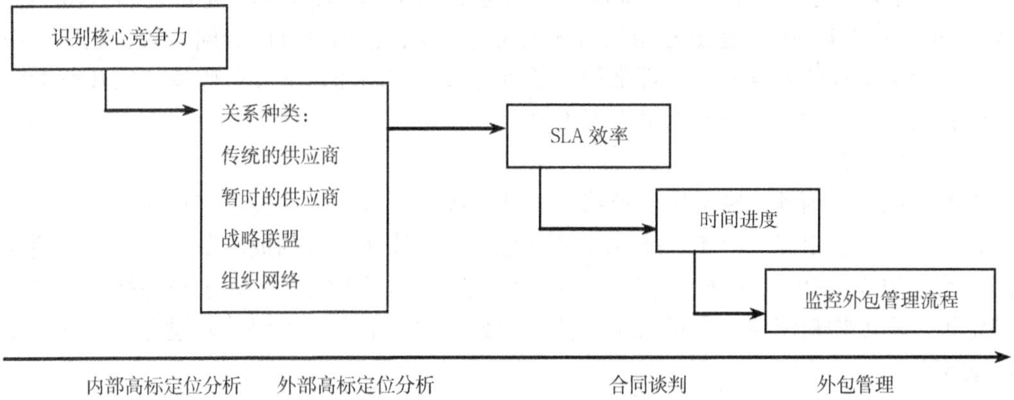

图 11-5　采购外包管理流程

（1）内部高标定位分析

企业首先要识别自己的核心竞争力，如与竞争对手相比能提供差异化的服务。确定企业的核心竞争力往往不是件容易的事。外包决策取决于诸多因素，每个企业必须基于自己的目标、目的、长期战略等来评价这些因素。外包关系错综复杂，企业可以从特异性和复杂性两个方面研究这个关系。内部高标定位分析如图 11-6 所示。

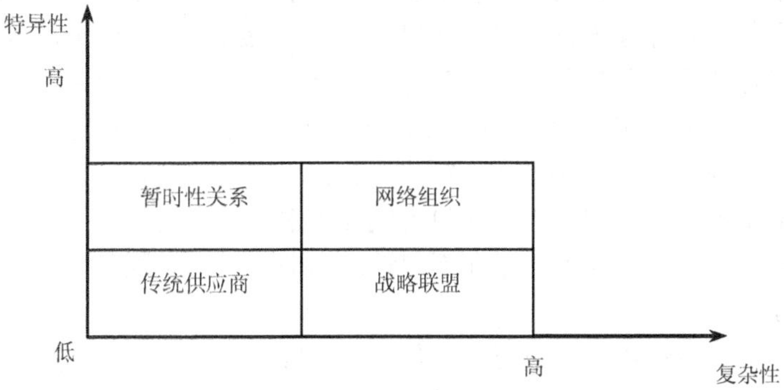

图 11-6　内部高标定位分析

特异性是指服务商选址、资源和技术等运作能力的变异度；复杂性是指监控、商定合同条款和外包程序的难易程度。

外包关系组合中共有 4 种关系：传统供应商、暂时性关系、战略联盟和网络组织。

（2）外部高标定位分析

外部商标定位分析解决的是如何选择采购服务提供商的问题。采购外包企业可以选择单一供应商、多个独立的供应商或多个供应商联盟组成的单一供应商，这对应 3 种采购服务提供商战略：单一服务提供商战略、多个服务提供商战略和整合的服务提供商战略。采用质量管理中的多标准辅助方法（MCDA），可以帮助企业选择最优战略。选择的标准是市场占有率、价格、技术质量、管理供应商关系的能力及已签过的合同数等。

外部高标定位分析通常被认为是监控所提供服务的质量和确定其他竞争对手的市场地位的工具。采购外包的企业必须定义服务质量标准，即所谓的服务质量协议（Service Level Agreement，SLA）。SLA 是由各相关团队达成的协议，包括签订的合同。大企业中，一般有由一群专家组成的服务质量管理部门，负责监督、控制和评估服务质量，以及负责协调供应商关系、财务和时间方面的可实现价值。

（3）合同谈判

书面合同冗长烦琐，缺乏审计价格与服务资源，所以业务外包带有隐性成本。某些情况下，外包采购、制造、物流、IT 系统和其他业务功能所带来的成本节约可能只占到外包合同所承诺的 5%~10%。因此，在与 EMS 公司签订的合同中，OEM 公司往往要求包含供应商定价、季度物料清单成本更新（包括采购数量和价格说明的提前期报告）及供应商的产品描述。

即使合同条款明确也并不意味着外包一定成功，关键要规范管理外包者和供应商之间的关系，以及确定时间进度表、期望目标及评估的标准等。

（4）外包管理

外包管理的内容主要包括时间进度控制和动态监控。采购外包企业和提供服务的供应商应对目标和检查点达成一致，确定服务标准协议的绩效指数是控制时间进度的关键。例如，双方要确定检查点、目标曲线和实际曲线之间的可容忍差距。如果差距超过了可容忍度，采购外包企业就要寻找原因并提出改进的解决方案。差距过大的原因之一可能是服务标准协议定义不准确，或者定义的检查点不适宜。如果不是这些原因，则应该考虑确定新的外包战略或者重新策划外包项目。采购外包中存在的最大问题是，采购服务提供商在向外包企业传递价格降低信息上存在延迟。专门从事外包合同审计的 2nd Edison 公司在最近的一项调研中发现，大多数 EMS 供应商通知价格上涨只需 2 天，而通知价格降低则需要 22 天。因此，企业应按季度审查采购服务提供商为其采购的物料，从而对价格变化了如指掌，并密切关注成本趋势和数据分析。外包企业要经常拜访采购服务提供商，以确保额外的成本不被隐藏在报价中。如果外包企业不跟踪市场动态、不对服务公司进行审计，则会造成很大的经济损失。

完善的采购外包管理流程，可以帮助外包企业更好地保护自己的利益。采购外包的确能带来优势，但同时隐性成本也会增加，道德风险也会增大。外包企业应该在合同中注明特定的保护条款，以进行自我保护、避免道德风险过高。

案例分析

首钢的“e”采购

降低经营成本和竞争成本始终是企业追求的目标。因此，电子商务的应用也成为企业自身发展的需要。上海的宝钢集团（以下简称宝钢）和北京的首钢集团（以下简称首钢）均进行了电子商务方式的尝试，突破口选择是物资采购的电子招标。就交易额而言，宝钢超出首钢，但从项目进程来看，首钢对传统商务的改造模式更好。

1. 尝试网上招标

选择网上采购的产品品种是首钢材料处网上招标采购的开始。标准化的产品和非特控商品是首先要考虑的问题。其次，需要考虑符合业务简单化特点的因素。而为招标单位和供应商节约费用是最大的卖点；同时，符合中国国情的渐进式操作模式是最佳选择。首钢首次网上招标的物资有铝粉、铝线及润滑油等 6 大类 14 个品种规格的材料，总标的为 1 500 万元。

2. 选择操作模式

目前，中国企业实现真正意义上的办公自动化的还不多，实现业务电子化的更是少见。为保证第一次操作成功，基本程序是实现招标程序中距离内容的电子化，即标书上网、异地下载，然后通过邮电方式回寄标书。此次试验不仅节省了招标单位和投标单位的时间、人力和费用，更重要的是让供应商接受了网上招标的模式，为第二次网上招标奠定了成功的基础。

经过半年的周密准备，材料处组织了第二次网上招标，并决定把网上招标作为未来的业务方式，只要能在网上采购的物资，以后不再按传统方式采购。本次招标全部实现时间业务网络化，从标书上网、供应商异地下载、供应商标书加密后经网络回传，以及招标方、投标方和网管定时全盘开标，到网上公布招标结果，开标过程历时 50 分钟。从经济效果的角度来说，电子招标的操作成本只有传统招标的 10%，而无形成本节约得更多。

3. 进行网络收费

支付信用一直是电子商务发展的瓶颈，尤其是牵扯三角债务问题时更是对企业信誉的一种否定，但企业可以暂时避开这个问题，等到国家对企业信用进行比较完善的管理时，再加入此项内容。首钢首次采用的方法就是限定竞标方的范围，事先按传统贸易方式对供应商进行严格资质审核，对符合条件者给予网络授权，允许参与竞标。

思考题

首钢是如何从传统采购向“e”采购转变的？

思考与练习

1. 你是如何认识战略采购的？它与一般意义上的采购有哪些区别？

2．国际采购具有什么样的趋势？这些趋势应该引起我们对哪些方面的注意？
3．企业如何实施电子采购？
4．JIT 采购的特点和优势有哪些？
5．你认为采购外包的哪些优势能够引起企业的重视？

实训题

实训主题：电子采购调查报告

1．实训目的

随着网上购物的流行，越来越多的人已经开始采用网上采购的方式购物了。我们希望通过实训调查报告，帮助学生加深对电子采购的认识，并认识到未来采购的发展趋势。

2．实训组织

可以将 15 个人分为一组，各组分别对学生、老师及社会人员进行问卷调查。由教师指导，各组将收集的问卷调查表进行整理分析，最后得出关于电子采购现状的结论。

3．实训题目

首先需要设计问卷调查表。学生可参考网上已经存在的相关调查表，设计相关的指标。这些指标可以包括对电子采购的认可程度、如何改进电子采购环境来促进电子采购等。实训中，尽量让每个人都提出一个调查项目，最后根据调查数据，整理分析形成一份完整的关于电子采购现状的调查报告。

附电子采购调查问卷表（教师可根据实际情况和教学任务增加问卷内容）。

电子采购调查问卷表

单位名称：
联系人（问卷后续事宜）：
联系电话：
传真：
电子邮件（必填）：

1．你是否在网上买过东西（　　）？如果买过，是从哪个网站上购买的？______
A．是　　B．否

2．你对网上购物的满意程度如何？（　　）
A．非常满意　　B．满意　　C．一般　　D．差

3．你对本地区电子化采购远景的评价是（　　）。
A．改革方向　　B．只能成为辅助手段
C．没必要使用

4．你认为电子采购存在的最主要问题是（　　）。（多选题）
A．程序烦琐　　B．使用不方便　　C．使用成本高
D．系统重复建设　　E．系统功能有限

F．当事人（采购人、供应商）不愿意使用

G．当事人操作不规范　　H．当事人缺乏培训

5．你认为电子采购存在的最主要的困难是（　　）。（多选题）

A．没有法律依据　　B．现行法律制约

C．缺乏上网条件　　D．缺乏安全保密性

E．缺乏技术人才　　F．缺乏资金

6．调查可以进行网上采购的网站采用的是哪种电子采购模式？（　　）

A．卖方一对多模式　　B．买方一对多模式

C．第三方门户网站

参考文献

[1] 王文信. 采购管理[M]. 厦门：厦门大学出版社，2008.
[2] 丁宁. 采购与供应商管理[M]. 北京：北京交通大学出版社，2012.
[3] 许淑君. 现代采购管理[M]. 上海：上海财经大学出版社，2014.
[4] 斯坦利·E·福西特. 采购供应管理环境（采购供应管理在企业中的角色）[M]. 白晓娟，梁晨，王红江，等译. 北京：电子工业出版社，2005.
[5] 张玉斌. 采购与仓储管理[M]. 北京：对外经济贸易大学出版社，2010.
[6] 白世贞. 连锁企业商品采购管理[M]. 北京：中国人民大学出版社，2011.
[7] 凌乐进，龙建. 物品购储管理[M]. 北京：中国物资出版社，2003.
[8] 傅莉萍. 采购管理实务[M]. 北京：科学出版社，2010.
[9] 肖书和. 采购管理业务规范化操作全案[M]. 北京：机械工业出版社，2015.
[10] 廖小平. 现代物流采购与库存[M]. 北京：科学出版社，2012.
[11] 蒙茨卡（Monczka，R.），特伦特（Trent，R），汉德菲尔德（Handfield，R）. 采购与供应链管理（第 5 版）[M]. 王晓东，刘旭敏，熊哲，译. 北京：电子工业出版社. 2014.
[12] 佐藤知一，山崎诚. 精益制造 012：BOM 物料管理[M]. 刘波，译. 台湾：东方出版社，2013.
[13] 刘宝红. 采购与供应链管理：一个实践者的角度（第 2 版）[M]. 北京：机械工业出版社，2015.
[14] 申纲领，王永志. 采购管理实务（第 2 版）[M]. 北京：电子工业出版社，2014.
[15] 徐斌华，王宁. 采购管理[M]. 西安：西安交通大学出版社，2014.
[16] 肯尼斯·莱桑斯（Kenneth Lysons），布莱恩·法林顿（Brian Farrington）. 采购与供应链管理（第 8 版）[M]. 莫佳忆，曹煜辉，马宁，译，北京：电子工业出版社，2014.
[17] 马佳. 采购管理实务[M]. 北京：清华大学出版社，2015.
[18] 徐杰，鞠颂东. 采购管理（第 3 版）[M]. 北京：机械工业出版社，2014.
[19] 丁宁. 采购与供应链管理[M]. 北京：上清华大学出版社，北京大学出版社，2012.
[20] 卢远，邓春秭. 物流采购管理[M]. 北京：北京理工大学出版社，2012.
[21] 王峰. 李春富. 采购管理实务[M]. 北京：人民邮电出版社，2015.
[22] 李荷华. 现在采购与供应管理[M]. 上海：上海财经大学出版社，2010.

[23] 李政，姜宏锋．采购过程控制[M]．北京：化学工业出版社，2010.
[24] [美]小 W.C.本顿．采购与供应链管理（第 2 版）[M]．北京：清华大学出版社，2010.
[25] 许昭国．采购主管一日通[M]．广州：广东经济出版社，2008.
[26] 陈荣秋，周水银．生产计划[M]．北京：首都经济贸易大学出版社，2013.
[27] 严石林．物料采购与供应管理[M]．北京：人民交通出版社，2012.
[28] 孙强，胡占友．采购与供应链规范管理[M]．北京：机械工业出版社，2006.
[29] 梁明华．浅议采购流程的优化控制[J]．中国市场：2013(30).

反侵权盗版声明

举报电话：（010）88254396；（010）88258888

传　　真：（010）88254397

E-mail：　dbqq@phei.com.cn

通信地址：北京市万寿路 173 信箱

　　　　　电子工业出版社总编办公室

邮　　编：100036